德艺双馨的花鸟画大家
方凤富

郭久麟 著

山西出版传媒集团 山西人民出版社

图书在版编目（CIP）数据

德艺双馨的花鸟画大家：方凤富 / 郭久麟著. —
太原：山西人民出版社，2024.1
ISBN 978-7-203-13079-6

Ⅰ.①德… Ⅱ.①郭… Ⅲ.①方凤富—事迹 Ⅳ.
①K825.72

中国国家版本馆CIP数据核字（2023）第226299号

德艺双馨的花鸟画大家：方凤富

著　　者：郭久麟
责任编辑：孔庆萍
复　　审：刘小玲
终　　审：梁晋华
装帧设计：谢　成

出 版 者：山西出版传媒集团·山西人民出版社
地　　址：太原市建设南路21号
邮　　编：030012
发行营销：0351-4922220　4955996　4956039　4922127（传真）
天猫官网：https：//s×rmcbs.tmall.com　电话：0351-4922159
E－m a i l：s×skcb@163.com　发行部
　　　　　　s×skcb@126.com　总编室
网　　址：www.s×skcb.com

经 销 者：山西出版传媒集团·山西人民出版社
承 印 厂：三河市中晟雅豪印务有限公司

开　　本：787mm×1092mm　1/16
印　　张：21.25
字　　数：314千字
版　　次：2024年1月　第1版
印　　次：2024年1月　第1次印刷
书　　号：ISBN 978-7-203-13079-6
定　　价：99.00元

方凤富

方凤富与郭久麟合影

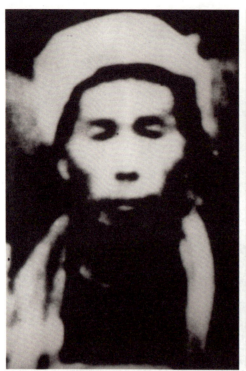

父亲方怀云　　　　　　　　　　母亲杨群

2　　　2004年春节，全家合影留念

1956年9月，同万县专区考入西南师范学院音乐系的同学合影

1972年10月10日，同苏葆桢老师、李际科老师去大树写生时合影

1983年4月，同苏葆桢老师在成都动物园写生并合影

1987年4月，在西师校园与郭克老师合影

1988年4月，苏葆桢老师在85级国画班课上作画时留影

2016年6月14日，在纪念苏葆桢先生诞辰百周年座谈会上致词

1989年，在人民大会堂
所绘《明珠累累》画前留影

1995年6月30日，参加香港"中华文化艺术汇展"合影

　　　2001年10月3日，在国务院北戴河接待大厅作画后留影

2002年3月，在广东佛山石景宜先生艺术馆召开的中国著名书画家雅集暨中国书画发展走向学术研讨会上和石景宜先生及夫人合影

2002年8月17日，在中央电视台赠送《百鹤朝阳》巨作时合影

2002年10月6日，在北京娄师白大师家里合作绘画后合影

2002年12月17日，在澳门和时任中国书法家协会主席沈鹏先生等合影

2002年12月23日，在泰国曼谷和中国书法家协会顾问刘艺先生合影

中国艺术家代表团访问澳门期间，于2002年12月17日与众艺术家合作百米长卷时留影

中国艺术家代表团访问曼谷期间，于2002年12月21日晚在泰方举办的欢迎会上与时任中国美术家协会主席靳尚谊先生合影

2003年9月2日，中国书画艺术团访问日本名古屋，在展览厅和张杰团长等合影

2003年12月15日下午，在清华大学美术学院举行的笔会上与著名画家阿老、陈大章、张世简及白启哲等合影

2005年，为重庆市慈善十年纪念暨慈善先进表彰会赠画

方凤富从艺50周年作品展于2006年9月16日在三峡博物馆举办，时任重庆市委副书记邢元敏参加开幕式

2007年5月13日，在中南海文津会议中心召开的"方凤富花鸟画作品研讨会"上与众专家合影

2007年12月，在北京中国美术馆参加王琦画展时和廖静文合影

8

2008年3月19日，时任中国奥委会副主席、国家体育总局局长刘鹏在北京给方凤富颁发赠画证书时合影

2008年6月，在北京宋庄和著名画家何家英合影

2008年8月10日，在北京恭王府给丹麦王子王妃赠送《百果风香》作品时合影

2008年8月26日，在中国美术馆举办的方富凤教授国画展开幕式上致词

2008年8月26日，在中国美术馆举办画展时与文化部副部长赵维绥先生亲切交谈

2008年8月27日，在中国美术馆举办画展时与人民大会堂管理局副局长李社建、著名歌唱家李丹阳合影

2008年9月2日，在中国美术馆陪同原国务院副总理李岚清秘书冯云生、时任北京外国语大学校长郝平、时任中国美术馆馆长范迪安参观方凤富画展时合影

2008年9月6日，陪同中国美术家协会老领导王琦夫妇参观方凤富国画展

2009年7月9日，在中央电视台网站作画留影

11

2010年，获上海世博会金奖时留影

2010年11月3日，在全国人大办公楼会客厅接受全国人大原副秘书长王庆喜颁发收藏证书时合影

2010年11月3日晚，在全国人大新大楼和时任中国文联副主席的覃志刚在一起

2013年8月4日，由中国文化部少数民族文化艺术基金会为中泰两国建交38周年纪念活动而举办的"方凤富先生国画展"在曼谷举行，方凤富抵达机场时受到泰中文化交流协会欢迎

2013年8月6日，在方凤富泰国画展开幕式上合影，此时会场奏响中泰两国国歌

2013年8月6日，在泰国曼谷展览会上，泰国国会上议院议长尼空先生为方凤富颁发收藏证书

2013年8月6日，在泰国曼谷展览会上给泰国王室赠送作品

2011年8月14日，在法国巴黎戴高乐中文图书馆门前与法中文化艺术交流中心主任合影

2011年8月15日，在参加中国艺术家第十一届巴黎中国文化艺术交流展活动时，同巴黎中国文化中心殷福主任合影

2014年3月6日，为庆祝中法建交50周年，中国文化部少数民族文化艺术基金会主办了方富凤法国巴黎作品展，这是在开幕式上的合影

　　2014年3月20日，由重庆市文联主办，在北碚召开方凤富教授赴法国作品展情况介绍会

2008年，回官坝完小看望
谢必才老师

2008年11月20
日，到忠县马贯区
为中学班主任语文
老师严伯宜先生扫
墓后与师母等合影

2011年12月，回到三汇中学
看望陈含希老师

2016年11月，同母
校忠县官坝鲤鱼村小学
师生合影

15

2016年1月5日，在方凤富
美术馆开馆典礼上合影

2018年4月，
在重庆·方凤富
美术馆的合影

2018年4月18日，参加西南大学首届校园开放日音乐晚会演出后的合影

2017年9月，"方
凤富从艺60周年作品
展"在重庆市文联展览
馆展出

序 一

德艺双馨的花鸟画大家

张卫国

　　方凤富先生是西南大学教授，中国著名国画家。20世纪50年代，他先后就读于西南大学前身之一的西南师范学院音乐系和美术系，1960年提前毕业留校工作。几十个春秋的辛勤耕耘，积淀了深厚的艺术修为，培育了大量优秀的人才，为学校艺术学科的发展和中国画的繁荣做出了特有的贡献。从艺60多年来，他创作的大批优秀作品，如《秋色烂漫》《苍藤蔓架满缀明珠》《春暖》《硕果清香》等画作在天安门城楼、中南海、人民大会堂、国务院紫光阁、钓鱼台国宾馆、毛主席纪念堂等重要场所展示或被收藏；他的画作多次作为国礼赠送给新加坡、泰国、丹麦、英国等国家领导人。他先后在重庆、北京、香港、曼谷和巴黎等地举办个人画展，获得很高的评价和赞誉。

　　方凤富先生对艺术有执着的追求，既继承弘扬传统，又博采众长，推陈出新。年轻时笃信勤能补拙的古训，以超乎常人的刻苦，在艺术上取得了较高的成就，赢得了良好的声誉；晚年迸发艺术活力，提出"七十起步破茧重生"的艺术追求，潜心于大写意花鸟画的创作与研究。他还创造性地将音乐和绘画相结合，在他的许多画作中，我们既能欣赏色彩之美，还能感受到节奏和旋律之美。他对艺术的孜孜以求、锐意创新、不断超越自

1

我的精神，给后学以激励，以榜样。

方凤富先生是位有情怀的艺术家。先生出身贫寒，心怀感恩，饮水常思源。在他身上有许多小故事温暖感动着我们。先生尊师甚隆，每年都以不同的方式表达自己对老师的尊重，或看望或祭拜，数十年未有懈怠；自1963年创办"雷锋美术班"，持之以恒50多年，义务培训了万余名艺术人才，切实践行了毛泽东主席说的：一个人做一件好事不难，难的是一辈子做好事。先生累计捐资300多万元，为家乡修路、为母校修建校舍、设立奖学金，赈灾汶川和玉树地震，帮扶残疾人和困难群体；还累计捐献美术作品150余幅、各类画册1000余册。在西南大学110周年校庆时，慷慨捐出他最珍爱的8米长的巨幅国画《百鹤朝阳》，表达对学校的挚爱之情；庚子春新冠肺炎肆虐，他被全国上下众志成城抗击疫情的精神所感动，尤其被广大逆行而上的医务工作者所感动，满腔热情投入创作，为抗击疫情捐钱捐画。近年来，方凤富先生先后被评为"感动北碚十大人物""感动重庆十大人物""重庆道德模范""重庆好人""艺德双馨的艺术家""优秀共产党员"。方先生一辈子做好事、一辈子助人为乐的高尚品德，同样给后学以激励，以榜样。

方凤富先生对促进中外文化交流做出了积极的贡献。2013年，为庆祝中泰建交38周年，方先生受邀在曼谷泰中文化艺术交流中心举办画展，泰国国王派特使参加开幕式。开幕式上奏响中泰两国国歌，方先生得到了泰方隆重的礼遇，并受到泰国上议院议长的亲切接见，泰国王室收藏了其作品。2014年，中法建交50周年，习近平主席访法前夕，"葡萄熟了——方凤富花鸟画展"在巴黎中国文化中心举行。画展及方先生在《梁祝》音乐伴奏中的绘画表演在巴黎引起了轰动，好评如潮，法方希望收藏全部作品，展期从10天延长到15天。两次重要文化交流活动都取得了圆满成功，方先生为祖国赢得了荣誉，为中国绘画艺术赢得了尊重，也为西南大学赢得了良好的声誉。

《德艺双馨的花鸟画大家——方凤富》作者郭久麟教授是中国著名传

记文学作家，著作颇丰。2015年，他为我校杰出校友、"杂交水稻之父"袁隆平院士立传，献礼我校110周年校庆，受到广大师生的喜爱和袁隆平先生的肯定。这次，他又为方凤富先生的坎坷际遇、高尚品格和艺术成就所感动，采写了《德艺双馨的花鸟画大家——方凤富》，以生动曲折的故事情节和丰富感人的细节场面，以完整的艺术结构和流畅的文学语言，展现了方凤富先生不懈奋进和无私奉献的一生。我相信这本传记也一定会得到大家的喜爱。

　　感谢方先生的信任，感谢方先生为西南大学美术人才培养做出的贡献，感谢方先生以双馨的德艺为西南大学赢得的声誉。我很乐意为方凤富的传记作序，并高兴推荐给大家。

2022年4月于西南大学

序 二

德凤艺富绘丹青

杨 矿

　　郭久麟老师电邮发来他的新著《德艺双馨的花鸟画大家——方凤富》，嘱我作序，令我很有些诚惶诚恐。郭老师是驰名巴渝文坛的宿将，在传记文学、报告文学方面卓有建树，是我的文学前辈。方凤富老师是蜚声画坛的花鸟画大家，尤其在葡萄画领域声名远播，是艺术界的长者。两位老先生，方老师83岁、郭老师78岁，论年龄，是我的长辈，论学识，是我的师长。要我作序，实在是赶鸭子上架。好在我与两位老先生都是忘年的至交，无论我写得好孬，我相信他们都不会怪罪计较的。

　　说到方凤富的艺术人生，颇有一点传奇色彩。这既反映了那个时代中国知识分子的命运，更折射出那个阶段中国社会历经的波澜与坎坷。1937年出生于重庆忠县的他，本是一个与艺术八竿子打不着的贫寒农村家庭的孩子，从小喜欢涂涂画画但不知道艺术为何物的他，在迎来翻身解放后，考入了他过去想都不敢想的西南师范学院音乐系学习音乐，一只脚似乎已经迈入了歌唱家的行列。一年后，因为嗓子变声，学校建议他改学美术，这恰好歪打正着地了却了他一直以来的心愿。进入美术系学习后，方凤富如鱼得水，真正找到了人生的方向和位置，尤其对花鸟画大师苏葆桢的作品产生了浓厚的兴趣。但好景不长，就在他转学美术不久，国家遭受了严重自然灾害，他被安排提前毕业分配留校工作。本以为就此会踏上教书育人的荣光道路，却被分配到学校从事后勤行政工作，抽调参加生产建设、照看猪圈，甚至还阴错阳差地被下放到农场劳动。多舛的命运始终没有泯灭方凤富心中的艺术梦想，在恩师苏葆桢的教诲和熏陶下，他与艺术私订终身，立志和绘画结伴而行。在那个风云变幻莫测的年代，他避开狂热的喧嚣和盲目的纷争，独自躲进小楼，闹中求静、忙里偷闲，不分严冬酷暑、白天黑夜，如饥似渴、废寝忘食地研习绘画，为日后的成功打下了坚实的基础。1976年10月，伴随着中国拨乱反正大幕的开启，方凤富也迎来了他艺术生命的春天，正式走上三尺讲台，开始了他梦寐以求的艺术教学生涯，并将自己的艺术创作一步步推向了极致，历练成为中国当代屈指可数的葡萄画名家。功成名就之后，声名鹊起的方凤富不忘初心，真诚回馈社会，无私培育传人，捐资扶助贫困学生、热心支持教育事业，并常年开办公益的艺术培训。他规定，凡是来学画的学员，不仅不收分文，而且伙食、纸笔墨等也由他无偿提供。条件只有一个：那就是对艺术要尽心、用心。他时常教育弟子们说："成功只偏爱勤奋的人，机遇是为有准备的人提供的。"他希望作为中华文化瑰宝的中国绘画艺术，能够薪火相传、延绵不绝，得到发扬和光大。

方凤富的绘画，以花鸟见长、葡萄著称。他注重广泛吸收各大流派、诸多名家之所长，在继承传统的基础上注入新的理解和思考，将写意、勾勒、晕染等技法运用得挥洒自如、妙趣天成，彰显出鲜明的艺术特色和独有的艺术气质。葡萄入画历史悠久，自古就是中国文人画家们吟咏歌颂的对象，很多画家都喜欢画葡萄。硕果累累、晶莹剔透、珠圆玉润的葡萄所寓意的丰收富裕、吉祥喜庆，以及多子多福、人丁兴旺，代表着画家真诚良好的祝福与祝愿，表达了人们对美好生活的追求和向往。在中国绘画的长河中，几乎古往今来的花鸟画家们，都或多或少、或深或浅地涉足过这一领域，明代的徐渭，清代的八大山人、吴昌硕，近现代的齐白石、王雪涛、李苦禅等，都曾有过为数众多的作品传世。更有像苏葆桢这样以咬定青山不放松的精神、终生厮守、乐此不疲、精耕细作且成就卓著的葡萄绘画大家，为后学者树立了标杆和榜样。在大师们的带动和影响下，当代中国画坛活跃着一批专注于葡萄绘画的后来者。他们高擎起传承优秀传统文化的熊熊火炬，用手中神奇的画笔，描绘出了满园的春色和无尽的芬芳。在这批人中，方凤富无疑应该是一位深得真传的佼佼者。

　　一个真正的艺术家，应德凤艺富。只有心怀一颗大爱之心，笔下才会有大美之作。因为唯有大爱之心，才能爱得真、爱得深、爱得久；唯有大美之心，才能发现美、认识美、创造美。大爱滋养大美，大美催生大爱。从这个意义上，我们就不难理解方凤富为什么能够持续不断地创造出那么多栩栩如生、惟妙惟肖、美轮美奂的艺术形象，给我们带来美的体验和爱的感受。

　　怀着对德艺双馨的方凤富先生的敬意，著名传记文学作家郭久麟受邀撰写了方凤富传。他不顾年高体迈，多次采访方凤富和他的同事和学生，并阅览了方凤富的数十部画册、数百万字资料和大量视频，经过精心构思、反复修改，完成了这部传记。全书生动、鲜活、真实、全面地展现了方凤富坎坷曲折、拼搏奋斗，一步步攀登艺术高峰的历程，塑造了一个可亲可敬可爱的德艺双馨的优秀艺术家形象，为广大青少年树立了学习的榜样，具有很好的激励和教育作用，我想广大读者朋友会喜欢这部传记的。

　　是为序。

目 录

前　言

忠州飞出金凤凰

郭久麟

忠县，忠义之地，忠义之乡，忠义之县，忠义之州！唐太宗在贞观八年（634），命名此地为"忠州"。由是忠县成为中国第一个也是唯一一座以"忠"命名的州县。

忠州，历史悠久，人杰地灵。古往今来，无数忠臣良将、仁人志士，济时救世，化育万方，为这块古老神奇的土地注入了丰富的人文血脉。

忠州最著名的名人是爱国将领巴曼子。相传，巴曼子是忠州人，春秋时期巴国大将军。当时，巴国发生战乱，巴国大将巴曼子为保卫巴国，请楚国出兵相助，楚国答应出兵，但要求胜利后以三城酬谢。楚国帮助平乱之后，要求巴曼子履行诺言。巴曼子陷入两难：如给城池，对巴国不忠；如不给城，自己不义。他决定刎颈留城，忠义两全。巴曼子的忠义之德传承巴蜀大地几千年。

忠州第二位历史名人是白居易。白居易在忠州当过两年官，留下了美好的政声：到忠县山高路陡，溪宽水急，百姓出行不便，他便捐出一月俸禄并发动官绅商贾庶民集资，在忠州城东建起了一座高大的石拱桥，后称"白桥"。

一文一武两位忠义之士给忠州带来了忠诚之心，善良之性。

生于斯、浸于斯的当代著名作家罗广斌、马识途和当代著名画家方凤富，无疑是这条人文血脉的有力承载人，他们赤胆忠怀，德高望重，为文为艺，堪当典范，可谓道德文章彪炳天下，大成艺术启示后人。我们这里专讲方凤富——

葡萄入画历史悠久。自古以来，葡萄就以其晶莹圆润、娇软欲滴、色彩亮丽的美丽形象和丰收富裕、吉祥喜庆、团结和谐、多子多福等多重寓意成为历代文人画家吟咏描绘的重要对象，让历代热爱葡萄的画家们心为之念、魂为之牵、梦为之绕、情为之动，让无数画家为了梦中晶莹的果实和缠绵的藤蔓磨秃了笔尖、熬白了头发、耗尽了心血，付出了艺术的生命……

在那些对葡萄画如痴如醉的大师中间，有一个清瘦而执着的身影，一直怀揣着葡萄的芬芳，在艺术之路上苦苦跋涉和不懈求索了半个多世纪。从一个贫穷的农村青年，经由大学塑造，成长为一个艺术家：他的数十幅佳作被中南海、天安门城楼、人民大会堂、国务院紫光阁、钓鱼台国宾馆、毛主席纪念堂等展出或收藏；其庄严隆重的个人画展和研讨会从重庆三峡博物馆开到中国美术馆，从泰国首都开到法国巴黎浪漫之都；其画作走进昆明园艺博览会、北京奥运会、上海世博会；其画作作为国礼送给多位外国政要；被媒体称为"中华葡萄王""中华葡萄第一人""中国艺坛领军人物"。他创办雷锋美术班50多年，捐资数百万资助困难群众，他获得西南大学优秀共产党员、"感动北碚十大人物""感动重庆十大人物"以及重庆"道德模范""重庆好人""重庆五星级志愿者"等称号。

他，就是西南大学教授、中国美术家协会会员、德艺双馨的中国花鸟画大家方凤富先生。

1937年9月，方凤富出生在重庆市忠县官坝区鲤鱼村。1956年，19岁的方凤富打着赤脚走进西南师范学院音乐系读书，翌年转入美术系，靠助学金读完大学。从此，他把自己的一生交给了笔墨纸砚，交给了那些神秘莫测的线条和五彩缤纷的色彩，交给了那些热爱美术的莘莘学子。方凤富早年师从一代葡萄画大师苏葆桢，为苏先生之得意门生。1960年，方凤富提前毕业留校；1962年至1964年，方凤富顶着"被资产阶级专家腐蚀"的罪名，晚上偷偷地跟着著名国画大师苏葆桢学画，废寝忘食，宵衣旰食地临摹苏葆桢等名家的画，阅读大师们的理论著作。1976年，方凤富转为教师，给苏葆桢、李际科当助教。方凤富虚心刻苦地向苏葆桢、李际科等老师学习，习古而不泥古，尊师而不仿师，学习传统而不照搬传统。他既深得苏葆桢葡萄画的精髓，将西画的量感、光感、质感，尤其是将西画的结构、空间感等造型因素融入创作，又吸取李际科工笔画的优长，将写意、勾勒、晕染融为一体，互相补充、互相借鉴、相映成趣，形成自己独具特色的白葡萄。这些葡萄画，采取了一串一串的兼工带写、半工半写的表现性勾勒法，画面极为生动，水分足、质感好、色泽鲜艳，形神皆备，独树一帜，驰誉画坛。

2007年5月，在中南海文津会议中心举办的方凤富艺术研讨会上，70岁的方凤富在会上发出惊人之语："七十起步，破茧重生！"这是一个真正画家的艺术重生和生命涅槃！要真正做到这一点，不仅需要勇气，还必须有执着的品质、凝聚的心血、横溢的才华和折骨为剑的献身精神。方凤富所进行的葡萄绘画的大写意探索，既要舍弃一些过去非常熟悉的技法和图像，又要在整体构图方面拓宽葡萄绘画的表现空间，进一步探索葡萄图像的内在结构，将葡萄的自然形态向绘画表现形态进行全方位转换，真正找到葡萄绘画的现代表现空间，告别此前单一的、静态的、平面的描绘模式，让自己笔下的葡萄从圆润透明的珍珠型向轮廓分明的钻石型转换，重新构造出一个有着内在紧密结构的新的闪烁着钻石光芒的艺术体系。

2011年8月，方凤富随中国艺术家代表团赴法国，参加在巴黎戴高乐图书馆举办的"第十一届中国文化艺术交流展"，其作品《硕果飘香》荣获金奖，同时荣获"中国文化艺术交流突出贡献奖"，并被授予"当代杰出艺术家"称号。在法国展览期间，方凤富在法国友人和华侨朋友陪同下，专程到法国葡萄之乡波尔多农庄果园参观采风，他不顾年事已高，每天起早贪黑，到葡萄园细心观察不同类别的法国葡萄，拍摄了各类葡萄图片，画了大量法国葡萄的速写，回到重庆，他潜心研究从异国他乡采集来的各种资料，大胆创新，将东方艺术创作思维与西方绘画方式恰到好处地结合在一起，在表现风格、表现技法上中西结合，融会贯通，将写意、勾勒、晕染融为一体，互相补充，相映成趣，创作了一批法国葡萄画，逐渐形成了一种独特艺术风格。

伴随着他在艺术上的探索创新，方凤富在艺术实践上也取得了为世人艳羡的成就！

近年来，方凤富的名字和他的作品总是一次又一次走进人们的视野，擦亮人们对中国花鸟画特别是葡萄画期待已久的眼睛。他多次被邀请到人民大会堂、天安门城楼、中南海紫光阁等中央机关作画：1989年8月人民大会堂展示并收藏了他四尺整纸的《明珠累累》等3幅画作；1992年3月，天安门城楼展示并收藏了他一丈二尺整纸的《苍藤蔓架满缀明珠》；1993年5月，中南海紫光阁展示并收藏了他四尺整纸的《硕果清香》5幅；2001年10月，国务院北戴河总理接待厅及部长会议室展示并收藏了他一丈二尺的《硕果累累》2幅；2002年人民大会堂中华厅展示并收藏了六尺整纸的《明珠滴翠》和《秋色烂漫》；2002年钓鱼台国宾馆展示并收藏了他八尺整纸的《硕果累累》等5幅；2002年，中国人民解放军总政、总参、总后及武警总部分别展示并自收藏了他的《硕果累累》；2005年，全国人大常委会会议中心展示并收藏了他九尺长的《紫玉流香》等画作2幅；2010年，全国人大常委会新办公楼展示并收藏了他的八尺画作《天光紫玉春意浓》。他的画作为国礼，赠送给泰国国王，有些作品还被新加坡总理吴作栋、英国副首相、丹麦王子、泰国国会、泰国总理府、泰国议会、韩国青瓦台总统府以及莫斯科大学、意大利波伦亚大学等收藏。

方凤富的个展也从重庆走向北京，走向泰国，走向巴黎，走向世界。

2006年，重庆三峡博物馆举办"方凤富画展"，开幕式有5000人参加，开创了当代美术史上开幕式的奇观。

　　2007年，中南海文津会议中心第一次向一位画家开放，举办了由中国艺术研究院院长助理、研究生院院长张晓凌主持、国内众多一流美术评论家参会的"方凤富花鸟画作品研讨会"，其档次、规格之高，前所未有。

　　2008年，"方凤富画展"于奥运会期间在中国美术馆举办，中国美术馆馆长范迪安亲自为其选画、布展，撰写展览前言并在开幕式上讲话，高度评价其作品。

　　2010年在上海举办的世界博览会上，方凤富以自己"七十变法"后创作的大写意杰作荣获金奖，成为世博会期间的一件盛事。

　　2013年，方凤富画展在泰国举办，泰国国王因病不能出席，专门派革滴萨上将代表他莅临开幕式，并在开幕式上高奏中泰两国国歌，给予了方凤富最高礼遇——方凤富为伟大祖国争了光！为中华文化争了光！

　　2014年"方凤富画展"轰动巴黎，研讨会引来法国专家关注，举办了高规格的研讨会。举办方主动要求购买全部展出佳作，并要求将画展延期5天，创造了在巴黎举办的中国画展的新纪录。

　　方凤富出版了大小十余部个人画册；还同当代一流美术家吴冠中、范曾、黄永玉、靳尚义、刘文西、王西京、杨之光、孙其峰、喻继高、方凤英、龙瑞、贾又福、霍春阳、何家英等共同出版两人画册、三人画册、多人画册；他的画作被选入《画史——中国近现代书画精品藏书》《华夏千家书画集》《中国画名家精品集》《大美中国》《百年丹青》《丹青颂，中国梦》《中国画派——当代著名书画家作品精选集》《当代画坛巨匠》《中国画名家大典》等数十部大型画册。艺术类核心期刊《美术观察》等美术刊物暨《人民日报》等报刊多次载文宣传介绍方凤富。方凤富在中国花鸟画，尤其是葡萄画、紫藤画的历史上留下了自己鲜明的印迹。

　　从葡萄画的历史看，作为花鸟画的重要内容，葡萄受到历代艺术家的青睐和喜爱，一代又一代大师为葡萄画奉献了一生，也成就了他们永不凋谢的声名。如果说，每个时代都有杰出的葡萄画家塑造时代丰碑的话，那么400年前，葡萄画便是徐渭的时代，他的以《紫葡萄图》为代表的葡萄画，把水墨花卉大写意推向了时代的巅峰；300年前，葡萄画是朱耷的时代，他以《葡萄大石图》的苍劲率意和疏简构图，开创了阔笔大写意之画风；100年前，葡萄画是吴昌硕的时代，他常用狂草作葡萄，笔力老辣，气势雄强，将葡萄画法推向了一个崭新的高度；70年前，葡萄画是齐璜的时代，白石老人笔下的葡萄不落旧蹊，其《松鼠葡萄图》堪称葡萄画的杰作；20世纪60年代至80年代，葡萄画是苏葆桢的时代，他笔下的水墨葡萄、彩色葡萄以饱满晶莹的葡萄串展示丰盈充实之美，独领风骚，称盛一时，被誉为"苏葡萄"；20世纪90年代以来，方凤富教授继承和发扬了苏葆桢等大师的葡萄画艺术，成为中国葡萄画的重要人物。

方凤富的艺术成就受到了美术界著名画家、专家、学者的肯定和高度评价。中国美术馆原馆长、现中国美术家协会主席范迪安为方凤富美展亲笔题写了推介文字："方凤富先生从艺几十年来，一方面深入研究中国画艺术的创作规律，坚持继承中国花鸟画的优良传统，一方面真诚面向自然，在深入生活的基础上，积累素材，积极探索艺术形式的创新，创作了大量的作品，形成了自己鲜明的艺术风格。"著名画家娄师白认为，方凤富的作品"生活气息浓郁，浓重的水墨与斑斓的色彩有机融合，既雍容温婉，又蓬勃灵动，活泼爽健之气直慑人心。"中国美术家协会理论委员会委员、中国艺术研究院理论研究室主任、著名画家陈醉认为："方凤富成就很高、心境很静，选材很绚烂，作品有阳光照射的感觉。"中国艺术研究院院长助理、研究生院院长、著名评论家张晓凌认为："方凤富的作品风格独特，有自己的面貌，他身上体现出一种人品与画品的联系，其人朴实，其画亦朴实，真实性与朴实性在如今虚伪的都市文化中显得极为珍贵。"西南大学教授、博导，重庆现当代美术研究所副所长邱正伦认为："方凤富的葡萄绘画展现的绝不单纯是方凤富个人的艺术成就，更重要的则是方凤富的花鸟画艺术在很大程度上彰显出了当代中国画艺术的文化面貌和强烈的本土艺术魅力。"中国美术家协会理事、天津美术学院终身教授、天津市美术家协会名誉主席孙其峰说："方先生以西方的写实绘画的

6

技巧及素描关系为我运用，在工笔的细致中赋予了作品以国画的写意性，以及自己对造化的感悟，逐步形成独具特色的国画风格。他笔下的葡萄，晶莹剔透，呼之欲出，摇曳生姿，生动逸脱的笔墨，布局灵变的造型，清新俊俏的色彩，富有一种当代的文人雅趣，彰显着一种精巧夺目、优雅动人、通透可感的内在生命力……颇为可贵的是，先生的作品在富丽堂皇中，还流动着一种绝于尘俗的清气。一方面绝于尘俗，一方面又能雅俗共赏，这样的匠心独运，如此的大家手笔，非一朝一夕所得。"全国画院艺术交流协会副主席、成都画院院长、著名画家田旭中由衷感叹："方凤富做到了三个完美结合，一是人品与艺品的结合，二是传统功夫与现代审美要素的结合，三是艺术性与观赏性的结合，堪称当代德艺双馨的艺术大家。"

方凤富不仅是成绩卓著的艺术家，而且是学习雷锋的模范人物。1963年3月5日，毛泽东同志发出"向雷锋同志学习"的号召。当年，风华正茂的方凤富积极响应，在家里办起"方凤富学习雷锋美术培训班"。"开弓没有回头箭"，这一办就办了50多年！50多年来，他把"雷锋班"从家里办到西南很多地方，无偿为国家培养了近万名业余美术人才。近年来，他又以重庆嘉陵画院北碚区北温泉街道华光社区"方凤富雷锋班"、北碚区澄江小学"方凤富爱心书画学校"和方凤富美术馆"FFF画派先锋学习班"为载体，传承祖国优秀文化，创新美术教育教学，继续培养着各个层次的美术人才。今年已是83岁高龄的他始终坚守自己的承诺："只要心脏还在跳动，就要向雷锋同志学习，为人民做好事，把美术班办下去！"

几十年来，他力所能及地帮助那些需要帮助的人：为家乡捐资办学，为面临失学的孩子捐款，为因病返贫的困难群众送去医疗费。在国家面临大灾大难时，他总是做着他应做的事情：为抗洪抢险捐款，为汶川大地震捐款，为抗击"非典"捐款，为抗击"新冠肺炎"捐款捐画，交5000元党费……

方凤富成功不忘故乡，不忘母校，不忘老师。他多次看望和资助自己读书的小学、中学；他把精心创作的一幅10米长、一幅8米长的两幅巨作分别捐赠给母校西南大学和忠县人民政府；他的恩师苏葆桢去世20多年，他每年都带上学生到坟前扫墓祭祀，恩师李际科去世20年间，他每年数次带上礼品看望师母；多年来，他学雷锋做好事，捐献300多万元、150余幅画作、1000多册画册和书籍，资助母校以及残疾人和弱势群体。他因此被评为"西南大学优秀共产党员""感动北碚十大人物""感动重庆十大人物""重庆道德模范""重庆好人"，被人们称为"德艺双馨的艺术家"。

几十年来，方凤富用自己无声的行动诠释着一个党员画家的初心使命，履行着一个人民教师的责任担当，彰显着一个艺术家的仁爱奉献，坚持着在艺术事业上的不懈攀登……

在采访写作方凤富教授传记的过程中，笔者为他的事迹和精神深深感动，写了一首诗赠送给他：

> 刳肝沥血苦亦甜，
> 七十起步创新篇。
> 葡萄紫藤放异彩，
> 丹凤振翅上遥天。

2022年10月25日

在苦难中成长

　　1937年9月14日，四川东部（今重庆市）忠县官坝镇鲤鱼村的一户破旧的灰屋里，这部传记的主人公——方凤富出世了。按说，他是这对夫妇的头胎，又是男孩，该给家里带来多大的喜悦和幸福！可是，由于家里极度的贫困，他的诞生反而带给父母沉重的压力：怎么养活这可怜的小生命！

　　方凤富曾祖做过武官，是当地的绅士、地主，是有钱有势的。可是，到方凤富祖父方兴陶那一辈，家道衰落，沦为贫民，只能租地种了。方凤富父亲方怀荣，由于脾气爆躁、乖僻，与自己父亲的关系处不好，就离开了父母的家，带着刚结婚的妻子杨琼住到他拜寄的二伯家放农具粪桶的"灰屋"（相当于现在的储物间）里，生下了方凤富。

　　由于生活贫苦，年轻的父亲方怀荣患上了支气管炎、哮喘、风湿关节炎等疾病，长期咳嗽不止，关节疼痛，不能干重活；母亲杨琼体质单薄，又患有严重的皮肤病，经常浑身痛痒难受。但是，母亲不得不承担了全家的重活儿，吃得又差，哪里有乳汁？方凤富生下来没有尝到过一口母乳！那年月没有牛奶，他们家也买不起牛奶。爸爸只能抓一把米推成米浆，做米羹羹给他吃！几个月里，他都只能吃米羹羹、麦子羹羹、包谷羹羹！第二年春天到了，爸爸妈妈租了地主家几亩地，必须要下地干活了！孩子不能放在家里，又不能抱在怀里。怎么办呢？父母只好把他装在布口袋里，露出小脑袋，再把布袋吊在田边树枝上。这样，既不被虫咬，又不会摔倒，父母又可以放心地搞农活。妈妈一边在田里干活，一边不时地照看着他。小小的方凤富吊在树上，双眼望着贫瘠的大地，看着父母长辈辛勤的劳作，可谓从小就饱尝了生活的艰难，也受到了人生的磨砺！

方凤富七岁以后，方家陆续又添了三个弟弟一个妹妹，家里生活就更困难了！真的是食不果腹，衣不蔽体，家里经常是揭不开锅，吃了上顿没下顿；三兄弟睡一张陈旧的旧床，只有一床陈旧的棉絮；穿的是妈妈做的土布衣，穿了很多年还在穿；方凤富从小到大，不管是赤日炎炎的盛夏，还是雪花飘飘的严冬，从没穿过鞋子，总是打着赤脚，在田野里奔走！直到十九岁，考入西师，都是光着脚进课堂！身上穿的衣服连肉都遮不住。家里穷啊！租的地主的田地，经常有天灾水旱，收不到多少谷子，可是地主的租子却是一点也不能少的！

方凤富记得，他10岁那年，刚收了稻谷，一家人好高兴，心想可以吃几顿白米饭了。谁知，第二天，地主就带着一大队收租的人马来了！方家把刚收到的稻谷交了租，就没剩多少了！方家还要做饭招待地主一行。吃着吃着，突然地主的只有5岁大的女儿高喊说她要吃鸡脑壳！这一叫不打紧，地主竟要方父想法弄个鸡脑壳！方父没办法，只好去邻居家借来一只鸡，立即杀了，给地主女儿弄了一碗鸡汤——上面盛了一个鸡脑壳，恭敬地递给地主女儿！年幼的方凤富看到地主小姐骄横的样子，看到爸爸腆着笑脸迎接地主，赔着笑脸向邻居借鸡，看到地主女儿得意扬扬地吃着鸡脑壳，心里真是又气又恨又想不通！这件事影响了他的一生，他一辈子很少画鸡。只要提到画鸡，他就会想到小时候看到的那一幕，想到地主女儿要吃鸡脑壳的叫声，想起爸爸恭敬地把盛着鸡脑壳的鸡汤递给地主小姐的情景，他都会感到恶心！

1948年7月，方凤富11岁时，他赤着脚，穿着破烂的衣服，陪同爸爸到姓罗的地主家去买稻谷。因为当时光靠种地不行，必须做点小生意。方凤富父亲就到罗家买点谷子回来碾成米，赶场时去卖，赚一点辛苦钱。爸爸进了院子，方凤富站在院子门口看院子里的人打麻将，突然罗家养的那条高大凶猛的黑色的狼狗从院子里出来，看到站在院子门口的方凤富又瘦又小，穿着破烂，以为是乞丐、小偷，猛地向方凤富扑来。方凤富吓得转身逃跑，可狼狗却追了上来，在他小腿上狠狠咬了两口。方凤富忍着疼痛，吓得拼命跑出院子，狼狗还在后面追，方凤富只得往地坝边很高的坎坎跳下去，却又把脚摔伤了！这时，罗家小姐才喝住黑狗。一会儿，方父从大院出来，跳卜深坎，把方凤富扶起来，到路边扯了一把苦蒿草用石头砸烂了给他把伤口包上，才搀着他走回家。方凤富腿上流着血，眼里流着泪，心头燃着恨，忍着剧痛，一步一步，在父亲搀扶下，慢慢走回家！讲到这里时，方凤富给我看他腿上的伤疤。虽然几十年过去了，但还能感到他心中的怒火与悲愤。

穷人的孩子早当家

　　方凤富七岁那年，看到爸爸同妈妈吵架以后，把家里的东西掀翻在地，摔得稀烂，然后就一个人跑了，一直都没有回来！当时，妈妈抱着方凤富，伤心地哭了一夜。第二天，妈妈赌气地说：他走了还好些！然后带着方凤富上山砍柴，下地干活，烧火煮饭，喂猪喂鸡，一个人扛起了全家人的生活重担！稍大一些，方凤富就开始帮着妈妈推磨碾米，背米挑水。方凤富爱妈妈，体贴妈妈，从小就知道帮助妈妈干活！他早上鸡叫就起床，同妈妈一起推磨，磨子又大又重，妈妈一个人推着很吃力，方凤富总是同妈妈一起推！他觉得能够帮妈妈做一点家务，干一点农活，减轻一点压力，心里就非常舒坦！煮好饭，吃了早饭之后，他再陪母亲一起下地干活。

　　1946年，父亲出走三年后回来了，说是在忠县县城当了三年厨工，给别人煮饭。父亲回来后，租了地主家几亩田，一家三口又开始种田了。但是，爸爸身体不好，重活还是得妈妈和方凤富干。有一天早上，方凤富同妈妈一早赶到山林砍柴。妈妈那天显得很疲惫，走得十分吃力。走着走着，突然一根藤蔓将她绊倒在地，半晌动弹不得。方凤富吓得脸青面黑，心跳不止，趴在妈妈身上直喊"妈妈呀妈妈！"可妈妈人事不省。方凤富吓得不知咋办，赶快跑回家中喊父亲。父亲赶到山林，东揉西弄，不知怎么把母亲弄醒过来。母亲醒来后，父亲说要背她，但她还是挣扎着自己站了起来，在父亲和方凤富搀扶下回了家。这以后，方凤富就更是左右不离地关照着母亲。

在方凤富心中和眼里，母亲是世界上最好的人！是最善良、最有爱心、最有奉献精神的人！而她又用这些精神影响了他，感染了他，熏陶了他，培育了他！

方凤富家穷，买不起布做衣服。方凤富看到母亲总是三更半夜起来，在煤油灯下，一针一线给孩子们做衣服、补衣服。母亲总是把最好的东西给儿女吃，她总是吃剩下的！有时没有什么剩余的饭菜，她也就不吃。当然，方凤富也总是要先给母亲舀一碗留起，让母亲有吃的。当时，方凤富的三叔对三婶很不好，三婶年轻时就上吊死了。三叔娶了后婶娘，后婶娘对三叔的几个子女很不好，经常不给他们饭吃，打骂他们。方凤富母亲很看不惯，经常把三叔子女喊到家里，给他们饭吃，尽管她自己家经常都吃不饱。但是，她宁愿自己挨饿，也要资助三叔的几个子女。三叔的几个子女也很感恩，把方母当亲娘一样敬爱。

如果说母亲给了方凤富勤劳、善良的品德和刻苦、奉献的精神；那么，父亲的粗暴、凶狠和野蛮则养成了方凤富忍辱负重、坚韧顽强、默默做事、小心谨慎的性格。

方凤富父亲因为身体不好，生活贫困，经常心情不好，形成了粗暴的性格。他对方凤富从来就没有什么轻声细语，温暖关爱，只有厉声呵斥，凶狠打骂。方凤富跟我讲起他最难忘的两件事：有一次，他与几个娃儿在山沟里割草，干活儿累了，就找个地方"下三"（一种比较简单的民间的棋类游戏），方凤富不敢下棋，只是站在旁边看了看，观了观战。他发现好像父亲从对面山上经过，看到了他，但是并没说话。方凤富也没在意，心想反正自己又没下棋，只是看看棋，没什么错吧！晚上回家，他把打回的柴草放好，就赶快烧火煮饭。一会儿，爸爸回来了。见到儿子在烧火煮饭，二话没说，突然拿起扁担，高高举起，向着他劈下来！方凤富一见，

5

吓得魂飞天外，当机立断躲到厨房楼梯口，缩成一团。爸爸的扁担一下子劈在地上，咣当一声，仿佛把地都震动了！方凤富吓瘫了：要是躲慢了一点，那扁担砸在头上，怕是当场就没命了！

还有一次，方凤富说起来都还有些后怕！那是方凤富11岁的时候。方凤富父亲经常是赶场天到场上买稻谷回来加工成糙米，三天后挑糙米到另一个赶场的乡镇去卖，赚几个小钱维持一家人生活。虽然父亲经常打他骂他，但他还是心疼父亲，他看到父亲体弱多病，主动提出来要帮爸爸背稻谷。父亲同意了。于是，小小年纪的方凤富就开始帮爸爸背米。这可是个异常艰苦的工作。忠县是山区，官坝更在群山之中。忠县人说"拔山无山，官坝无坝"。就是说拔山区没有山，官坝区却没什么平坝，都是山。方凤富与父亲出外背米，一路爬坡上坎。山连山，沟连沟，累得汗水淋漓，脚酸腿软，又渴又饿！背谷子回来，又连夜同妈妈一起推磨碾谷子。方家的磨又大又重，爸爸是"喉巴"（患哮喘病常气喘咳嗽），不能推磨，妈妈一个人又推不动，每次总是方凤富帮着妈妈推。谷子碾成糙米后，下一个场又背去卖。

有一天，方凤富同爸爸从石黄乡买了稻谷背回家，天下着小雨，路滑，经过洋河沟时，那七八十度的陡坡更是难走，几乎是手脚并用，爬着走。半山坡上，修了一座小小的菩萨庙，供过路人在庙前小坝子休息。方凤富背着20多斤的背篼，实在走不动了，就把背上的背篼放下来，搁在路边的石凳上，想稍稍歇一下。谁知，也许是背篼没搁好，也许是下了雨石凳滑，那背篼竟然突然倒了下来，从路边的陡坡滚下深沟。方凤富一看，吓得脸青面黑！因为他知道，这背篼倒下去，可能把装在里面的袋子摔出来，袋子划破了，里面的稻谷撒出来，就再也收不回来，那可不得了，怕要被爸爸打个半死！他慌忙冒着生命危险跳下坡去捡拾背篼！爸爸已经痛骂起来："砍脑壳的！你啷个在搁嘛！把谷子抛撒了，看老子不打死你！"他慌慌张张跳下去一看，啊，阿弥陀佛！还好，米口袋还在，稻谷也还没从口袋里滚出来！他长长地出了口气！要是稻谷散了，找不回来了，那后果不堪设想！

但是，这能赚得了多少钱呢？搞了半年，实在不行，又累又赚不了钱！没办法，父亲又想到造纸——就是做祭祀祖先用的纸钱来卖！这又是一个累人的活路！造纸只能在农闲做。寒冬腊月，方凤富陪爸爸去山里砍来竹子，背回家砍断砸烂，然后泡在挖好的石灰池里，沤烂。沤一年，到第二年的冬天，再把竹浆舀起来，倒在板子上，做成纸浆，再一张一张地把纸浆揭下来晾干。待晒干后再收起来，拿到集上卖。

"神仙难过二三月"，"糠菜半年粮"，方凤富对这些话理解最深。1949年3月，正是乡亲们吃完了去年收获的谷子、红苕等粮食，而麦子又未收获的缺粮之际。爸爸的咳嗽病发得厉害，起不来床。妈妈看家里红苕都没有多少，蔬菜也没有，叹了口气，对方凤富说："富儿啊，家里就要揭不开锅了！你去坡上摘点榆树皮来，我们加点红苕，做红苕野菜粑粑吃！"

方凤富懂事地立即提起箢篼，往屋对面山坡走去。山坡边几棵榆树的皮已经被乡亲们剥完了，只有靠悬崖边的一棵榆树还有青皮未被剥完。他提着篮子去到悬崖边，只见这棵榆树长在悬崖边，枝干斜斜地伸向山谷，悬崖边生长着一大片茂密的紫藤，开着一串串紫色的鲜花。方凤富自小就很喜欢山花野果，驻足欣赏了一会紫藤花，只见那紫藤屈曲盘旋，遒劲多枝，生命力旺盛。他对紫藤产生了好感！他想起妈妈那忧心忡忡的嘱咐，又赶快剥起树皮来。剥掉了下面的树皮，要剥更上面的树皮，就得爬上树去剥。天寒地冻，冷得他直打寒颤。他双手抱着榆树干，一双赤脚蹬着树干，往上爬着。到了高处，树皮未被人剥过，鲜嫩嫩的，他高兴地剥起来。那树干滑溜异常，突然间，他双手发麻，双手一松，人陡然滑了下来，下面可是几十米的深谷！方凤富吓得魂飞魄散！就在掉下的一瞬间，他突然发现自己摔倒在一团软绵绵的东西上面！睁眼一看，啊，竟然掉在刚才欣赏过的一大片紫藤上了！他好高兴，好庆幸：这茂密、粗壮的紫藤托住了自己，使自己没有摔下悬崖。这紫藤，可是自己的救命恩人啦！从此，他特别喜欢紫藤；从此，他也同紫藤结缘！以后，当他考入西师，当他在西师看到苏葆桢画的紫藤之后，他就特别喜欢画紫藤，而且还应贵州教育出版社之邀，撰写了一本《怎样画紫藤》的书，作为大中学校的美术教材，受到专家好评和读者欢迎。

记忆最深刻的是背米。1949年冬，当时的保长甲长要乡亲们送粮到忠县县城。方父被派去给国民党运军粮。方凤富父亲要背100斤军粮。方凤富知道父亲身体不好，又得了肺病，根本背不起100斤粮走130多里远的山路，就主动提出来帮父亲背一点军粮，减轻一点儿爸爸的负担。爸爸怕他太小，坚持不了，不要他去。但方凤富更担心父亲，坚持要去！父亲只好同意了。

背军粮累得要命。从官坝鲤鱼村背军粮到忠县县城，140多里的山路，要翻4座高山，就是先下4座深沟，再翻上4座高山，艰辛异常。那是寒冬腊月，方凤富打着赤脚，穿着破烂的旧衣服，带的干粮又少，一路上天寒地冻，爬坡上坎，又冷又饿，又渴又累！走累了，走饿了，浑身汗水湿透了，公粮背在身上，越来越沉，越来越重，背带勒进肩胛骨，又痛又麻，非常难受。中午，走到三元场，他们父子才将背篓靠在一个商店门口，拿出随身带来的烤红苕吃了，再继续前行。

天黑尽了，方凤富父子和同行的十几户乡亲，实在走不动了，他们才在一家小栈房住了一个晚上。方凤富倒头就睡着了！第二天天亮了，爸爸喊醒了他，他还感到浑身酸痛，他多想再睡一会儿，但是，爸爸说起晚了走不到县城，他只好强打起精神走。

上午，经过黄金滩时，看到山下有当兵的在行进，长长的一队士兵，经过黄金滩走向重庆城。与方凤富父子同行的乡亲就说："遭了！不能下去了！谨防遭抓壮丁！"当时，老百姓都怕国民党兵，怕他们抓壮丁！所以就不敢下山。但是，等了很久，部队都没过完。乡亲们仔细看，这些部队好像又不像他们平日看到的"丘八"（指国民党兵）那样歪戴帽子斜背枪，有气无力，而是军容整齐，气势很旺。这些士兵不断地喊："老乡们，你们别怕，我们不抓壮丁，你们下来自己走吧！"但是，乡亲们还是怕这是丘八（指国民党兵）在耍花招，不敢下去。等了一会，方凤富父亲心想自己是个病号，方凤富又只有十一二岁，身体又瘦弱单薄，可能国民党也不会抓他俩的壮丁吧！就说：我和方凤富先下去看看。方父带着方凤富背着背篼下到路边，准备穿过部队的行列，往忠县方向走。这时，一个高个子、腰里别着手枪的军官模样的人走到方凤富父子面前，看到方凤富个儿瘦弱，穿得破烂，这么冷的天还打着赤脚，还背那么重的粮食，就拍了拍方凤富的肩。这可把方凤富吓惨了，他竟吓得一下子瘫倒在地。方父也吓坏了，忙对那军官说："谢谢你，千万别抓他，他还小！"只听那位军官深情地说："你们太辛苦了！"这话他说了三遍。接着，他又轻言细语地说："别害怕，我们不抓你们的！"父亲高兴得赶忙作揖敬礼道谢："感谢长官！"那位军官看到方凤富又瘦又弱，穿得单薄，还打着赤脚，就对旁边的一个士兵（也许是警卫员）说：你把背包上的那双鞋子给他穿吧！这位士兵把背包上的一双绿色的胶鞋送给方凤富。方父忙对军官表示感谢，并说：这双鞋太好了！我们今天不穿，明天再穿！方凤富打了十几年赤脚，还没穿过这么好的鞋子！方凤富长这么大，也从来没见过这么好的军队！几天之后，说是解放了！共产党来了！方凤富才知道，他们见到的部队，可能就是解放重庆的解放军！

　　从凌晨起来走到县城，已是下午，方凤富又饥又渴，看到忠县街头香喷喷的锅魁、油条、卤肉、面条，饥肠辘辘的方凤富硬是流出了口水，好想尝一尝，吃一口！他久久站在餐馆前，拉不开步子！望着那香喷喷的美食，心想，哪怕吃一碗面也好啊！可是，在威严的父亲面前，他又不敢开口要！只是久久站在餐馆前；可是爸爸却不得不狠心地拉他走："凤富，走吧！家里穷，爸爸实在没钱给你买面吃啊！"走出县城，爸爸才摸出一个煮红苕递给他，"你吃吧！"然后他俩一路，沿着高低不平的山路，走了一天一晚，累得要死，才走回家！一回家，他和爸爸累得来不及洗脚换衣，一下就倒在堂屋地板上，很快就睡着了！

　　可是一会儿，妈妈叫醒他，说租地给他们家种的地主方化忠老爷前两天在县城坐船过河时淹死了！明天要做祭祀，方老板家人传话说要各家各户今天都得派个人去做准备！方父体弱多病，这两天太劳累，起不了床，只好叫方凤富代他去地主家作帮工。方凤富累得浑身疲软，睡在地上都爬不起来了。但听说爸爸身体衰弱起不了床，不能去给方老爷做祭祀，只好奋力挣扎着，翻身起床，去给爸爸代工。他挣扎着，同左邻右舍的佃户们，一起去到方老板家。这时，外面又下起了大雨，方凤富又冷又饿，跌跌撞撞地去地主家。只见地主家大门口挂着挽联，院坝里点着香烛，大厅里布置着灵堂，厨房里炊烟袅袅，香风阵阵，唤起方凤富强烈的食欲，让他感到更加饥饿！走到厨房边，突然看到潲水桶里装满了地主家吃剩的残汤剩饭，泛着油腻腻的猪油香味，强烈的饥饿感和食欲促使他顾不得面子和尊严，忍不住蹲在潲水桶边，抓起里面的剩饭剩菜往嘴里塞！他不管这些食物是否变酸变馊，只管塞满自己的辘辘饥肠！多年后，当他读到"朱门酒肉臭，路有冻死骨"的诗句，还是感慨万端！

爱上音乐美术

背军粮回家不几天，忠县就解放了！工作队和解放军来到鲤鱼村，教孩子们唱歌跳舞，打金钱板、打腰鼓，方凤富和村里其他穷人的子女一样，也有了读书的机会！这时候，他才知道，那支送他胶鞋的部队就是中国人民解放军进川部队！

忠县解放后，实行了土地改革，方凤富家分得了几亩田地和劳动工具，父母不再租种地主的田地，生活有了改善。鲤鱼村小学只有初小。初小的老师喜欢方凤富，就找到方家，劝方凤富父母送方凤富进官坝完小读高小。老师说：让方凤富去读书吧，读了书才不会那么穷！方凤富聪明肯学，吃得了苦，读了书会有前途的！

于是，1951年9月，方凤富进官坝完小读高小，那时候他已经14岁了。

官坝小学离方凤富家二十来里路，只能住读。他每个星期回家一次，换衣服，再背上一些红苕、蔬菜和一大捆烧柴，到学校自己煮饭吃。方凤富没有锅（因为他家只有一口锅，他带走了，家里就没锅用了），他也没钱买锅，他就到垃圾堆去东翻西找，终于找到了一口烂掉三分之一的破铁锅来煮饭。同学们煮饭是在一个大屋里（等于是一个公用厨房），开饭时，几十个同学都把火烧起，一时屋里浓烟滚滚，烟味呛鼻，十分难受！

　　方凤富进入完小以后，就不得不开始勤工助学，打工挣钱缴学费，买笔，买书，买毛巾、牙刷，理发。当地居民吃水要到山谷里的小河去挑。许多居民没有劳动力，就请人挑水。方凤富就去给居民挑水挣钱。方凤富说起此事，现在都感到寒心！他说，那时候，担一挑水只有两分钱！挑水要从街上下到山沟里去，来回4里陡坎路，几百步石梯。一步一步担上来。他每天中午，在同学们午睡休息之时，去到山沟里担水上几百步石梯上来。每天中午挑三挑水，累得不行！天气炎热的时候，更是大汗淋漓！

　　两年时间，方凤富就靠自己挑水赚点钱来缴学费，买笔，买书，买毛巾、牙刷，理发，有时还给妈妈一点钱买盐巴做咸菜。

　　那日子真苦啊！

　　但是，就是在这样困难的条件下，他仍然努力学习！班主任谢必才老师给他交了一次学费。吴清华老师教他跳舞，他至今还记得，吴老师教他跳《我的宝贝有两样》等舞蹈，音乐老师冯家池教他们唱《东方红》《咱们工人有力量》《平汉路歌》等歌。当时高他一班的周成堂同学教他拉二胡。在村小学习期间，方凤富还经常跟着父亲、幺舅参加一些文娱活动。当时农村逢年过节要开展一些文娱活动。方凤富父亲喜欢打锣鼓，打"玩友"，方凤富幺舅和幺舅的朋友喜欢吹笛子，拉二胡，拉京胡。方凤富父亲还经常邀约这些亲朋好友到自家院坝里来吹拉弹唱。方凤富就跟着父亲和父辈的朋友学拉二胡、京胡，吹笛子；跟着唱歌、唱京戏，有时候还打打拍子。他用二胡拉阿炳的《二泉映月》《良宵》，已经拉得很好了。方凤富也喜爱唱歌，特别是唱山歌，他常常在河边练音，练嗓子，村里的乡亲都夸他唱歌唱得好。

　　他们村小还开了美术书法课，每周安排一两次，老师水平高，又喜欢方凤富，经常精心指导方凤富写字画画，方凤富也写得认真，画得认真。所以，方凤富的美术书法成绩较好，尤其是正楷核桃字写得工整有力。

　　1953年5月，方凤富完小快毕业了。这天，方凤富的父亲突然来到学校看望方凤富，这可是盘古开天地——第一次。刚好学校谢能均校长从身边过。方凤富忙给父亲介绍说："爸爸，这是我们学校的谢校长。"

然后他又给谢校长介绍说："这是我爸爸。"

谢校长高兴地对方父说："方凤富的字写得非常好！将来很有发展前途！"

爸爸听到校长这样夸奖自己的孩子，非常高兴，恭敬地对校长说："谢谢您对方凤富的培养教育！"

方凤富好像从来没有听到过父亲说这么温和文雅的客气话！他非常感动！他领悟了：在父亲威严、凶狠的外表后面，还是有一颗纯粹的爱子之心！果然，父亲从此对他就温和得多了。

小学毕业了。有一天，父亲对他说："凤富，明天你就到三汇中学去读书！"

于是，方凤富开始了他的初中学习。从鲤鱼村到三汇中学，有40多里路。但进中学后，就不需要自己做饭，每周不背红苕，也不背柴，只背蔬菜。但方凤富家里穷，买不起洗脸盆，他只有捡个有点漏的破洗脸盆，盆子很烂，每天用时都要用泥巴来补住窟窿，然后在寝室对面浸水沟中接水洗脸洗脚；没钱买鞋，只有打赤脚，晚上睡觉前在浸水沟里把脚洗了借同学的鞋穿着，上床以后再还给同学。晚上起夜，也都得穿下铺同学的鞋去厕所。想起来真是寒心，不堪回首。

进初中后，他的书法特长得到了发挥。原来，三汇中学很重视办墙报，方凤富的大楷字写得好，学校就让他写墙报。墙报每学期要出几期，每一期要写一两天，对方凤富是个很好的书法练习机会。由于他写得认真仔细，所以他的字越写越好，他还在墙报上画些插画，很受同学欢迎。

方凤富的音乐才能也得到了发挥。方凤富在村小读书时，喜欢跟着叔叔辈的大人们搞文娱活动，歌唱得很好，还会打拍子。到三汇中学后，音乐老师发现了他的音乐才能，下课后还把他和几个音乐较好的同学留下来，专门教他唱歌，打拍子，还让他在周会等集会上指挥全校同学唱歌，打拍子。这使他得到了很好的锻炼和提高。

就这样，三年的初中读完了。1956年夏，方凤富就要初中毕业了。下一步该怎么走？是继续读书还是回家种田？他爸爸已经说了多次，要他回家帮爸爸妈妈干农活。因为家里没有劳动力，他爸爸妈妈身体都不好，下面还有四个弟妹，爸爸一心想他回去干活。但是，他还是想读书！他经常想起班主任严伯宜给他们讲的话：你们一定要好好学习，用知识改变家庭的困境，回报社会！

一天，学校贴出西南师范学院招收音乐美术五年制专科生的通知。通知说，西南师范学院（现西南大学）招收初中起点的五年制音乐美术专科生，专科生一律免费公读，不交学费，不交伙食费，经济困难的考生还可申请路费和生活费。

同学们一看这个通知，好高兴，好高兴！到大西南最大的城市——重庆去读大学，还不要学费，不交伙食费！全校80%以上的毕业生都报了名。

但是，学校研究以后，只同意了三个优秀学生去报考。这三个人是方凤富、杨华中、罗广钧。

方凤富高兴极了，自己可以报考自己喜欢的音乐美术专业！但是，想到自己已经十九岁了，家庭经济困难，爸爸妈妈身体不好，家里极需劳动力，急需他回家劳动生产，照顾老人，照顾弟妹，他又很犹豫。

就在这时班主任严伯宜找到了他。严老师祝贺他被批准报考西南师范学院。可是，方凤富担心家里没有劳动力，父母亲身体不好，几个弟妹年纪又小，没人照应，更担心父亲不同意他继续读书。就说："我家里不同意我继续读书，加上又没有路费和报考费，我就不去考西师了！"

严老师亲切地说："你一定要去考！一定要去读书！"

方凤富为难地说："我爸可能不同意呀！"

严老师："不管他，你先去考了再说！"

方凤富只好说："我也没有报名费和路费呀！"

严老师说："没钱，我们想办法！你先准备去考！"

14　班主任同校长杜永桢商量：方凤富这个学生勤奋刻苦，聪明好学，很有培养前途！他不去参加考试，不继续深造，就太可惜了！他们两人决定凑4元钱路费，让他好好去考！严老师殷殷叮嘱他："你一定要争取考上西师，发奋努力，才能改变家庭的困难，孝敬父母，报答社会！"

当方凤富从严老师手中接过他们资助的4元钱时，眼里涌出了感激的泪花！他知道，这是杜校长和班主任专门给他凑的，是他们从微薄的收入中硬掐出来的呀！他深深地向校长和严老师三鞠躬，他一辈子铭记着杜校长和严老师的恩情。

"赶考"不怕远征难

　　第二天，7月14日——这是方凤富永远记得的日子，也是改变他一生命运的日子！杜校长和严老师送他们到学校大门口，校长、班主任千叮咛，万嘱咐，要他们珍惜这个机会，争取考上西师，为母校争光，为自己争取一个好的出路！校长还特别叮嘱方凤富：你比他们年长一点，一定要照顾好两个小同学。

　　本来，从忠县坐船到万县很快，只要1个多小时，又很轻松；但是，他们买不起船票，只能走旱路。头天，他们三人从三汇中学回家，已走了40里路。第二天天还没亮，他们就出发了！从他们老家到石黄乡，大约20多里，从石黄到观音岩20里，从观音岩到新店子40多里。7月，盛夏的太阳晒到身上，像针刺一样。他们三人拼全力赶路，满头大汗，又饥又渴，连走带跑，到中午时分，已经走了近80里路。

　　中午，他们在新店子吃午饭。方凤富身上只有校长、班主任给他的4块钱，哪里敢多花一分钱，他只吃一碗稀饭，连一分钱一份的咸菜都不敢买来吃。

　　饭后，三人又继续赶路。因为上午起得太早，走路又急，体力消耗太大，下午走路就更累了。没走多久，快到新店，两个同学都走不动了。

特别是年龄最小的罗广钧，坐在街边哭起来，坚决不走了。本来，他们三人中，条件最差的是方凤富，他穿的衣服最差，最为破旧，而且是打的赤脚。当时的县级公路，路面上都是铺的碎石子，把方凤富的脚板硌得疼痛难忍，而他的两个同学穿着布鞋，虽然也硌得疼痛，但总比光脚好受一些。可是，罗广钧却哭着说不走了，不去参加考试了！其实，方凤富也累得很，脚上早打起了泡，只是他比罗广钧大两岁，加上在农村劳动惯了，更吃得苦，而且他要上大学的意志更坚定，于是他耐心地坐下来劝他们："我们这次出来参加考试，学校领导这么重视，这么关心，我们突然打退堂鼓，怎么对得起校长和老师！再说，我们都走了这么远的路了，如果现在回去，不是前功尽弃了吗？我们绝不能半途而废呀！"好说歹说，东劝西劝，总算把两个同学说动了，站起来又继续走。方凤富劝他们：我们慢慢走，多歇几次，就走到了。又走了一阵，罗广钧脚打起了泡，又累又饿，又哭喊着不想去万县考试了。我们无论如何也不能回去！方凤富下定决心。走到下午五六点钟，确实太饿了，他们只得去向农民讨一口饭吃。走到一户农家，他们求农民给他们一碗饭吃。农民说家里只有半罐子稀饭，你们吃不吃？饥不择食，他们哪敢挑选，接过稀饭就喝。结果这稀饭是前两天剩的，很少几颗米，而且又酸了，但他们还是把这半罐稀饭喝完了！而且觉得有力气赶路了。方凤富深深感激这位农民，又继续赶路了。

方凤富和两个同学坚持走到晚上10点多钟，走到了分水岭。走了整整一整天，三个人都累得不行了。走到一家小饭馆，三个人一头倒在饭桌上就睡着了。睡了一会，老板来喊他们。那两个同学都喊不醒，只有方凤富起来，对老板说："我们是去万县考试的学生，今天走了100多里路，又累又饿，所以睡着了。你们这儿有饭吃吗？"老板说："这么晚了，没有菜了，饭还有。"方凤富一听有饭，忙说："有饭就好，没有菜光吃饭也行啊！"老板看他们三个确实走得又累又饿，就说："这样，我给你们一人下一碗面，再吃一碗饭。这样好吗？"方凤富高兴地说："要得要得，这样好！饭也有了，菜也有了，汤也有了！"等老板把饭弄好了，方凤富才叫两个同学起来吃饭。吃完饭后，大家精神也好多了。

看到天已黑尽，方凤富问老板：你们这儿旅馆多少钱一个晚上？老板说两角钱住一晚。方凤富觉得价钱太贵，怕带的钱不够用，又看到当时已经十二点多了，住下来也睡不了多少时间，就决定不住旅馆，坚持走一个晚上。

六月的天，孩子的脸，说变就变。走出分水岭一个多小时，天公不作美，突然间，天上乌云翻滚，狂风大作，很快就下起大雨来。三个年轻人只好在漆黑的雨夜中奔走。一会儿，一道雪亮的闪电，紧接着，一阵轰隆隆的雷声，吓得他们直打颤！方凤富说我们乘闪电的亮光看看周围有没有农家院子躲躲雨。一会儿，一道闪电划过天空，他们发现路边水田旁边有一座农家小院，他们赶紧朝那儿走去。可是田坎小路又窄又滑，站着走非常危险，他们只好蹲下来，两手抓着地面爬着走！方凤富在后面照顾两个同伴儿。风狂雨暴，雷电交加之中，他们好不容易爬到了农家小院。方凤富敲门。里面的人警惕地问："你们是什么人？来干啥子！？"方凤富忙大声答应："我们是到万县考试的中学生。下大雨了，想来这儿躲躲雨！"

可是，主人家却毫无怜悯之心，很粗暴地拒绝了他们："不行！我们这儿不是旅馆！再说，谁知道你们是什么人？快走快走！"

看到雨还是下得很大，方凤富想再求他们一下："谢谢你们，让我们躲躲雨吧！我们都是去赶考的中学生，就在这儿躲躲雨！"

但是，主人家还是不许："快走快走！"

方凤富三人看房主不让他们进去躲雨，看到旁边有座茅草搭的牛圈，就想进去躲躲雨。谁知房主人发现他们躲进了牛圈，又担心他们偷了他家的牛，又高声吼起来："你们怎么又进了我们牛圈？快走！快走！"

方凤富说："我们就是躲一会儿雨！雨小了我们就走！"

但是，主人家硬是铁石心肠："不行！不行！你们快走！再不走，我们拿棒子把你们赶走！"

接着，屋里响起"乒乒乓乓"的声音，好像是在找打人的棍棒。

方凤富担心屋里的人拿起棍棒来打他们，急忙回答说："我们走，我们走！"

无奈，三个人只好灰溜溜地走出牛圈。天黑雨大，方凤富在前面慌慌张张地探路，看不清方向。突然，他看到前面有一个茅草搭的架子，以为是个茅草屋，可以躲躲雨，他就向前走去。谁知，他前脚踩空，身子往前一扑，"扑嗵"一声掉了下去，原来是一个贮满了粪水的牛粪凼，粪水漫过嘴唇！方凤富一掉下去就喝了一口粪水差点被整闭了气！他吓得屏住呼吸，慌忙往牛粪凼边摸！两个同学忙着要来救他，可是又看不清路。就在这时，天上一道闪电，两个同学看到了方凤富的位置，慌忙在路边找到一根木棍，递给方凤富。方凤富抓住木棍，在两个同学拉扯下往上爬。可是，牛粪凼水很深，四面又很滑，爬上来又滑下去，好不容易，艰难万分地爬出了牛粪凼！方凤富出来后，吐了好几口粪水，又摸了摸口袋。还好，那宝贵的4元钱路费还在，但全被污水浸湿了！

这时候，方凤富一身的屎尿污水，又没有衣服换，只好跳进旁边的水田中清洗了一下，然后穿着那身单衣服，任大雨浇淋，让雨水冲洗掉满身污秽，然后继续赶路。经过一个晚上冲淋，到第二天早上，天亮了，衣服上的脏水基本冲掉了，中午时分，衣服也被太阳和体温烘干了！

第二天中午，他们筋疲力尽、疲惫万分地走到万县。看到万县漂亮的大街和高楼大厦，方凤富三人又振奋起来！他们拿着老师给他们写的报名地址，一路打听，终于找到了报考的地方——高升堂。

工作人员告诉他们：后天开始考试，考两天。第一天考文化课，第二天考专业课。招生处在万县六中，要明天才开始接待考生，今天就自己安排住宿。方凤富和两个同学问了旅馆价格，天哪！竟要5角钱一晚。他们哪里敢住旅馆！就决定找一个僻静的街巷坐一晚。他们傍晚就在高升堂一带转，看看天黑了，九点多钟了，才到选好的一个僻静的街巷（万县日报社对面的街巷）筋疲力尽地坐下来，他们准备就这么在街边坐一个晚上。

深夜了，11点多钟，突然旁边房屋里面出来一位中年妇女，她仔细地审视着他们，问道："怎么这么晚了，还坐在这儿，不回家睡觉？"

方凤富不好意思地说："对不起，打搅你们休息了！我们是三汇中学的毕业生，到万县参加考试。带的钱不够，住不起旅馆，只好将就在这儿坐一个晚上。如果打搅了你们，我们这就走！"

那个女同志清秀儒雅，听他们讲完后，很同情他们，就说："在这里睡不好，休息不好，你们明天还要考试。要不，你们到我家来住吧！只是，我家房子不大，又没有床，你们只有睡地板哟！"

三人高兴得忙向这位好心的阿姨道谢："谢谢阿姨！谢谢阿姨！"

那位阿姨把门打开，请他们到屋里住。他们三人都不好意思进去。女同志说："我们也经常出差，经常得到别人帮助。你们进来住吧！莫客气！"她把三人请进去，在地板上放了三张席子，让他们住下了。方凤富美美地睡了一觉。1964年方凤富到万县整社，专门找到那晚住的地方想去感谢那位阿姨，谁知邻居说她已经搬走了。方凤富没能表达自己的感恩之情，感到非常遗憾！

翌日，方凤富三人去招生处，给他们安排的住宿还是睡楼板，考生们就和衣睡在地板上。

第二天考文化课：语文、数学、政治。考试在万县六中举行。方凤富三个人也没有复习，就直接进了考场。方凤富觉得并不难，好像那些题，跟三汇中学毕业考试的题差不多，觉得考得很不错。第三天考专业。本来方凤富想考美术。但因为杨华中和罗广钧都考音乐，就劝他也考音乐：你的音乐不是很好吗？每次学校开会都是你打拍子！方凤富想了想，就考音乐吧！他于是在路上从罗广均同学带的歌本中选了冼星海的《二月里来》，一路走一路唱，算是唱熟了。考专业那天，方凤富临时唱了两遍，就应考去了。

考试在大院子的二楼进行。楼下是一个大坝子，400名考生就在院子里候考。上面应试的学生唱的歌，坝子里的人都听得见。唱得好，大家就喊："唱得好！有希望！"唱得不好，下面就喊："唱得孬！没得着！"

轮到方凤富了。这个乡坝头的娃儿，哪里见到过这种场面！上楼的时候，两腿脚直抖！见了"大学来的"老师（以前是连"大学"都很少听说过），更是吓得浑身筛糠。但是老师很好，叫他别慌，别紧张，莫怕！你随便唱个歌嘛！

方凤富听了老师温和的话语，心情稍许镇定了一些。他想起自己选的歌曲：《二月里来》，就放声唱了起来：

二月里来好春光，家家户户种田忙。

指望着今年的收成好，多捐些五谷交军粮。

刚唱完第一段，不知怎么就忘记了后面的词。心里就更慌乱了！下面的同学听他没唱完，又吼起来："唱得孬！没得着！"方凤富一听，更吓得唱不出来了！

还是西师的老师好，很温和地鼓励道："你别慌，莫紧张，休息一会儿，想一想，想好了，再唱！"

方凤富听了老师的鼓励，静了静心，想了想后两段的歌词，然后放开喉咙，重新唱起来。这两段就唱出了自己的水平，唱出了自己的本色：

加紧生产呀加紧生产，努力苦干，努力苦干，

年老的年少的在后方，多出点劳力也是抗战。

唱完了，老师又叫他跟唱，叫他打拍子。这两项更是他的长项，所以他考得很好。他看到老师露出了欣慰的笑容。

考试结束时，他弯下90度的腰，给老师深深地行了大礼！他觉得，西师的这些大学老师真是太好了，那么温和，那么平易近人，那么善解人意！要不是他们的安慰鼓励，自己肯定考砸了！

考完后第二天下午3点，在万县太白岩小学发榜。400多名考生，万县考区音乐美术两科各招15名，一共只招30名。而且大多是各县的完中和重点中学来的，而他们三人却是由偏僻的三汇初级中学来的，肯定比不过人家，感觉可能考不上。因此，他们决定睡个懒觉。下午三点多钟才去到招

办看招生榜。

一到发榜处，只见考生们挤得水泄不通。他们没抱希望，也懒得去挤，干脆就在外面慢慢等，直到没剩多少人了，他们才慢慢走过去。他们从头到尾慢慢看了一遍，都没有看到他们三人的名字。他们更心慌了。退下来后，他们还是不死心，他们不相信三个人一个都没考上，等着看榜的人都快走完了，他们才又走到榜单前，又仔仔细细地，一个一个名字用手点着看，这下，他们三个人的名字都找到了！他们高兴得跳起来！可是，一会儿，他们又担心了！我们三个都考上了？不可能吧！该不会有同名同姓的吧！他们忙到招生处去问：这是不是我们三个？有没有同名同姓的？会不会写错了？

工作人员告诉他们没有错，就是他们。还把录取通知书也发给了他们。可他们还是不放心。过了一会，他们忍不住又去问招考老师：这是不是我们的录取通知书？问得工作人员都笑了，说录取通知书都拿到了怎么还会有错呀！快回去做好准备，到重庆去上大学！

看完榜，已是当天下午五点，他们吃了晚饭，决定当晚就往回赶。罗广钧因万县有亲戚要去看看，就单独回去。方凤富和杨华中决定沿着长江走回忠县，沿路看看风景。一路上他们心情十分愉快，欣赏着万里长江的美景，沿着长江向上游走，心中颇有"红军不怕远征难，万水千山只等闲"的气概！他们走了两个钟头，江边一个陡坡拦在河边，非得翻过去才能再顺着河边往上走。这个山坡很陡，上面是稀疏的泥土，长满了灌木杂草。他们两人就只好抓着灌木杂草往上爬。杨华中在前面，很快过了这个陡坡。方凤富走在后面，弓着身子，抓着草根灌木往前走。突然，坡上的草被拔了起来，方凤富身子一下滚了下去！方凤富吓惨了！这一掉下去，就是奔腾澎湃的长江！掉进长江，那肯定是死路一条！他死劲抓住另外一丛灌木，把身体稳住，全身瘫软了，一动不动，躺了很久！待缓缓喘过来气，他才用手深深插入泥土，慢慢抓着藤蔓、杂草的根，一点一点地向上移、向上爬，终于安全地爬过了这个小山坡。他不由长长地叹了口气：

"好险啦!"真的像是"五岭逶迤腾细浪,乌蒙磅礴走泥丸"!

又走了两个多钟头,到了顺溪峡口,已是七八点钟了。顺溪从长江边的山上流下来,拦住了往长江上游行走的路,他俩就顺着顺溪往上走,想找个地方渡过小溪,再往忠县走。走了一两里路,还没找到渡口。河边一位老人告诉他们,你们走错了,应该在顺溪口坐渡船过顺溪。于是他们又往返回。果然,有个渡口,可是,渡船却停在对岸,撑船的老头在渡船上,他们求爷爷告奶奶地喊了好久,解释了好久,好不容易才请对面的船工将船开过河来,把他们摆渡过去。

过了顺溪,继续沿着长江边一直往西、往上游走。晚上十点多钟了,他们穿过一片果林,李子、梨子等水果碰到他们的头,香味吹送进他们的肺腑,他们从下午5点钟吃了点稀饭,一直走到半夜,早已饿得前胸贴着后背,好想吃一口果子,饱餐一顿。可是他们不敢,他们怕被守果园的农民发现,也怕违反了做人的规矩和学生的纪律,于是硬是忍着难耐的饥渴,穿过果实累累、果香诱人的果林。

他们这样的好心得到了好报。穿过果林,突然发现前面有光亮——他们好高兴,终于见到人家了!原来到了武陵区的一个小镇,镇邮政局的两位老同志还在乘凉聊天,见到两个年轻人晚上赶夜路,关切地询问他们的情况,当听说他们去万县考上了西南师范学院,非常赞赏。不仅给他们一人下了一碗面,让他们吃得饱饱的,还请他们到邮局客厅睡了一个好觉。方凤富感到好愉快,真是"金沙水拍云崖暖"!

第二天他俩赶到忠县县城,一百多里的路程,他们连走带跑,当天就赶到了忠县。在县招待所见到了到忠县参加考试的老师同学。大家知道他们三个都考上了西师音乐系,好高兴,好羡慕!校长和老师都夸他们为学校争了光。回想起路上掉进牛粪凼的惨状、露宿街头的情景,方凤富真是百感交集,他这时才体会到"三军过后尽开颜"的幸福和喜悦!

回到三汇中学,校长一听他们考上了,兴奋得不得了,连连夸他们为学校争了光,立即叫伙食团准备一桌饭菜,学校领导、班主任请三位考生吃饭，为他们庆功。

后来才知道，这次报考西师美术音乐五年制专科，忠县六所中学推荐了45名考生，结果只录取了三汇中学的三位考生。第二年（1957年），新中国成立后第一次评优秀学校，三汇中学被评为全县优秀学校。他们三人同时考上西南师范学院音乐系，就是三汇中学评为优秀学校的重要条件。

方凤富回到家里，给爸爸妈妈汇报这天大的喜事："爸爸妈妈，我考上重庆西南师范学院的音乐专科了！不收学费，还要供我们吃饭，不交钱！"

妈妈高兴地说："你考上大学啦？吃饭还不要钱？真是太好了！"

谁知，父亲当头一瓢冷水："你想得好！不交学费，还吃饭不要钱？你做梦吧！盘古开天地，都没听说过这等好事！孔夫子教三千子弟，都是收了学费的！"

方凤富拿出录取通知给爸爸看，爸爸又看不懂，方凤富就念给他听：去重庆上学的路费，都由学校寄来。

爸爸更不相信了："哼，你做梦吧！你等吧！你去都没去，怎么会给你寄钱来作路费？"

方凤富只好不给爸爸说了，跟妈妈说："这次考西师，好不容易，全校几十个人考，校长只选了我们三个！路费考试费，都是校长和班主任给我凑的钱！全县几十个人考，才考起我们三个！好不容易！我就是讨饭，也要去读书！"

妈妈高兴地说："凤富，妈妈支持你！妈妈就是讨饭，也要让你去读书！校长和班主任给你凑钱作路费，真是你的恩人哪！他们的恩情，你可要牢牢记住，今后好好回报！"

方凤富忙点头："妈妈，我一定记住您的话，今后好好报答校长和班主任！"

妈妈说："老辈人说，滴水之恩，当涌泉相报！今后，你一定要知恩图报，对帮助过自己的人，都要想办法报答，要作一个知恩图报的人！"

妈妈给方凤富讲的知恩图报的话，方凤富记了一辈子，也履行了一生！

放假后，方凤富再也不敢跟爸爸谈上学的事，天天闷着头帮爸爸妈妈干农活儿。但他心里暗暗决定：一定要去读书！哪怕没有路费，我也要去读，没钱买船票，走路也要走到重庆去！讨饭也要讨到西师去！

8月24日，方凤富启程上学。

清早起来，方凤富看到桌上放了10元钱——那时候的10元钱可是珍贵得很，值钱得很哟！妈妈说："这是爸爸给你准备的，爸爸同意你去西师读大学。这钱是他向亲戚朋友家去借来的！"

方凤富感受到爸爸那严厉、粗暴的外表下暖暖的爱心！他想去和爸爸告别，并告诉爸爸，儿子一定好好学习，不辜负您的希望！妈妈说："爸爸昨晚咳得厉害，现在刚睡着，就不去喊他了。妈妈送你！"方凤富听了感到好暖心，好暖心！

临行前，方凤富走到爸爸房门前，对着睡在床上的父亲恭恭敬敬地三鞠躬。他在心里说：爸爸妈妈，感谢你们！我一定好好学习，不辜负你们的期望，将来好好报答你们！然后揩掉眼角流下的泪滴，大步走出门外。

事情竟这么巧！方凤富8月24日一早起程去西师，当天下午，父亲就收到西师寄来的18元路费。这下父亲才相信了：党和政府真的这么好！

方凤富走到村边小山坡，太阳刚刚升起，光照着故乡的田园村落，像一幅写意的大幅国画！方凤富好像从来没有见到过故乡有这么优美，这么亲切，这么壮丽！他贪婪地望着这养育了他的大地，回头叫妈妈回去，不要再送了。妈妈久久拉着他的手，舍不得放开！一路叮咛他，到学校要好好学习，听老师的话，注意安全！"这一去，好久才能见面哟！"妈妈将他送到村外边的小山坡上，目送着儿子一步步走出她的视线。方凤富走到山路拐弯处，回过头来，向妈妈久久挥手，然后大步流星向前走去！

1958年，方凤富父亲去世。他因没有回家的路费，没有回去。直到1962年，他工作了之后，有了薪水，才回家探望母亲。回家第二天，见到隔房的嫂子，她对方凤富说："凤富啊，你知不知道，你当年走的时候，你母亲到山坡上送你，哭了大半天，眼睛都哭红了！她难过，伤心，说辛苦一辈子，这下儿子一走，也不知道多久才回来！"方凤富听得好伤心，好难过！

　　时至今日，在方凤富学府小区的家中，他回忆起当年的情景，眼圈又红了！

在琴声中升华

　　"1956年8月26日，即将年满19岁的我，穿着一件破旧不堪的老式短袖汗衫，一条遮不到膝盖的旧短裤，打着赤脚，经过长途跋涉，来到重庆，走进了我的艺术殿堂西南师范学院音乐系。从此我踏上了一条充满艰辛，充满痛苦与喜悦，酸甜苦辣麻五味杂陈，丰富多彩而又硕果丰盈的艺术之路。"方凤富在一篇回忆文章中深情地回忆说。

　　方凤富坐着轮船，从忠县到了重庆渝中区千斯门码头，已是傍晚。他们来不及到解放碑游览，直接赶到牛角沱汽车站，准备乘车到北碚。可是已经晚了，到北碚的班车早就没有了！于是，方凤富和另外两个同学，就坐在售票处门口，等着买明天到北碚的车票。过了不久，突然从外面开来一部大卡车，车上下来一个人，问他们要到哪里？听他们说是到西南师范学院，高兴地说：我们就是来接西师新生的！快上车！他热情地帮着方凤富三人提着行李上了车。

　　西南师范学院的校车把他们接到西师，看着灯火辉煌的校门，吃着为他们准备的丰盛的晚餐，方凤富感到好像走进了天堂一般。他在心里对自己说：方凤富啊，你是鱼跃龙门，鹰飞蓝天了！你可要好好学习，要对得起你的父母，对得起你的母校，对得起祖国和人民呀！

第一天上音乐课，在琴房学钢琴。方凤富看到同学们都穿着整洁漂亮的衣服，穿着布鞋、胶鞋、皮鞋，潇洒自信地走在校干道上，而自己却穿着半截旧短裤，打着赤脚，真感到不好意思。他连大路都不敢走，尽找小路走。到了琴房——他可是第一次看到钢琴，女老师看到他打着赤脚，脏兮兮的，就叫他先去把手和脚洗一洗，再来弹钢琴。方凤富感到他们瞧不起自己，感到深深的屈辱和自卑。

几天之后，学校发下申请表，让学生们申请衣物被褥等。对方凤富来说，这简直是及时雨，是雪中送炭！很快，他领到了新衣服、新被褥，新鞋子。方凤富真正享受到了党和人民的关怀和照顾，感受到新中国的温暖。他打心眼里感激党和政府，感谢西南师范学院的关怀。

一到西师，方凤富就被西师校园的宏大和美丽征服了。学校的生活又是那样好，一日三餐，安排得丰富可口，他觉得像进了天堂。觉得不好好学习真对不起学校、老师和领导。

他在音乐系学习，先学钢琴。一对一学习，一个老师教一个学生，一个琴房，一部钢琴，多好的环境，多好的条件！他按老师的教学，按部就班地学习着。很快，第一学年过去了。

放假前，一个同学问方凤富：你学了多少曲？

方凤富回答说："'贝尔'学了75条。"

他又反问同学："你学了多少呢？"

同学得意地说："我已弹到'贝尔'100条了！"

这同学还告诉他，有的同学已弹到"五九九"练习曲了。方凤富大吃一惊，知道自己太落后了。想想也是自然的：自己报考音乐系时，连钢琴都没见过；而同时考进音乐系的陈淑芳同学，进校不久就举行了钢琴独奏晚会。这起点真是拉得太大了！但是，另一个思想又冒出来：我绝不能长久落后于他们，我必须要更加发奋努力，要赶上去，赶上他们！古人说：笨鸟先飞。人一能之，我十能之！只要有吃苦耐劳、敢作敢闯的精神，只要舍得付出，舍得苦干，什么样的难关都能跨过去！

　　于是，从暑假开始，他每天早上五点多钟就到琴房弹琴，一直弹到晚上12点。除了三餐之外，他几乎全泡在琴房里。天气酷热，他全然不顾，从早到晚，不停地弹。他从一位同学那里借来所有的练习曲和柴可夫斯基、贺渌汀等名家的乐谱。他每天从早到晚弹得如痴如醉，忘了一切。汗水打湿了衣衫、裤子，打湿了琴凳！他弹完了贝尔100条，又弹五九九100条，更弹二九九专家练习曲。越弹越熟练，越弹越快速，越弹越舒畅！弹到二九九时，他弹起来像流水的波浪一样起伏荡漾，快捷无比。然后他又弹柴可夫斯基、贺渌汀等名家的乐谱，觉得只看曲谱，不看琴键，双手就可以准确迅捷地弹奏！暑假一个多月，他完全沉醉在钢琴弹奏之中了，享受着音乐的旋律之美。这一个多月的钢琴训练，还激发了方凤富新的追求和梦想——他准备在5年制的专科毕业之后，去考四川音乐学院钢琴专业！

　　开学的时候，同学们走进琴房，突然听到一间琴房里传出非常纯熟、非常高雅的二九九专家乐曲，大家都大为吃惊：是哪位高手到我们琴房来弹琴来了？等他们看到是方凤富，全都为他的进步惊讶不已，也赞叹不已！

天遂人愿——转学美术

上大学第一年，方凤富在学钢琴的同时，又爱上了美术，并开始学习绘画。因为他听说音乐系的学生，毕业后大多是当中小学音乐老师，但中小学音乐老师往往也要兼美术老师，所以音乐系的不少同学也都在练习画画。开始他一个人画，后来看到很多同学都在画画，于是，方凤富和一些同学成立了美术组。他们美术组的同学有时相约到美术系看美术系同学画画。有一天，方凤富和几个同学到美术系教室看同学画画，突然看到教室里挂着一张紫藤花的示范画，七年前他在家乡剥树皮摔倒被紫藤保护的情景骤然浮现脑海！想不到自己的"保护神"竟然可以入画，而且还可以画得如此活灵活现，优美迷人，生动传神！方凤富高兴地想：我应该画好它，并且让更多的人了解它，热爱它，以报答它的救命之恩！他问美术系的同学这张紫藤是哪位老师画的？同学们告诉他是美术系刚调来不久的苏葆桢老师画的。不久，他又在美术系教室见到了苏葆桢画葡萄的范画，更引起了他的惊喜和赞叹！画家的画笔可以把葡萄画得这么水灵灵、活生生，生动逼真，可亲可爱。他产生了学画紫藤和葡萄的强烈愿望！

事又凑巧，没过多久，音乐系书记李淑如突然找他谈话。说你嗓音变了，不适合唱歌了；而音乐系五年制大专班主要是培养中小学音乐老师，你嗓音变了，就不适合到中学当音乐老师。我们看你美术还不错，你也喜欢美术——你不是领头成立了美术组吗？我们想把你转到五年制大专班美术系去，这样对你的前途能更好一些！你看怎么样？

简直是天遂人愿！方凤富正想学画紫藤、葡萄。于是，他忙表态："要得，我服从组织安排。我转到美术系去！"就这样，方凤富经过美术系的考试，顺利转到62级五年制大专班，开始了他的美术生涯。

这一年，方凤富刚刚20岁。

方凤富先学习西画。三年级后，苏葆桢、李际科给他们开国画课。

郭克是第一位教他素描课的老师。当时方凤富的美术基础较差，郭克耐心细致地教他用笔，教他构图，给他改作业，无微不至地关怀指导他，使他一步步很快地赶上了同学们。有一次郭克上素描课，见同学削铅笔太浪费，就给大家讲：你们削铅笔时，削去了铅笔外面的一层木质之后，里面的粗铅心，就不要削，可以用铅笔的粗心画头像下面的衣服部分，等铅笔磨尖了，再去画头部的细线。这虽然是一件小事，却让方凤富看到了郭克老师勤俭节约的美德。

方凤富转到美术系后，起点比起同年级同学就要低得多。但他没有胆怯和气馁，他坚信："笨鸟先飞在于勤""只要功夫深，铁杵磨成绣花针"。虽然基础差，底子薄，但只要比别人多下苦功，人一能之，我十能之，人十能之，我百能之！有什么学不好的呢？于是，他在学习上就特别用功，也特别吃苦。课堂上他认真听讲，课后认真完成作业，不懂的地方就虚心向老师同学请教。他每年的寒暑假都不回家，都在学校学习、画画。他坚韧顽强刻苦刚劲的求学精神，得到了老师的喜欢和赏识。尤其受到国画老师苏葆桢、李际科、郭克等的赏识。

刚开始，苏葆桢教花鸟画写意课，李际科教花鸟画工笔课。第一节课，李际科教学生们白描。因为方凤富基础差一些，下课时，方凤富的线描还未勾好，看到大家都下课了，他也准备走。这时，李际科走到他面前，看了他的画，语气温和但严肃地说：你把它画完吧！中国画的线特别重要，一定要画得刚健有力。方凤富忙坐下来，拿起笔，按李老师说的，更加认真地画起来。李老师就站在他旁边，和颜悦色地指点着。方凤富好感动，感到好温馨！李老师陪着他画完了，才同他一起离开教室。这以后，方凤富格外认真地听李际科老师讲课，跟着他画画。李际科在课堂上讲：学画怎样学？学画必先学会做人，人品不高，画的品位也一定不高。李际科还常用潘天寿先生有关学画、做人的道理教育学生："学画，须先立大志，至正之气蕴蓄于胸中！为学，必尽其全力，始能不求工而自能登峰造极。"他身体力行，为学生表率，几十年来一贯坚持真理，追求进步，为人正直，平易近人，爱护学生，生活简朴，为民族艺术事业奋斗不息，为艺术教育呕心沥血。以后方凤富给李际科当助教时，他给方凤富提出了进修目标，安排进修计划，提出了严格要求。他再三强调基本功的重要性。他对学生的知识、技法传授毫不保留，态度是那么热诚、直率而又严格。

李际科授课时，从蔬果写生、勾线设色，三矾五染到完成一幅作品，都非常认真，每一个环节都拿出他的范画作品让同学们观摩学习。方凤富看到李老师许多创作作品激动万分，从李老师的教学中他学到了中国传统绘画的基本功，从中认识到中国绘画传统的丰富多彩的表现力，更感到我们中华文化的伟大。这种爱国主义的教育是非常自然的，照李老师的说法，批判民族虚无主义不是空喊口号，而是实实在在的每一个行动。

李教授在老的国画家中是很全面的，他不仅工笔花鸟画得好，写意花鸟也画得好，寥寥数笔就能使笔下的鸟或马形神兼备地跃然于纸上；他不仅国画画得好，西画也画得好。方凤富感到，李老师是孜孜不倦的园丁，常常到教室一坐就是半天。他用辛勤的汗水浇灌成千上万的学生，为祖国教育事业培养文艺事业的接班人。他爱学生、教学生胜过对待自己的子女。方凤富向李际科老师学到了工笔花鸟画的技法。

方凤富进入西师美术系以后，在花鸟画方面得到了工笔画大师李际科和写意画大师苏葆桢的真传，两位大师把他引入了花鸟画创作大门，并给他打下了坚实的基础，这是他一生最大的幸运！

提前毕业留校

1960年4月，新学期刚开始不久，美术系党总支书记赵令庄把方凤富和王熙如叫到办公室，亲切地对他们说："当前，国家经济遇到了严重困难，学校准备抽调一批学生提前毕业，以助教名义留校从事行政工作。系里决定抽你们两人提前毕业。由于目前国家处于困难时期，因此，你们两个要先做一段时间的行政工作，等形势好转了，你们再回到教学岗位上工作。看你们有什么意见？"

方凤富和王熙如都愉快地接受了组织安排，留校参加工作。方凤富几年里先后当过图书馆管理员、保管、办公室秘书，以后又管生产。组织上叫他干什么就干什么，干什么工作就把什么工作干好。不讲条件，不计报酬，受到领导喜欢，群众欢迎。

他有了工资，立刻就把一半的工资寄给爸爸妈妈，家里的经济情况立刻就改观了。爸爸妈妈用方凤富的工资，给他的三个弟妹买了新衣服，家里的伙食也很快改善了。妈妈逢人便夸方凤富是个好儿子！

几个月后，学校为了解决师生员工的温饱问题，决定全校师生都要参加生产劳动。方凤富也被抽调去搞生产劳动。他凭着农民子女吃苦耐劳的精神，挖土种地，肩挑背扛，什么样的重活、脏活、卖力的活，他都干过。音乐系和美术系为了改善教职员工的生活，买了几头猪来喂。领导见方凤富吃苦耐劳，就把喂猪的重任交给了他。他也毫不犹豫地接下了这又脏又累又重的工作。他不但白天喂猪养猪，打扫猪圈，晚上还要看守猪圈。为了防止生猪被偷，他硬是每天晚上睡在猪圈。

晚上，他把床铺架在猪圈过道中间，就睡在这样的"床"上。夏天的晚上，又臭又热，几十头猪在猪圈里又拱又叫，怎么睡得着？到了冬天，猪圈四面通风，寒风吹得呼呼响，刺入骨髓，冷得浑身发抖。他就这样坚持了将近半年。

也许是看到方凤富不怕苦，不怕累，不怕脏，学校领导又于1961年把他调到西师西山坪农场从事农业生产。农场在北碚区嘉陵江小三峡对岸的山坡上，交通极不方便。西师的职工在乱石坡上搭了勉强可以遮风挡雨的棚子，方凤富就住在草棚里。白天太阳晒得床席发烫，晚上热浪袭人，蚊叮虫咬，难以入睡。那棚子搭在松林坡的一个乱坟堆中，四面都是坟。晚上，风声呼呼，磷火闪闪，就像鬼魂在号叫乱跳，让他睡不安宁。

方凤富每天六点就得起床，先到几百米外的河沟里去挑六担水，再到很远的食堂吃早饭，然后再回来养猪放牛。他白天得牵着几头水牛去放。水牛经过农民的田地，常会去吃农民的庄稼、蔬菜，农民就会出来骂他们，甚至于要他们赔偿，经常发生冲突和矛盾。每天从早忙到晚，一日三餐根本就吃不饱，还要干很重的体力活儿。

在西山坪，方凤富还经常要到河边挑粪。西师农场要种庄稼，需要肥料。而当时最好的肥料就是人的粪便。西师派人把粪便搜集起来，用专门运粪的粪船运送到西山公社嘉陵江边的草街子，再由西师农场的职工把粪便挑到西山坪劳动农场。这一路全是弯曲陡峭的上坡路。其劳动强度之大，劳动之艰辛和困苦，可想而知！每次挑粪上山，他都累得全身大汗，脚酸腿软，筋疲力尽。劳动农场的一位女老师，又矮又瘦，挑起粪桶，桶底几乎要触到地下还是咬紧牙关在坚持干。方凤富看到她那样艰难，赶快把自己的粪桶挑到前面放在路边，然后跑回来帮她挑一段路，再回过头来把自己的担子往前挑一段，再又回过头来帮她挑一段。看到方凤富给这位女老师帮忙，其他两个年轻的同志也来帮她挑一段，减轻了女老师的负担。这位女老师对方凤富和好心的同事感激不尽。方凤富忙摆手说，都是同志，互相帮助嘛！

在山上，方凤富艰苦劳动的时候，想到自己贫困的家乡，想到挣扎在贫困线上的父母和弟妹，他更感到了肩上的责任和重担。他深知，要改变自身的命运，要帮助父母弟妹改变贫困的命运，就只有奋斗。

方凤富经常想到，自己能从贫瘠的山区来到这大都市的大学学习工作，靠的是前几年的努力。现在自己还根底浅薄，离同学同事都还差得很远，就更需要自己拼命奋斗，才能提高自己的能力和地位，赢得社会的尊重和信任，实现自己的人生价值。

方凤富心性善良，为人慷慨大方，乐于结交朋友。他的至交好友、比他早两年本科毕业留校的美术系党总支委员向国璋同志回忆说，困难年代，方凤富经常带些家里做的土特产给大家吃。一次，他背了一大筐他妈妈做的萝卜干，麻辣酥脆，又香又甜。背回来以后就叫我们几个年轻朋友去吃。大家中饭晚饭时候都到他那小小的寝室去吃，欢欢喜喜，热热闹闹。又有一次，他从家乡带回来糯米茶，就是把糯米炒熟了再磨细，加上白糖，冲开水吃。他也请我们这些年轻朋友去吃。在当时那个困难环境，许多家庭都为粮食不够吃而发愁，像他那样把吃的东西拿出来请同事朋友吃的人，是少而又少。他那种慷慨大方、乐于助人、乐于奉献的精神，以后随着"向雷锋同志学习"活动的全面展开，更上升到为人民做好事、为社会做慈善事业的高度，他成了学习雷锋的模范人物。

方凤富留校几年，工作踏踏实实，苦干实干，热情活跃，乐于助人。所以，他每年都被评为先进。后来，他还被评为西南师范学院的先进模范，出席了重庆市第一届群英会。

刻苦学画葡萄

　　1961年底，学校又让方凤富回到美术系工作。方凤富抓住机遇，把他的主要爱好和精力，都放到向苏葆桢、李际科老师学习花鸟画上面。

　　苏保桢（1916—1990），著名国画艺术家，1939年考入重庆中央大学艺术系，师从徐悲鸿、张书旗、傅抱石等艺术大师。大学时代即有作品参加国内外画展，并多次举办个人画展，获徐悲鸿等大师好评。1956年应聘到西师美术系任国画花鸟画教师。苏葆桢来到西师以后，很快赢得学生的喜爱。他的写意花鸟画，尤其是葡萄、紫藤等画，在神韵中追求富贵，在艳丽中蕴藏雅致，逐渐形成浑然天趣、清润秀雅的风格，享誉画坛，被称为"苏葡萄"，是中国著名花鸟画家。

　　说来真是有缘。苏葆桢刚调到西师，方凤富也从西师音乐系转到美术系学习，他在偶然间见到苏葆桢先生的一幅紫藤和一幅葡萄范画，产生了强烈的嘉爱之情和学习的冲动。于是，方凤富下决心向苏老师学习，开始向苏老师借画来观摩、临摹。苏葆桢是一位和蔼可亲的老师，精神矍铄，开明大度，爱徒如子，见方凤富为人诚恳、朴实、热爱学习、上进心强，虽然起步较晚，但很有绘画的才华和灵气，很有培养前途，就有心要好好培养他。方凤富每次到他家求教之时，他都热情地接待他，给他讲绘画与做人的道理，给他推荐美术理论专著，并慷慨地把自己的画稿借给他观摩，还精心指导他临摹。苏老师对他的关爱和悉心培育，让他终身受用，且终生感激。

从1962年至1964年上半年，方凤富在两年多的时间内，几乎每天晚上都把自己关在学校分给他的一间不足20平方米的配电房内——这既是他的宿舍，又是他的画室；他就在这间小屋内学习、临摹苏葆桢和其他美术大师的画。在此期间，不管是赤日炎炎的夏夜，还是寒风呼啸的严冬，方凤富总是如饥似渴，挑灯夜战，临摹苏葆桢、张书旗及宋元明清名家的精品画作。两年时间，他竟然临摹了200余幅。苏葆桢的葡萄画水色饱满，元气充盈，墨彩交辉，灵动可爱。方凤富越看越爱看，越画越想画，他沉浸在艺术的氛围中，他不停地研读，不断地临摹。他绘画的能力在一步步提升，他艺术的水准在一天天提高，他精神的天空在一层层拓展！

1959年下半年时，方凤富听说苏老师准备向他中央大学时的老师张书旗老师学习，要画一幅很大的"百鸟图"，庆祝新中国成立10周年。方凤富很想看老师画。苏老师在家画这幅画时，经常有很多学生挤在窗前看他画，这成为学校一道风景。方凤富也去看过，但是，因为窗台很高，在外面看不清楚，要踮起脚甚至跳起来才能看到一点。尽管这样，他还是抽时间去看了几次。后来，这幅画《百鸟图》（又称《鸟语花香》）参加市里展览，方凤富去看了，受到深深的震撼。这幅画真是太精彩、太大气、太生动了！后来，这幅画又送四川省参展，就没有送回西师。方凤富一心想临摹这幅大作，从艺术上好好提高自己。

展览结束后，方凤富问了苏老师几次，都说重庆艺术馆还没有把画作送回来。

1962年，方凤富在临摹苏葆桢的作品时，时时想早点观摩和临摹这幅大作。于是他到苏老师家借画临摹时，又鼓起勇气问苏老师这幅画参展后送回来没有，苏葆桢说还没有送回来。方凤富问苏老师：那张大画在哪儿呢？苏老师回答说可能在重庆艺术馆。方凤富再问苏老师：能不能去拿回来呢？我很想临摹，我去帮你把这幅画收回来吧。苏葆桢当然也想早日收回自己珍爱的大作。就高兴地同意了。

第二天一早，方凤富饭都顾不上吃，就搭乘北碚到渝中区牛角沱车站的早班车，急匆匆赶到位于渝中区临江门夫子池的重庆群众艺术馆，好不容易找到艺术馆领导，说明了来意。艺术馆馆长让管理员去查了。回话说，这幅画确实在艺术馆，但要取回这张画要向四川美协请示一下。方凤富立即给美协办公室打电话，当时美协办公室主任、著名版画家吴凡接了电话，表示同意。但艺术馆保管这张画的同志外出了，要下午才能回来，方凤富不敢怠慢，只好在办公室等。他担心拿不到画，连中饭都顾不得去吃，就痴痴地守候在艺术馆门口。直等到下午三点钟保管员来到办公室。当他拿到苏老师杰作时，兴奋不已。他连饭都顾不得吃，立即乘车赶回了北碚。回到家中，已经九点多钟，他立即回到小小的卧室，在床上慢慢展开这幅九张半纸的大画仔细欣赏，画面上几十只鸟儿、数十种鲜花，画得那样活灵活现，琳琅满目，争奇斗艳，鸟儿在展翅飞舞，花儿在盛开怒放。他高兴地赶快拿出10张宣纸粘贴起来，要在卧室里把这幅大画临摹下来。他一只鸟一只鸟地临，一朵花一朵花地临，一张纸一张纸地临，从当天晚上一直临摹到第二天凌晨，他终于临摹完了！早上六点半，学校放广播了，他才长长地呼了一口气，倒在床上小睡了半个钟头，然后收拾好画案，兴奋地上班去了！

晚上下班回家，他又一头扎进《鸟语花香》的临摹中，他先后花了6个晚上、6个中午加星期天一整天，才临摹完这幅巨画。在这些日子里，方凤富废寝忘食。常常是通宵达旦地画，有时一整夜连被盖都没动一下！向国璋见他画得太苦，劝他注意休息。他嘴上答应说要得要得，但往往一临摹起来，就忘记了休息，一股劲儿地画起来！

经过了多日苦战，方凤富终于将这幅9张半4尺宣纸连起来的大画临摹完毕。他好高兴，好兴奋！他郑重地将苏老师大作奉还苏老师。遗憾的是，苏老师这幅极为优秀的杰作，在"文革"中同其他很多重要的作品和优秀的藏画一起被毁掉了，让苏老师悲伤不已！好在方凤富临摹的这幅《鸟语花香》躲过"文化大革命"，保存了下来，让我们能够感受到苏先生原画的精美构思、磅礴气势和无限生机！同时，这幅临摹之作也让我们看到了青年方凤富的临摹能力、扎实的基本功以及刻苦攻关的能力。

1962年以后，美术系有关领导知道方凤富在跟苏葆桢学习花鸟画，就指派干部和学生监督、阻挠，说苏葆桢是旧社会过来的臭知识分子，有严重历史问题，要方凤富与其划清界限，防止他腐蚀青年。可以想象，在那个年代，他自学绘画的处境多么艰难。当时，面临着内外双重压力，他非常苦恼，思想极为矛盾。他不相信那么善良的苏老师是资产阶级知识分子，也不相信他教自己画画就是腐蚀青年。为了偷偷学画，遮人耳目，晚饭后，他一般都去音乐系琴房练习弹钢琴。10点钟后才打着手电筒或借着星光，悄悄地回到那间配电小屋，独自一人，默默地临习各类范画。方凤富凭着一股倔劲，废寝忘食，熬更守夜拼命地临、拼命地学、拼命地画！

但是，他感到遗憾的是，他向苏葆桢学习的整整10年间，都没机会看到苏老师亲手画画。直到1972年，他同苏葆桢老师、梁白云老师借到重庆工艺美术公司为出国川绣绘制图案，才得以看到苏葆桢老师、梁白云老师当场泼墨挥毫，一展身手，让方凤富感到激动和震撼，受益匪浅。没见苏老师绘画前，方凤富临摹苏老师作品，全靠自己摸索，走了不少弯路。现在亲眼看到苏老师绘画，亲眼看到苏老师用笔用墨用色，亲眼看到苏老师怎样运用笔墨技法，这对方凤富来说无疑是大开眼界，大受启发，大得教益。他的绘画水平得到了进一步提高。

方凤富看到苏老师的绘画过程，都是灵活潇洒，因地制宜。比如他画绿色的鸟，他既抹用绿色，又用了二青、黄色、朱漂、花青、曙红，画鸟儿的羽毛，既有冷色（绿色），又有暖色（黄红色），显得简单而又丰富，几笔就调出来了。这以前，方凤富调了很久都达不到苏老师的效果。这让方凤富既看到了自己和老师的差距，更看到了努力的方向！

从1962年到1964年，对方凤富来说，是极其重要的一段。他经过两年多对苏葆桢及张书旗等大师的画作的刻苦学习临摹，艺术眼界开阔了，艺术功力提高了。可以说他这两年的临摹学习的效果，胜过了不少同学三四年的成绩和效果，为他在中年以后的腾飞打下了坚实的基础。

创办"学习雷锋美术班"

1963年3月5日，毛泽东主席发出了"向雷锋同志学习"的号召。很快，全国人民响应毛主席的号召，掀起了学习雷锋的运动。西南师范学院校园沸腾了，全校师生纷纷行动起来，争做好人好事，师生们自发成立了"理发组""修理组""清洁卫生组""义务劳动组"等组织，争先恐后参加义务劳动。方凤富被雷锋精神深深地感动了，也积极参加了学校师生发起的学雷锋的活动。他一直想着，如何像雷锋那样对待工作，对待学习，对待别人，如何去做好事，如何去帮助别人。1963年4月15日，方凤富从重庆回到北碚，在车站下站时，看到一个中年女人病得厉害，不能走路，又带着三大包东西，躺在路边呻吟，也没有人管她。方凤富觉得很可怜的，就走上前问她家住哪里？她说她从新疆回北碚，住在龙凤桥那边，路上旧病复发，走不动了。方凤富就说，那我送你回家吧！说完，就背着她，帮她提着几大包行李，把她送回了家。她家里人非常感谢方凤富，要留他吃饭，方凤富婉言谢绝了。

一天，方凤富在临摹苏葆桢的画时，突然想到：自己是学美术专业的，那么喜欢学美术，干脆搞个"雷锋班"，免费给喜欢和需要学习美术的青少年教授美术，这既学习了雷锋，做了好事，自己在教学中也能够得到提高，这多好呀！

说干就干！1963年6月，方凤富在他的宿舍内办起了"学习雷锋美术班"，免费教授美术。第一天开班，只有一个学生，这个学生的名字叫冯德骥，是当时西南师范学院中文系64级的学生，本是学中文的，由于非常喜欢美术，希望跟方凤富学画画。方凤富每个周末给他讲美术基础理论，并亲自示范，教他绘画。如今，年过七旬的冯德骥已是四川美术家协会会员、四川知名画家，每当谈起方老师，当初的场景历历在目，感激之情油然而生。冯德骥回忆说：我是1963年参加方凤富老师"雷锋绘画班"学习的。学习班从1963年暑假正式开始。方老师自始至终没收过我一分钱学费，还无偿为我提供绘画的笔墨纸张，为我创造了学习机会。在讲课时，方老师首先给我讲要继承国画传统，正确处理内容和形式的辩证统一关系。他先教我画竹子，然后教我画葡萄。他拿他创作的《色染秋风果醉实》等画作让我临摹，让我学习。他教我画写意花鸟葡萄，说是重在写意，不能是自然主义的刻板写实，而要画出似与不似之间的艺术形象。方老师还经常教导我，要做雷锋那样的人，做雷锋那样的事，用我们的绘画艺术创造精神财富，用我们的艺术去美化我们的时代，美化人们的心灵。

开班不到一个月，又有几个学生前来学习。方凤富把家里那不足20平方米的客厅当教室。后来找他学画的人越来越多，家里坐不下了。北碚区环卫所的几位领导知道这件事，很受感动，几位领导商量决定：我们支持方老师学习雷锋，将环卫所的会议室腾出来，免费提供给方凤富教学。渐渐地，西南师范学院方凤富老师美术班免费培训学员的消息不胫而走。连远在四川彭水和贵州赫章、凯里、凤冈县等一些偏远地区的单位都知道了，不少单位邀请他前去讲学，培训学员。

1977年暑假，四川省彭水县教育局教研室主任罗运生从报纸上看到方凤富免费培训学员的消息，他抱着试一试的态度给方凤富写信，希望他暑假期间前去彭水培训教师和学生。令罗运生意想不到的是，一周后，方凤富给他回信了，表示愿意到彭水给他们讲课。那是一个赤日炎炎的暑假，41

方凤富去到彭水，为180余名中小学教师和学生授课，不仅不拿分文，而且还把带去的画笔、纸张和画册赠送给部分学员。从那之后，方凤富与彭水教育界结下了不解之缘，直到现在，只要对方一个电话请他去，只要有时间，他都欣然前去。

1978年7月，方凤富应贵州省遵义地区凤冈县教育局邀请，前去免费培训中小学教师和美术爱好者。7月6日的早上，方凤富收拾好教具教案，刚要出发去遵义，突然接到忠县官坝老家弟弟打来的长途电话："母亲去世了，你快赶回家办理丧事！"这个晴天霹雳，他顿时感到悲痛欲绝，热泪长流：亲爱的妈妈，您怎么就走了啊？！他这一生，最挚爱的就是母亲！他最依恋的，也是母亲！这个时候他必须回去！必须马上退票，回忠县去！去跟母亲告别！他立刻放下教具教案，提上随身衣物，向火车站赶去！但是，走了一阵，又一个声音响在他耳边：方凤富啊，你不能回忠县，贵州那边参加培训的200多名学员正等着你去！方凤富犹豫地停下脚步，犹豫不决地徘徊路边，紧张地思考着："是回忠县，还是去遵义？"

经过一番激烈的思想斗争，他想到了母亲对他的教育，更想到了雷锋，想到了办学时的诺言。他决定：学习雷锋同志毫不利己、专门利人的精神，先公后私。于是，他马上给弟弟回了长途电话："母亲去世了，我心里非常悲痛和难过。然而，人死不能复生。请家人节哀！在这之前，我已安排好去贵州凤冈县的教学工作，教育局已组织了200名学员参加学习，如果我不去，会影响学员的学习。所以，我只有如约赶到贵州上课，不能回家为母亲守灵送终。母亲的丧事，全权委托弟妹办理。作为方家长子，不能回家为母亲守灵送终，我深感痛苦遗憾。但是，有时忠孝不能两全。相信母亲在天之灵一定会理解儿子的苦衷。我讲完课就立即赶回家中，给母亲赔罪！"

打完电话，方凤富擦干眼泪，踏上了去贵州的列车。到贵州凤冈后，方凤富一个人主讲4个班的课，上午下午全天授课，超负荷工作。白天，他强忍内心的悲痛，认真教学，辅导学员，与学员们谈笑风生；晚上备完课，静静思念着母亲，历历往事涌上心头，母亲亲切的话语又在他耳边响起，慈祥的面容总是浮现在他的眼前，想着自己对母亲的亏欠，禁不住潸然泪下……

半个月的教学时间很快过去了。方凤富高度的教学艺术让学员们敬佩极了，他与学员们也建立了深厚的情谊。离别时，凤冈县教育局为他举行了欢送会，学员们要求方凤富老师再为他们讲几句话。看到学员们热诚的笑脸，方凤富感动了，他觉得，自己的抉择是对的，他禁不住热诚地说："说实话，我这次能来，是很不容易的，确实是经过了一番激烈的思想斗争：就在我出发那天，我得到了一个非常不幸的消息，我的母亲去世了！"方凤富讲到这里，哽咽着说不出话来，眼泪流了出来。下面学员一听，顿时哭声一片，很多人都被他这种大公无私的精神所感动。此情此景，让在场的凤冈县教育局领导也非常感动！他们当即决定：租用县运输公司四辆大客车，大家一起把可敬可爱的方老师送到遵义火车站。在遵义火车站，前来送别的一百多位学员一一与他握手、拥抱，有的学员还拉着他的手哭着，舍不得让他离开。火车要开了，可不少学生还哽咽着，握着方凤富的手不放；有的学生抓着火车门不让火车走。那场面，令乘务员也为之动容。但火车鸣笛两次了，乘务员最后不得不忍心劝同学们放了手，让方凤富上车。火车开动了，学员们追着、跑着，呼唤着，哭泣着，挥着手，依依不舍地送别了他们尊敬的老师。

2009年，贵州省赫章县教育系统请他去讲课，参加免费培训的老师和学生有40多人。其间，他给赫章县中全校师生做了一场生动感人的报告，还给中学教师讲授绘画艺术。中午吃饭时，方凤富发现，很多学员中午就在学校操场周围用火烧红苕或洋芋充饥，而且有的红苕和洋芋还没煮熟就吃了。方凤富非常心疼，他立即找到学校领导："学员们的生活这么艰苦，但学习热情却如此之高，作为老师，我应该为他们做点事情。"随后，他把带去的6幅画交给学校，委托校方拿到拍卖公司卖掉，用以资助困难学员。

在方凤富给笔者的资料中，我看到了他的学生李一夫在2018年12月24日写的一段回忆：

我和方老师接触较多的时候有两个时段，一个是1984年5月到1987年的暑假，再就是1992年的9月到1994年在西师读书这段时间。第一个时间段我是在老师家里学绘画，第二个时段我是在西师美术系读书。在老师家里学绘画时，我们的学习也传承了苏老师教方老师的方式，当年，每周只有一天休息日，我们是周六晚上去老师家，老师等到弟子们到齐了才开讲，每一个人提出的问题他都一一讲解示范，我们也现场试着画一画，老师看到问题就及时纠正，有时大家领悟得早，老师就由着我们在他的画案上练习，他则坐到一边弹他的"十面埋伏"。每次我都要带一幅范画回家，星期天和接下来的每天晚上，我要将方老师的范画临摹无数遍，待到下周六晚上再拿去给方老师点评。有的时候，老师还专门请苏葆桢老师来为我们直接传授。为了多学一点老师的绘画知识，我每次去得都比别的师兄弟早，但不管我去得多早，老师永远都是趴在画案上作画。1992年我考入西师美术系学习，因为有了这层关系，和方老师就特别亲近，除了老师给我们上课能接触到外，我们还常去他家，从美术系到西师街就要经过他家，不管我什么时候去，老师总是在画画。他的这种勤奋精神这么多年来一直激励着我，成为我刻苦努力的榜样。近些年，我和老师疏远了，因为我一直痴迷于油画，但我还是一如既往地关注老师的情况，我知道他办了个美术馆，免费供大家参观学习，我知道他到处办雷锋班，免费义务教授群众绘画艺术，我还晓得他到处捐资助学，资助家乡教育建设，师兄张利病危，老师一次就拿出了2万元人民币，这样的事太多了，我都无法一一详叙。衷心地祝愿方老师好人一生平安。

就这样，"方凤富学习雷锋美术班"一办就是半个多世纪。

半世纪坚守一个承诺："向雷锋同志学习！"

广交农民朋友

  1965年3月，一个春寒料峭的清晨，方凤富带着简单的行李来到了万县分水区黄泥公社搞社会主义教育运动。

  按上级要求，工作组的每个同志要深入农村，与农民同吃同住同劳动。经过了两天两夜的舟车劳顿，方凤富来到万县报到。他被分配到李福三队。当地干部把他安排在最贫困的农民赖金友家。这是当时社教工作队的规定，一定要住在贫困的社员家。

  赖金友家共有4口人，挤在两间又破又矮的土墙房里，墙上的裂缝，手都伸得进去。方凤富来到赖金友家里这天，正好下着雨，刮着大风，房上的瓦片发出稀里哗啦的响声，墙体摇摇欲坠，随时都有垮塌的危险。赖金友家只有两张床，加上房屋窄小，实在住不下多的人，令方凤富一筹莫展。

  一位给万凤富带路的黄泥公社干部见这个情况，就把他安排在赖金友隔壁的单身汉李应书家住。

  面对农民朋友的艰辛和苦楚，方凤富看在眼里，急在心头，总是想尽办法帮助那些特别困难的人。当地农民煮饭全靠柴火，一到冬天，村民们要成群结队上大山去砍柴，将柴贮存起来，以备烧水煮饭用。有个姓谢的孤寡老人已90多岁了，无法上山砍柴。方凤富就利用休息时间上山为他砍柴。从队上到山上有几十里山路，途中只能吃自带的红苕充饥。大家见方凤富这个大学老师也像他们一样下苦力，还为谢老汉砍柴，对他非常敬重也非常信任。

空闲时间，村民们总爱与方凤富拉家常，有的人遇到不顺心的事情也来找他说说"心里话"，有的年轻人说媳妇也要请他当参谋，"参考参考"，一些村民儿子结婚或嫁女，都要请他去做客，有时还要请他讲几句话，写几副对联。村里人都说："家里有喜事，能请来方老师，是很有面子的。"大家完全把他当亲人了。

有个叫廖天富的人，他女儿快要出嫁，家里正张罗着婚事。一天深夜，天下着雨，方凤富刚整理完工作笔记，准备上床睡觉。突然，外面传来一个急促的声音："方老师，方老师，请你帮个忙！"方凤富打开门，廖天富上气不接下气地说："我女儿发高烧，不省人事，我没得办法了，请你想法救救她！"

"不要着急，不要着急，我们赶快把她送到街上医院去。"说完，方凤富拿起手电筒，披上雨衣，和廖天富冲进雨幕中。方凤富冒着大雨，找来几个邻居，大家一起用竹椅把病人抬到附近医院。医生立即给她打针、服药，直到病人脱离危险，方凤富才放心返回。医生告诉他们："这个女孩子是急性阑尾炎，要不是送来及时，就会有生命危险。"第二天下午，方凤富还专门去了一趟场镇，买了些鸡蛋、水果送到医院看望和安慰廖兴富的女儿。

三天后，廖天富的女儿康复出院，婚礼如期举行。

婚礼那天，方凤富前去祝贺。廖天富的女儿来到方凤富面前连声说道："方叔叔，那天幸好有你，你真是我的大恩人，我一辈子也不会忘记你！"

住在黄泥公社李福大队半年，他不仅口碑好，而且工作也很有成就。当时分水区的全部农村工作组都到他工作的李福三队参观学习，附近的几个公社还请他去做经验介绍。每次他都首先谈到："其实也没什么经验，我的经验就是依靠群众，集中群众的智慧和力量！没有群众的支持，哪来什么成就？如果有一点成就，那都是依靠群众的智慧和力量。"

半年后，他又被调到柏林大队，继续搞社会主义教育运动。方凤富仍然保持艰苦奋斗的精神和谦虚谨慎的作风，他经常深入农民群众生活中，与他们打成一片。有群众修房造屋，他都主动去帮助抬石、挑瓦、盖房，还从微薄的工资中挤出钱来接济困难群众。村民们都说他有一副热心肠，喜欢帮助人，很多人亲热地叫他"方同志"。当时在柏林大队里有个叫何家珍的女孩，只有11岁，父母病逝，与哥哥相依为命，何家珍和哥哥头上都长了癣（俗称"癞子"），很自卑，整天闭门在家，从不出门。方凤富来到她家，对她说："小妹妹，你要经常出去耍哟，不要一天闷在家里。你这个癣我给你找个偏方治治。"方凤富四处打听，听说老家忠县官坝有个民间医生治这种病很有效，专门写信要来处方，然后上山采药、晾晒、磨面、兑好后，送给何家珍擦用。这药方还真的有效，几个月后，何家珍兄妹的头癣开始好了。

1965年6月，根据上级通知，方凤富要返回学校工作。离开的前一晚，方凤富的小屋子挤满了人，很多人前来同他话别，大家有道不完的情，说不完的话……

几十年来，他常向人打听黄泥公社和溪口公社情况，也无数次与家人和朋友谈起与赖金友、王朝华、廖天富、何家珍、谢老汉、李应书等人的故事，他非常希望去那两个地方走一走，看一看。

这一天终于盼来了。2019年3月14日，万州大地风和日丽，长江两岸百花盛开。这天上午，方凤富和他的助理王玉莲、嘉陵画院顾问范忠民等人驱车从万州出发，前去看望他50多年前的老朋友。刚到村口，得知当年的方同志回来了，乡亲们陆续赶来。他们大多都已是七八十岁的老人。有位老人走到方凤富面前："方同志，你还认得我不？"

"怎么认不得？你是李应书嘛！我在你家住了半年。"

"你的记忆真好，没想到你还记得我这个穷朋友。"

方凤富拉着李应书的手，热情地说："我经常想你们。"

李应书说："我们也没忘记你哟，我们有时摆龙门阵还提到你哩。"

乡亲们七嘴八舌地说：

"方同志当时年轻，力气大，做活儿也舍得出力，帮大家做了不少好事。"

"我家里修房子缺劳动力，方同志来帮忙抬石头。"

"那年我咳嗽一个多星期，他还给我钱去买药。"

大家你一言，我一语，从当年家常小事，到农村工作，到改革开放，再到现在的变化；从结婚生子到养老政策，谈到兴致处，不时发出爽朗的笑声，整个山岗充满了欢快的气氛。方凤富向人群里扫了一圈，问道："何小妹呢，何小妹没有来呀？"

"哪个何小妹呢？"

"就是当年柏林大队一队那个家庭很困难的小女孩子。"

"哦，你说的是何家珍，她后来结婚搬到新田了，现住在新田场镇上。"

"那我一会儿要去看看她。"

"方同志，你去我家喝碗稀饭再走嘛！"

"我来见到了你们就行了！你们现在日子越来越好了，我很高兴！"

一个小时后，方凤富驱车去到新田镇，正在外面干农活的何家珍和丈夫得知方同志来了，立即赶回家。当年的何小妹如今也是年过花甲的老人了，她见到方凤富非常激动："方同志，你怎么来了，真是做梦都没想到哟！"

何小妹现在儿孙满堂，家庭幸福，这让方凤富非常欣慰。

临走时，方凤富拿出500元钱给她："这次来我没有给你们买什么，这点钱你拿去用，算是我的一点心意。"

跟苏葆桢老师画画

　　1972年4月，系领导叫方凤富同苏葆桢老师和梁白云老师一起到重庆工艺美术公司刺绣厂画画。系领导对他说，你要好好向两位老教师学习，还要在生活上好好关心两位老教师。方凤富非常高兴地接受了这个任务。他高兴的是，他虽然已经向苏老师学习了十来年的画，但主要是临摹，临摹后请老师修改，还从来没有认真地看过苏老师和梁老师亲自作画。这次可以真正看两位老师亲笔作画了。这是多么珍贵的学习机会呀！于是，在这两个月时间里，方凤富认真向苏葆桢和梁白云老师学习，看他们怎样画画，怎样构图、用笔、着色，同时也在两位老师指导下画了一些画。他看到，两位老师艺术成就已经很高了，但是他们仍然十分虚心地向工人师傅学习，观看工人师傅如何刺绣作品；还虚心听取工人师傅对配色的意见，然后又耐心地给工人们讲解，使刺绣工作完成得更好。苏老师和梁老师精益求精、认真学习、虚心采纳群众意见的精神使方凤富深受感染。

　　刺绣厂请苏葆桢临一幅徐悲鸿的奔马图，苏葆桢十分认真并反复观看和研读徐悲鸿的画作，然后一笔一笔地试画，直到休会得到家了，酝酿成熟了，他才动笔，一气呵成，画得十分满意。梁白云看了高兴地称赞说："老苏啊，你真不愧是徐悲鸿先生的好学生！"苏老师画马的方法也给了

49

方凤富以启迪和帮助，方凤富以后画画也像苏老师那样，先仔细观察，认真思考，想出了蓝图，试画出初稿，再重新动笔，一挥而就，一气呵成。

苏葆桢的创作给了方凤富强烈的鼓励和启发，方凤富决心向老师学习，也创作出一些自己的作品。经过一段时间的孕育，他构思并画出了一幅花鸟画《山花烂漫》。这幅画有着浓重的时代特点和主题意识：在层层梯田下的堤坝出水口喷着清水，两边是鲜红杜鹃花，堤坝上，几只雀鸟正昂首向上，呼唤着上面飞下来的几只飞鸟。欣欣向荣的画面，洋溢着新生活的气息，也彰显着新农村的繁荣。画好后，适逢四川省美协动员会员送画稿参加中国美协组织的赴罗马尼亚、阿尔巴尼亚和加拿大等国的展览。方凤富把《山花烂漫》画稿送组委会后，组委会认为主题好，内容丰富，可以送展。但考虑到他还年轻，没有多少名气，让他请名家修改润色。他遂请正在重庆工艺美术公司刺绣厂一起画画的苏葆桢和梁白云两位教授合作重画。他请梁白云老师画山水，苏葆桢老师画鸟儿，他自己画杜鹃。他们三人共同完成了这幅136cm×68cm的花鸟画作品。这幅画参加了中国美术家赴罗马尼亚、阿尔巴尼亚和加拿大等国的美术展览。这幅画应该算方凤富的第一幅正式发表作品。

方凤富同苏葆桢和梁白云教授在刺绣厂工作期间，工作辛苦，生活也很艰苦，但两位教授却安之若素，平时天天同工人们一起吃伙食团。星期天，两位老师会自己弄些好吃的。梁白云喜欢吃苦瓜炖肉，苏老师喜欢吃活虾，生活上过得十分愉快。

1972年10月，西南师范学院派苏葆桢、李际科、成联辉和方凤富4人到四川汉源县大渡河边的大树公社去画画。同时，四川美术学院也派出肖建初、杨麟异等教师，四川美协派了彭召民等几位画家也到此处画画。

到大树公社后，公社安排他们住在公社，吃在公社，白天外出参观写生。当时国家经济比较困难，公社食堂安排一天只吃两餐：早上9点早餐，下午4点晚餐，根本吃不饱。但是，苏葆桢和李际科等老师不顾生活上的艰苦,每天早出晚归,到周围写生。

方凤富怕两位老教师吃不好,就在街上找了一家生活比较富裕的姓黄的社员家住下来。这家人原来是开饭馆的,不但住宿条件好,而且饭菜做得也很好吃,尤其是烤苞谷巴和肉包子做得很好,肉包子做得又白又大,比重庆九园包子还好。方凤富看到苏葆桢和李际科老师吃得很差,就请他们到这家去吃烤苞谷巴和肉包子。看到两位老教师吃得高兴,主人家还叫两位老师再带两个包子回去吃。方凤富又给房东做工作,干脆把两位老师也请到他们家里吃、住,让两位老同志住得好也吃得好。

方凤富与房东关系处得很好,街上邻居都爱来同他摆谈,他也发挥了自己的演说才能,给乡亲们摆龙门阵,讲三国,聊水浒,谈国际,讲国内,乡亲们都爱听。一时,晚上很多社员都到黄家来听方凤富神聊,成为村上的一道风景。

大树公社是当年四川省抓的一个学大寨的先进典型。方凤富和三位老师经常去公社各地写生,收集创作素材。他们登上高山,俯瞰公社全景,他们参观公社的水渠、水电站、抽水站写生。他们也到大渡河、安顺场去写生。在大树,李际科不但画了不少速写,还完成了一幅《抽水站》的主题画。苏老师也画了不少好画。方凤富和成联辉也画了不少写生作品。

离开大树公社时,房东姑娘送他们。那时候从大树到汉源没有汽车。她担心他们几位老师背着行李走十几里路困难,就把他们四个人的行李放在一个大背篼里,她一个人背着,走十几里山路,把他们四个人从大树公社送到汉源县城。苏老师、李老师和方凤富、成联辉都感谢不已!

1973年7月,为庆祝建军节召开的全军美展,方凤富创作了一幅花鸟画《战地黄花》,他用了毛主席的一首词《采桑子·重阳》里的一句话"战地黄花"作为标题,使这幅画带有浓郁的诗意,这幅画画的丝瓜,背景是解放军帽子、衣服等,表现解放军战士继承人民军队的优良传统,自己在战地种菜,喻示着这和平田园的瓜果蔬菜都是昔日的"战地黄花",我们今天的幸福生活，都是革命带来的胜利成果。

重庆市美协领导审阅后，觉得内容很好，含意深刻，技法也不错，但他的名气不够，最好是请他们西师著名教授、画家苏葆桢修改甚至重画一下，送去参展成功率高一些。于是重庆市美协通知方凤富把他创作的《战地黄花》拿去请苏葆桢老师修改重画，送当年八一建军节的全军美展。

方凤富立即赶到重庆工艺美术公司。重庆美术公司在解放碑，办公室同志把方凤富带到美术公司顶楼上用牛毛毡搭建的棚里面——这棚在号称全国三大火炉之一的重庆的一座楼顶之上，在七月的骄阳之下，那简直就像火炉一样热！而苏葆桢就在这火炉里面工作、生活，旁边仅仅只有一把小小的电扇。方凤富看到，苏老师正汗流满面地工作着，仿佛全然不觉炎热！苏葆桢面对困难甘之若饴的品德和作风，令方凤富十分感动。方凤富向苏老师说明来意之后，苏老师说时间要求很紧，那我立即就为你画。于是苏葆桢认真地看了方凤富的画，然后拿出笔来，思考了一会儿，就重新画起来。苏先生从下午一直画到晚上9点多钟，才把《战地黄花》画完。方凤富不能回西师了，就与苏老师一起住宿。晚上，方凤富想到自己月季花始终画不好，就想请苏老师教他画。当时已经是晚上11点钟了。苏先生听了他的问题后，马上起来，拿出笔，就在方凤富的笔记本上，给方凤富画起月季花来，苏先生一面画，一面给方凤富讲，画月季花该怎样构图，怎样起笔，怎样运笔，怎样着色；方凤富看着、听着，如沐春风，如饮醇酒，收获极大。看到老师额前滴下的汗滴，方凤富深深感受到老师那诲人不倦的师德师风。此刻，在学府小区采访方凤富时，他从书柜中找出珍藏的笔记本，翻出苏老师当年为他画的月季花说："你看，这就是那天晚上苏老师在我本子上画的月季花。现在想起来，自己当时太不懂事，那么晚了还给老师提问题，添麻烦！"

第二天，方凤富去到省美协，把他和苏老师共同创作的《战地黄花》交到了省美协秘书处。后来，种种原因这幅画未能入选全军美展。方凤富感到十分遗憾。

　　1975年5月，方凤富和苏葆桢、成联辉去贵州娄山关写生。他们三人住在娄山关下的板桥，苏老师带着方凤富每天上山到处写生画画，晚上回到石板桥住，来回20多里路。后面几天几乎天天下雨。苏老师就对方凤富说，我们每天上山下山太耽误时间了，就在山上农民修的工棚里面住吧！于是方凤富就去和住在工棚里的农民商量，农民们由于马上就要下山了，就同意了，但是这附近没有餐馆，要自己煮饭，而他们只剩下1公斤干面。苏老师就拿了3公斤面的钱给民工，民工不要这么多，苏老师说，你们也辛苦了，多给一点，没有关系。民工很受感动，连说感谢感谢！方凤富和苏葆桢没有油没有盐，只有白水煮干面，苏葆桢就到山坡上扯了几把野葱来做香料，就着白水面吃了一天多。吃着白水面，苏葆桢说：这白水面特别鲜美。我们在外面写生，往往会遇到各种困难，但是，为了追求艺术，什么困难也吓不倒我们。

　　当晚住宿，由于民工走了，没有床铺被盖，方凤富和苏葆桢只好靠着墙睡了一个晚上。醒来时，苏葆桢又说："我想起50年代初，我在重庆一个广告公司工作时，有一次在解放碑挂广告牌，突然一阵狂风，我从房子三楼阳台上被吹出去卡在楼缝中，差点跌下楼底。"

　　苏老师的这些话，给方凤富很大的教育和启发。为了艺术，不怕一切艰难困苦！苏老师作为一位事业有成的老艺术家，如此执着地追求艺术，能够经受这样的艰苦磨练。值得自己学习一辈子。

　　苏葆桢老师带着方凤富在山上写生，一路寻找着美丽的风景和奇花异草。一天下午，他们在娄山关口进到大山深处，突然在山崖上发现了一朵特别大、特别红的、比一般的玉兰花大得多的花，苏葆桢兴奋地叫起来："啊，好大好红的玉兰花呀！我可是一辈子都没见过。"他们赶紧跑到悬崖下仔细观察，喜悦地欣赏，苏葆桢很想摘下来好好画一下。但是这花长得很高，得爬到山崖上才能摘下来。方凤富就爬到半坡，苏葆桢在下面推着他的脚，方凤富再抓着岩上的大树往上爬，终于摘下了那朵玉兰花。苏葆桢把花小心地捧在手上，欣喜地观看着、欣赏着，当天，他们两人都画了这朵花。

在红军长征胜利80周年的2015年，9月22日至25日，方凤富率助手王玉莲，弟子王小兵、杨广新等一行6人专程驱车去了遵义会议旧址参观学习，缅怀先烈。然后，方凤富又带几位弟子再赴娄山关，寻访昔日苏葆桢老师带他上山绘画的旧地，重温苏老师给他留下的那段宝贵记忆，并再绘娄山关今日之盛景。

1977年3月，方凤富和苏葆桢、羊放、杜甫、李代富等老师应攀钢邀请到渡口去办学。攀钢建在大山之中。有一天，苏先生说，他想画一张攀钢全景图，这必须到对面山上，才能看到攀钢全景。方凤富就陪苏老师去对面山上写生。他俩走了七八里的坡路才到山脚，抬头一看，山势非常险峻，但又只有上到山顶才能看到钢厂的全貌。苏老师想上去，而方凤富有恐高症，非常害怕上山，但看到苏老师上山画画的决心那么大，自己不陪同不好，所以鼓足勇气跟苏老师一起上山。在经过最窄最陡的一段山路时，方凤富害怕得简直就只有爬着走了。这时，本来应该是方凤富照顾苏老师的，结果反而是苏老师牵着方凤富往山上爬。到了山顶，苏老师选择了一个最佳角度，正好在悬崖边，他不顾年老体弱，顶着烈日，在悬崖边架起画架，铺开一张对开的白描纸就画起来。同去的方凤富也跟着老师画。到中午，太阳把方凤富的皮都晒脱了。上山时，方凤富只带了4个馒头，又没带水，中午一人吃了两个馒头，又继续画。下午，方凤富感到又累又饿又渴，甚至饥渴得都有些支持不住了。可苏老师却不叫一声苦，顽强地坚持着，专心地绘画着，一直画到傍晚，直到画成了一张他感到满意的攀钢全景画，这才高高兴兴地下了山。

给苏葆桢、李际科老师当助教

1976年10月8日，本是一个普通的日子，可这一天对方凤富来说，却是一个金灿灿的日子，更是一个收获的日子。这一天，系领导通知他，学校决定让他返回到教学岗位，从事教学工作。方凤富当教师的愿望实现了，正式走上了神圣的大学讲台，成为西南师范学院的一名美术教师。他非常高兴，开始认真备课。尽管系领导安排他搞教学，没有让他进修过一天，第三天就叫他上课；但由于他留校搞行政工作期间刻苦向苏葆桢等老师学习绘画，打下了坚实的绘画功底，所以，第一堂课下来，方凤富以深厚的理论功底和娴熟的绘画功力，赢得了学生们热烈的掌声，他兴奋极了，也仿佛一下子成了世上最幸福和最快乐的人。走出教室，历经人生坎坷的方凤富，仿佛看到了一条康庄大道展现在眼前：那是一条宽广的艺术之道，更是一条金色的人生大道。

为了当一个称职的教师，方凤富努力学习理论，他准备了一个"中国画理论学习"笔记，记载了他学习中国画理论书籍的收获感受，摘录了大量重要文章。1981年，为了搞好教学，提高教学质量，他又写出了20万字的《中国画写意花鸟画技法教案》。教案写好后，他送苏葆桢、李际科、郭克等教授审阅指导，又参考了孙其峰、苏葆桢、吴国亭等名家的论著，并加入了他个人在创作和学习中的体会，再作修改。

　　让他感到幸运的是，刚刚当上教师，学校派他给擅长写意花鸟画的苏葆桢和擅长工笔花鸟画的李际科老师当助教，这使他有机会向这两位各具特色、各擅其长的画家学习，致使他以后能把两位老师的优长（写意和工笔）结合起来，融合起来，创造出独具特色的花鸟画。

　　他给自己仰慕多年的李际科当助教。李际科（1917—1995），字志可，安徽省休宁县人。1941年毕业于国立艺专，先后任国立艺专、重庆艺专、西南师范大学讲师、副教授、教授。中国美术家协会会员。专攻国画工笔花鸟画，特别擅长工笔马。李际科性格孤傲严谨，不苟言笑；在艺术上一丝不苟，严格要求。李际科的人品、画品，对方凤富影响都很大。方凤富给李际科当助教，学到了李老师工笔花鸟画的勾勒和晕染。

　　李际科给方凤富提出了进修目标，安排出进修计划，提出了严格要求。他再三强调基本功的重要性，他说："基本功一定要练好，线条要过硬；有的青年教师线条没过关，吃夹生饭不行，还得补上这一课。"他对方凤富的知识、技法传授毫不保留，态度是那么热诚、直率，而又那么严格。方凤富每次把习作或创作拿去向他请教时，无论何时登门，他总是热情接待，如果他正在作画，也会立刻放下画笔给方凤富看画和指点。每张作业，他总是先细看一遍，然后充分肯定画得成功的部分，给以鼓励，然后指出存在的每一个问题，提出改进的具体办法以及下一步要达到的要求。一幅大的创作画稿他要求反复修改，经过反复推敲、不断修改，直到每一部分、每一个细节和具体形象都处理稳妥后，才能定稿制作。他要求一稿至少试画三幅以上，直到满意为止。

　　李老师指导方凤富改作业，经常让方凤富自己先改，记下学生分数，然后再把学生作业一份份取出来，同他商量以后，再综合给一个分数。

　　方凤富觉得，李际科老师的严格要求，促使他多动脑筋，对他提高很大。经过两三次以后，李老师觉得他已基本上掌握了评分标准，就放手让方凤富一个人批改作业了。

方凤富觉得，李际科老师虽然外表严肃，但实际上内心却很热情谦和。方凤富经常到李际科家去请教，受到师母傅本娴欢迎，同李际科子女关系也很好。方凤富觉得，李际科老师对学生像对子女一样好，一样亲切，有时甚至比对子女还好。李际科老师对方凤富特别亲切、友爱、随和，有时李老师还同方凤富开玩笑，相处非常亲密和谐。

如果和李老师一道出差，到饭馆吃饭，青年教师争着给钱，李老师不但不同意，有时还会发火，说你们的工资几十元还要养家糊口，我请客，你们不要争着给钱。其实当时李老师的也不过就是百多元钱的所谓高工资，同样也要养家糊口。如果遇上他的生日大家为他祝寿，他一概谢绝。实在谢绝不了大家情意，他家则加倍地做出许多美味可口的饭菜请大家吃。如果学生因感谢他的教诲买点礼物送给他，他夫妇会以加倍的礼物送还。

方凤富感到特别荣幸的是，他在给李际科老师当助教时，同时又给他一直仰慕学习的苏葆桢老师当助教。苏葆桢专攻国画写意花鸟画，特别擅长葡萄和紫藤，对方凤富也很了解和关照。苏葆桢性格和蔼可亲，随和宽容。方凤富给他当助教，进一步学到了苏老师写意花鸟画的技法和诀窍。苏老师改作业，让方凤富把学生作业拿来，他俩一起改。苏老师看了学生作业，思考一下，很快就作出判断。

1977年春天，他到苏葆桢老师家请教，看到苏老师正在画画。苏老师画的是一只紫藤花和八哥鸟。方凤富高兴地看到，苏先生笔下的八哥不同于他以前画的八哥：以前画的八哥都是匍匐着的，而这只八哥却挺胸扬头，站立起来了！方凤富敏锐地感觉到：这是苏老师在"文化大革命"后彻底甩掉了那些莫须有的政治帽子终于站立起来的心态的自然流露啊！于是，方凤富兴奋地说："老师，您画得太好了！您终于站立起来了！"苏葆桢也展开眉目，舒心地笑了，十分高兴地说："是啊，打倒'四人帮'以后，学校党组织为我搞清了长期以来遗留下的政治问题，我可以放心舒心地画画了！"

方凤富感到，苏老师的内心的确是特别明亮，他对过去受到的委屈一 57

点儿也不埋怨，反而以坦荡的胸怀来对待这一切。

接着，苏葆桢郑重其事地对他说："方老师啊，有件事我一直都没敢告诉你，今天我想可以告诉你了！"

方凤富大吃一惊，忙问："苏老师，什么事哪？"

苏老师说："60年代初，你来我家学画，总支书记知道了，就非常严厉地找我去，给我讲，要我不要腐蚀革命青年，不要给你讲画画的事！后来系上的干部也叫我不要教你画画。可是我一直没敢给你说，怕你听了这些话会难受，怕影响你不敢来学画画了！我就一直没有给你说。"

方凤富一听，感动万分，眼泪禁不住就流出来了。他哽咽着说："苏老师啊，想不到，十多年来，你老人家为了教我画画，竟受了这么多委屈，还不让我知道。你真是太好了。我非常感谢你对我的关爱。我感到心里有愧。你对我真是太好了。我深深感谢你对我的恩情，我永远不忘老师的恩情！"

方凤富感动不已，流泪不止，竟一直哭了很久。苏老师送他走出家门后，他又回过头来，久久地凝望着老师窗棂前的灯光，在心里说：老师，这是多么崇高的名字啊。苏老师啊，你永远都是我学习的榜样，永远都是我心里的明灯！

送别恩师苏葆桢

　　1990年春，苏葆桢教授受香港集古斋邀请，预定于当年11月赴香港举办个人画展，预计展出作品一百幅。苏先生对列入四川省委宣传部对外文化交流的这一项目十分高兴且颇有信心。他上半年都在忘我的绘画着。他不顾73岁的高龄，起早贪黑，认真思考，反复琢磨，潜心用笔，画出了几十幅新作。出于对苏葆桢老师的尊重和热爱，北碚地区的作家、书法家朱渝生决定为苏先生写一篇文章，他请方凤富介绍他到苏葆桢家进行了采访，回家后写出初稿，又请方凤富把文稿送苏葆桢审阅修改。1990年6月18日上午9点钟左右，方凤富再次来到苏葆桢老师家。苏葆桢在画室里对文稿仔细看了两遍，对个别词句他还查阅了字典并作了修改，他说："评论文章一定要实事求是，不要夸张。这次修改稿比以前好，但文字较长，可删减一些。"

　　方凤富向朱渝生传达了苏老师对初稿的意见，让朱渝生对文稿进行修改。不料第二天，6月19日上午，方凤富却得到了苏葆桢先生突然逝世的消息。这不禁使他椎心泣血，不胜悲痛！

　　方凤富立即赶到苏老师家，苏老师家已经有很多人了，公安局决定作遗体解剖。当天，天气酷热难当，北碚区当天又停电，连冰块都没有；怕遗体腐烂，当夜必须尸检。尸检的法医从渝中区赶来时，已是晚上，方凤富一直等到法医到来，并陪同尸检。听着法医解剖遗体的刀锯声，方凤富心中如万箭穿心，悲痛万分。尸检后，由于6月份天气酷热，必须将遗体连夜运到离北碚将近50公里的渝中区石桥铺火葬场。方凤富全程护送，一夜没有合眼，第二天早上6点钟又赶回西师，忙于接待苏老师的亲朋好友，陪他们到灵堂祭奠，为他们安排食宿；又为不能前来吊唁的朋友和同事给苏老师敬献花圈。苏葆桢的丧事办得庄严隆重，参加追悼会的画坛名家和亲朋好友极多。因为要等苏老师老家的亲戚朋友前来祭祀，第十天才火化，开追悼会。整整10天，方凤富熬更守夜，辛勤忙碌，接待亲友，办理丧葬事宜，为恩师敬献孝心，完全没有休息。

苏葆桢老师去世后，方凤富时时怀念。他多次撰文缅怀恩师苏葆桢。

1997年1月24日，方凤富在《重庆政协报》发表《回首夕阳无尽处——苏葆桢先生生平回顾》：

葆桢先生1916年生于江苏宿县农村，其父为前清秀才。童年时代的苏葆桢便从豆棚瓜架、青鸟秋虫的田园风光中领略大自然质朴的美。家中的碑帖字画又让他受到祖国文字绘画的熏陶，尽管家道清寒，他仍持之以恒习字绘画，10多岁便以擅长国画闻名乡里。1939年，他在重庆考入中央大学艺术系，受业于徐悲鸿、吴作人、张书旗、傅抱石诸大师，兼学国画和西画，专攻花鸟画。五年的学习，奠定了他坚实的书画艺术基础。学生时代先生即开始举办个人画展，并在当时的全国美展中，获得青年画家一等奖。尔后创作的国画《玉兰八哥》《牡丹》《鸽子》等作品，分别于1944年和1946年在英国伦敦和印度加尔各答展出，受到异国观众的好评。

新中国成立后，先生一面从事国画教学，一面努力创作。他对艺术教育事业极为重视，认为发展艺术教育事业必须研究教学方法、重视写实和写生。在教学中，他孜孜以求，一边挥毫示范，一边讲解。

党的十一届三中全会以后，先生的艺术青春更加焕发，奋力为祖国的艺术宝库增辉添彩。他不但给本科生、研究生、进修生上课，还给老年大学讲课，为老人们带去生活情趣。他在西南师大培养了9名中国花鸟画技法硕士研究生，其中有的已晋升为教授，并在国内国际多次获奖。

先生的花鸟画，师法任伯年、张书旗等前辈大师。他在继承传统的基础上，又力创新意，勤于写生和创作，画花似闻香，画鸟如欲语，力求形神兼备。其作品取材广泛，察物精微，题意明确。虽是一花一草、常人视若无睹，但经他一观察一揣摩，就成绝好的题材，并具有鲜明的地方特色和浓郁的生活气息。特别是先生所画葡萄独具风格，富有强烈的艺术感染力，因而先生被人誉为"苏葡萄"。

多年来，在编写教材的同时，先生已编著出版了《写意花鸟画技法》《怎样画水墨葡萄》《怎样画彩墨葡萄》等有关技法的书。其《写意花鸟画技法》一书，人民美术出版社已5次再版，仍供不应求。西南大学出版社和四川美术出版社还先后为他出版过两本精美的画集。他的代表作《川西三月》《硕果累累》等作品，为中国美术馆和毛主席纪念堂、天安门城楼收藏。他不仅在南京、成都、重庆等地举办个人画展，还有不少作品多次参加全国和出国的大型画展，其作品流传于全国各地和亚、非、欧、美等国家。

1986年5月和9月先生两次东渡扶桑，在广岛县和尾道市进行友好访问并作水墨画交流。1988年11月先生应法国图卢兹市法中友协邀请前往图卢兹市进行文化交流展览。他的作品，特别是那一幅幅注入艺术生命的葡萄，既倾倒了东方人也使西方人叹为观止。

苏葆桢先生作为一位国画家和美术教育家，在半个世纪的教学、创作和理论研究生涯中，为培养人才和弘扬中国画艺术，呕心沥血，勤耕不辍，用他智慧的头脑，灵巧的手，饱含激情的笔墨把美倾洒给了人间，他的艺术像一枝报春的花朵开放在祖国绚丽的百花园中。

如果说，这篇文章主要是记叙苏葆桢先生的生平和艺术成就，那么，他在1999年9月19日写就的《葡萄成熟花落夫——永远怀念苏葆桢教授》一文则强烈地倾诉和表达他对恩师的深切怀念——

青山不雨泪千行，绿水无弦放悲歌。那是1990年6月19日凌晨，突然传 61

来先生离开我们与世长辞的噩耗。是时，"学子抱憾，世人怀悲，追念学界英杰；花鸟失色，山河含泪，痛悼画苑知音。"

当时，大洋彼岸的美国，东南亚的新加坡，东洋的日本及中国香港等地区纷纷发来唁电；中国美术家协会，徐悲鸿纪念馆馆长廖静文，前国防部部长张爱萍上将及原沈阳军区先后致电深切哀悼。国内无数亲朋好友和学生发来唁电；前来悼念的人排着长队奉送花圈，表达对这位著名的美术家和美术教育家的深情悼念！

事隔10年了，我无论何时何地被人邀请作画时，提笔就不加思索地画葡萄，每当此时，无不感慨万千，追念恩师的恩德……

记得那是1975年春天，恩师带我和成老师去娄山关写生，居住地距离写生处有20多华里，先生毅然决定就宿于山里的泥工工棚，每日往返于泥泞的羊肠小道，爬坡上坎，备极艰辛。那里环境粗劣，仅仅能买到几把面条，先生于是去采来一大把苦涩的野葱当成佐料，面带微笑津津有味地咽下去，如同品尝美味佳肴。先生说："我们体验生活，是探寻艺术源泉，必须要有吃苦耐劳的精神，若没有这一精神，趁早别做艺术工作者，也休想成为一个艺术家。"当时的他已经是60来岁的人了，我很受感动。

先生对艺术的执着已达到如痴如醉浑然忘我的境界。1977年3月，应渡口（现攀枝花市）钢铁厂邀请前往讲学，当时我是随行者之一。虽然是阳春三月，但渡口却是酷热难当。趁讲学之闲，先生拟创作一幅反映渡口钢铁厂欣欣向荣的作品，为此必须去附近一高山写生。此山险峻陡峭，有的地方垂直近于90°，人烟稀少。此时的恩师已年过花甲，只见他健步走在前，我因患有恐高症，畏惧不前，恳求："山高路险，老师我怕，不走了，我在这儿等您行吗？"他回头微笑鼓励我："不要怕，来！抓着我的手。"我不好意思地跟在后面继续向前攀登。师生俩就这样一前一后或依靠岩间斜垂的树藤，或抓住丛生的野草，或攀援乱石，不断地向前攀登着。山路青苔密布，稍不留心，脚一滑，身边即是万丈深渊，掉下去就会粉身碎骨，豆大的汗珠从我额上一颗一颗地淌下，终于我们一步步地登上了顶峰。我余悸未消，先生已席地而坐，迅速掏出纸笔，开始了这一天平凡的工作。身边滴水未带，在太阳的炙烤中，全身的水分几乎都被烤干了，午饭也没吃，我都饿得支持不住了，连皮肤都晒脱皮了，可苏老师却毫不气馁，坚持画画，直到下午6点多，一幅漂亮的攀钢全景图完成了，先生方才舒心地喘口气慢慢下山。苏先生为人谦和严谨，他教过的学生，有的在50年代就留校与他同在一个教研室任教，他对这些同志不论在什么场所一律亲切地称呼某老师，从不以老刘、小马相称。凡师从先生学习过绘画和共事的人，无不为他平易近人的作风和诲人不倦的精神所感动。有一次上街看电影，他为我们买了些瓜子、花生吃，他把这些果壳不是随地乱扔，而是用手巾包上，扔进垃圾桶，绝不乱扔，十分讲究清洁卫生和社会公德。他还有特别的好习惯，凡是他作画、工作、吃饭、睡觉的地方，都要弄得干干净净。他说不弄干净，他就睡不好觉，吃不好饭，画不好画。

先生不仅仅对艺术，面对生活的时候，亦是一位重德向善的长者。1982年春天，我有幸与先生带学生去成都写生，住在条件差的教育局招待所，那里的厕所又大又脏，无法落脚。第二天天刚蒙蒙亮，我起床上厕所，看见先生正从很远的地方一盆一盆打水来冲厕所，我深深地感动了，随手也端起盆子和先生一起冲洗，先生向我点头微笑，一会儿，我们把厕所内外冲洗得干干净净。天渐渐亮了，学生们起床发现后，个个面带愧色，服务员眼睁睁地愣了半天，不敢相信眼前这位手拿脸盆的老人，竟是位大学教授，蜚声中外的著名画家。

1983年我随苏老师、李际科老师、郭克老师、成联辉老师到北京参观回来后，在向国璋老师宅前马路上，他硬塞15元钱给我，说："你两个孩子正在读书，很困难，去北京又花了不少的钱，这一点就算是我对你的一点微薄的资助吧！"我只好含泪收下了。那是自然灾害时期，先生工资微薄，一家四口本来就十分困难，可他对我们这些来自农村的穷学生常常解囊相助，买来纸笔相赠，鼓励我们好好学习。我非常感激！那时我求学心切，不管先生有多忙，多么需要休息，总是天天晚上跑去家中讨教、打搅 63

他。但他每次都十分热情，总是给泡上一杯热茶，然后一边作画一边给我们讲，直到我们理解了才作罢。

数十年来，恩师坚持写生，兼容西画之长。他常背起画具外出写生体验生活，治学严谨，一丝不苟。先生笔下一幅幅葡萄佳作，笔精墨妙，珠圆玉润，丰盛充盈，那枝那藤相互交错辉映，随浓随淡，极尽水墨之能事，营造出玲珑别透、垂露欲滴之佳境。真有观之欲摘，去之不舍之感！难怪前国防部长张爱萍将军观画后十分赞赏，欣然挥笔提下"艺珍竹翠，高雅清新"八个字，赞扬他的艺术成就和人品；冯建吴先生也曾题诗曰："腕底奇卉，笔下明珠，艺坛健将，教授老苏"。这何尝不是对苏先生最中肯的评价。

"春蚕到死丝方尽"，先生像蜡烛一样燃烧了自己，照亮了别人，他用智慧的头脑、灵巧的双手，饱蘸浓情的画笔，把美和爱倾洒给了人间，他却落花归去，化作春泥更护花，葡萄成熟满枝丫，酿成美酒香万家。

2016年4月23日，方凤富在方凤富美术馆举办了"纪念苏葆桢先生100周年诞辰座谈会"。会上，展出了苏葆桢先生的作品8幅以及学生方凤富教授与苏老师合作的作品和其他相关绘画作品共计15幅。该活动由重庆方凤富美术馆、重庆嘉陵画院共同主办。市文联党组成员、副主席杨矿，江北区委宣传部常务副部长张建平，江北区文化委副主席薛清林，以及嘉陵画院成员等50多人参加了会议。方凤富作为苏派继承人的代表作了主体发言，嘉陵画院院长刘铁中等多位成员发言。座谈会从上午九时开始，一直开到下午四时才结束。重庆卫视、重庆晨报、重庆华龙网作了相关报道。苏葆桢先生对方凤富的教诲和方凤富对苏葆桢先生的感恩，十分令人感动！

探索"白葡萄"，崭露头角

从20世纪80年代开始，方凤富开始探索白葡萄的画法，并逐渐在画坛崭露头角。

1981年，方凤富在图书馆看报时，突然在《光明日报》上看到一段罗马尼亚盛产中国没有的白葡萄的报道。这一下引起了他的注意。他想，我来画出白葡萄，就是一种创新。于是他开始探索怎样才能画好白葡萄。开始，他采用李际科老师教他的勾勒法，用白描线来勾出白色的葡萄，勾了很多次，都觉得不生动。于是他又思考新的方法。第二次，他就先勾线，再染色，染淡淡的绿色，这比第一次光用线勾好一些。但方凤富仍嫌不佳。他又尝试搞第三遍：就是先用写意法，先用色彩染出来，过后再用白色勾，勾好之后再用白色晕染，这时效果就比第二次画的好了。但是，方凤富觉得还不润。他又继续思考，想到了第四步：就是先用写意画法；在写意的色彩还没干时，马上就勾勒淡淡的色彩；待边缘线刚刚干时，再加上白色的晕染。这下，色彩就比较润了！就这样，经过反反复复的四次大的试验，白葡萄终于画成功了，方凤富总结出将工笔、写意与晕染相结合的白葡萄画法，画出的白葡萄鲜艳、润泽、体感强、色彩美，受到画界好评。

在此基础上，方凤富又把工笔写意晕染相结合的白葡萄画法运用到紫藤的画法上，画出了新鲜夺目的白紫藤，丰富了紫藤花的新画法。

从1981年开始，方凤富的画作受到美术界的关注和青睐，其作品陆续参加国内外画展并被收藏：

1981年9月，方凤富的《春意》参加由四川美术家协会主办，深圳、香港联合举办的"博雅画廊"展出。在这幅画作上，方凤富特别注明"白藤花"三字，以显示这是用的白紫藤的画法。

1981年，《玉珠垂露》参加由中国国际书店主办的画展赴泰国展出。

1984年，《山花》参加由重庆国画院主办的、在中国美术馆展览的重庆美术作品展，同时由人民美术出版社收入画册出版。

1984年，与苏葆桢、郭克、成联辉合作创作的《万朵红霞春意闹》，参加重庆国画院主办的北京中国美术馆展览，同时由人民美术出版社收入画册出版。

1986年，《春暖》被山东淄博市"蒲松龄书馆"收藏。

1987年，《秋色烂漫》在北京中国美术馆展出。

1987年，《秋色烂漫》参加振兴丝绸之路国际书画大展获优秀奖并被收藏。

1987年，《春暖》参加由中华全国总工会主办的"中国现代书画美术展"在日本东京展出，并被收藏和收入画册出版。

1987年，《明珠露气》被陕西华山书画馆收藏。

1988年，《明珠露气》被朱德故居纪念馆收藏。

1989年，《春花飘香》《秋色烂漫》《玉珠垂露》《秋艳》《山花》《雨露》等六幅作品，参加由重庆文学艺术界和美术家协会为庆祝中华人民共和国成立四十周年主办的中国友好书画展赴日本三重县展出，其中三幅作品被收藏。

1989年，《明珠累累》《秋色烂漫》《春暖》三幅作品参加人民大会堂建堂三十周年展览并被收藏。

1990年，《秋色烂漫》《春暖》两幅作品捐赠给第十届亚洲运动会。

1990年，《秋色烂漫》参加由四川美术家协会主办的四川与台湾同乡书画展在香港展出。

1990年，《晨露》参加"张衡、张仲景杯"国际书画诗影大奖赛，荣获佳作奖。

1991年，《硕果累累》赴美国田纳西大学展出。

1991年，《春晓》捐赠给"希望工程"，被中国青少年发展基金会收藏。

1992年，《秋色烂漫》参加钓鱼台国宾馆举办的国际中国画展暨大赛，荣获三等奖，被收藏。

方凤富的一些作品还由学校和系领导赠送外国大学或送外国展出：

1990年，西南师范大学王长楷书记访问苏联时，将方凤富的《硕果累累》赠送给莫斯科大学。

1991年，西师美术系主任符易本教授去美国讲学时，将方凤富的《春意》带去田纳西大学展出。

1992年，西南师范大学地理系主任王全贵教授赴意大利讲学时将方凤富的《春晓》送波伦亚大学展出。

出版第一部画册——《方凤富画集》

1992年，方凤富在香港洲立出版有限公司出版他的第一部画册《方凤富画集》。这时，他已是西南师范大学美术学院副教授、花鸟画教研室副主任，中国美术家协会四川分会会员，重庆国画院画师兼花鸟画组长，重庆巴山画院顾问，重庆文史书画院画师。

《方凤富画集》收入了他的主要代表作品《春暖》《秋色烂漫》《白葡萄》《白藤花》《秋艳》《山花》等。还收入了1972年他和苏葆桢、梁白云、成联辉等先生合作的《山花烂漫》，该作品赴罗马尼亚、阿尔巴尼亚、加拿大等国展出，深受外国人士的好评。

近十年来，方凤富作品曾赴泰国、日本等国暨香港和深圳合办的《博雅画廊》展出；在国内，作品曾去北京中国美术馆和新疆、济南、太原、青岛、南京、深圳、桂林、广州、珠海、天津等地展出，受到画界人士的好评，《春暖》于1987年赴日本展出时，被日本劳动者福利中央协会收藏，作品《秋色烂漫》和《胶水葡萄》1987年参加振兴丝绸之路国际书画大展，以上作品均评为优秀作品并被收藏。所作《秋色烂漫》《明珠累累》《春暖》三幅巨作于1989年被人民大会堂收藏。《晨露》1990年5月参加张衡、张仲景杯国际书画诗影大赛荣获"佳作"奖。方凤富学习过音乐，很注意把音乐的节奏感、旋律感运用于美术创作之中。他的第一部画册就体现了这个特点。他那《秋色烂漫》的菊花多有韵律感，他那《山涧鸣声》中横伸的几枝树干，与树干上攀援的几束野花，同那树干上的几只红冠、黑羽、白肚的小鸟，构成了优美的画面和诗的意境以及音乐的旋律。《水仙》那排列有序的水仙花，《葱花飘香》那高低错落的葱花和那有意穿插在葱花下部的题词，还有《冬——白菊花》那十余枝清白的枝叶上的朵朵白菊，都给人诗意盎然的感觉。

《方凤富画集》受到画坛好评。四川省美协主席、著名版画家牛文为画集写序，对他的人品和画品给予了较高评价，对他的创新给予了指点：

中国传统文化的土壤是异常丰富的。植根于其上的各种艺术，无不各具风采，炫人眼目。欣赏方凤富的绘画作品，常使人作这样的联想。方凤富的花鸟画，可以说为本来就千姿百态的中国画坛起了锦上添花的作用。他曾师从国内著名画家苏葆桢先生，并一直受到李际科、郭克等教授的关心与教诲。对任伯年、张书旗大师的作品也十分喜爱并有一定的研究。几十年耳濡目染，加上自己的艰苦磨砺，他以坚实的基本功和谨严朴实、雅俗共赏的风格知名于画坛。

石涛说："笔墨当随时代。"有无时代生活气息，这是衡量绘画作品审美品位高低的重要标志。有许多画，笔墨不可谓不熟，格调不可谓不高，但总觉得太像古人。这样的作品，谈逸情遣性则可，说为源远流长的中国画坛增加后劲则不可。方凤富的画，当然不能说在传统与创新的问题上获得了最完善的解决，但入眼即有新鲜感。那扑面而来的清新气息，让人觉得似国画又不似国画，不似国画而最终又是地道的国画。

中国画发展到了90年代，不断地从西方画风和中国其他画种中吸取营养，以开放的眼光审视当代人的生活，各种尝试和探索层出不穷。方凤富的作品在用墨与色的对比中追求新意，在笔墨和构图方面则努力显示传统特色，两者结合故最终是地道的中国画。他的代表作《秋色烂漫》，近石为浓墨，远滩为淡墨，画面主体山菊花，以石绿为枝叶，以藤黄染花瓣，墨的厚重和色的明丽交辉掩映，真有"秋色烂漫"之感。他的《雨后荷塘》，画面荷叶铺天盖地的一片葱绿，却以焦墨荷枝穿插其间，画中心着洁白素荷一朵，一只红蜻蜓从远处飞来，直扑花蕊。这浓郁的生活气息也是从墨与色的强烈对比中显示出来的。他的《山林之春》《晨露》《山间鸣声》等作品，都以重墨和亮色表现其画面的分量感。其重墨多以大写意出之，遒健浑和；而花、叶、点缀物（如鸟、蜻蜓）等，多以小勾勒线条显示，清灵秀雅，巧拙相生相发，画面机趣无穷。特别是所画的白葡萄和白藤花，将写意、勾勒、染色相结合，有所创新，有所拓展。他的《雨后》，在几株挺拔的楠竹前精心地画出几棵深褐色的幼嫩的竹笋，几片嫩叶生长于其上，展示出勃勃生机，显示了新生命的磅礴力量，隐含着郑板桥"来年看我掀天力"的诗意。

牛文先生的序言写得很严谨，很用心，完全不是应酬之作，而是一篇真正的、有水准的学术论文，特别是肯定了方凤富"所画的白葡萄和白藤花，将写意、勾勒、染色相结合，有所创新，有所拓展"。

1993年9月21日《重庆日报》发表宜村的评论文章——《供养眼睛的珍馐——读方凤富画集》：

打开画卷，一幅幅赏心悦目妙趣横生的图画即令人难以释怀。工笔重彩的苍松翠柏，水仙修竹，夏荷秋菊，没骨写意的紫藤葡萄，无一不美轮美奂，楚楚动人。繁花绿叶间缀以鹦鹉、鹭鸶、八哥、蝴蝶等，使整幅画面顿然鸟语花香，生机盎然。掩卷之余，欣然吟句：缕缕清馨掩不住，笔笔新意扑眼帘。

"外师造化，中得心源"是中国传统绘画之精髓，也是方凤富先生遵循的创作指南。他的故乡忠县，群山环抱，一江东流，他生于斯，长于斯，从小就与青山绿水、俊花秀林，还有农家的艰辛为伴，环境陶冶了他的性情，赋予了他热爱自然、感应自然、师法自然的灵慧和颖悟，铸就了他纯朴勤奋、虚怀若谷的美德。入画门以后，即师从苏葆桢、李际科、郭克等著名画家，另外，对任伯年、张书旗等大师的作品及东西方美术精品也时常潜心研读，心得颇丰。由于他的广采博纳，兼收并蓄，画艺与画境，得到升华。更因为勤奋，他的绘画才华得到充分发挥，并日臻成熟，逐步形成水墨淋漓、清雅俊逸的独特画风。

方凤富在几十年的丹青生涯中，审时度势，顺应变化，师古而不死，学洋而不僵，取其合理适用，顽强保持自己，其作品立意，经营位置，虚实疏密，笔墨技法均呈现出鲜明的中国画特征。应物象形之中，遵从自然造化，不事怪异，力求合度均衡，由此而达成形神兼备、气韵生动的绘画效果。经过长期的艺术探索，他终于拓展出一条属于自己的崭新的艺术道路。这就是：一、将绘画和音乐熔于一炉，两者的和谐融汇，使他的画作充盈着鲜明的旋律感和节奏感，有如凝固的音乐。二、在设色敷彩上，他一反"水墨为上"的传统技法，而喜用重彩浓厚，或揉以粉色，直接勾勒晕染这一颇具创意的新技法，使作品的色调更丰富更明丽，更清新，极大地增强了艺术的表现力。他笔下的白葡萄、白紫藤因之而显出独创性。

1992年9月8日《四川文化报》刊登朱渝生先生的《尽得风流笔有花——方凤富其人其画》：

方凤富是一位勤奋的艺术追求者，同时又是我省近年来涌现出的一位有成就的中年国画家。早在1972年与苏葆桢、梁白云先生通力合作的水墨画《山花烂漫》就被选送罗马尼亚、阿尔巴尼亚、加拿大等国展出。他的巨幅《白紫藤》画，堪称他的代表作之一，此图用笔奔放，苍劲古朴，近石用浓墨渲染，远山则施淡墨烘托，画面的主体白紫藤，藤蔓盘曲回旋飞舞，宛若游龙，坚如铁骨；构图也十分精妙，画面不留空白，只是画面上方一远山泉水，似瀑飞流直下，水花飞溅，白花串串，尤其是那藤上的三只小鸟，相映成趣，整个画面顿感生机勃发。另一幅题有"明珠香露雀鸟来"的《露香来雀鸟》，构图别致。那串串葡萄，珠圆玉润，丰盛充盈：那叶和藤纵横交错，其叶浓淡相融、明暗多变，那颗颗葡萄闪闪如珠，紫绿神幻，那藤上的小鸟欲摘这正熟的果实。这丰收的画面，一派欣欣向荣景象，使人振奋，催人奋进。

　　特别值得称道的是，1989年3月他创作的三幅大型彩色花鸟画《秋色烂漫》《明珠累累》《春暖》全部被人民大会堂收藏和展览，一个画家的三幅作品同时被收藏，这在人民大会堂的收藏史上，也是罕见的。

入选国礼画册

1993年5月，国务院提出为了国家领导人出访和外国元首来访准备一套国礼画册。从中国美协从全国各地遴选上来的1500幅优秀作品中选出127幅画作。

方凤富幸运地参与其事。

5月，正在北京作画的方凤富突然收到中国美术家协会办公室主任胡明之的电话，要他带一幅《硕果清香》的画到中南海总理办公室去。

方凤富到了现场，才知道中国美协、中央美院领导人正在挑选入选《国礼画册》的画作。当他们知道他就是画葡萄闻名的方凤富，就邀请他留下来一起讨论。在李鹏总理的主持指导下，经过三天评选，画家专家们把这127幅画选了出来。这部画册都是选的全国第一流的画家的代表作，代表了中国现当代绘画艺术的高水平。

中国美协办公室主任胡明之对方凤富说：你回去一定要给学校领导讲，你的画入选《国礼画册》，这是全国很高档次的画册，你一定要申报国务院特殊津贴专家。

但是，方凤富回到学校，了解到申报国务院特殊津贴专家，美术系一年只有一个名额。一些教师为争这个名额争得伤了感情，伤了面子，把知识分子的尊严也丢了。何苦哩！他毅然放弃了申报国务院特殊津贴专家的机会，他甚至连入选《国礼画册》这件事也没向学校领导汇报，显示了他的高姿态，高风格。

编撰《怎样画紫藤》

　　《怎样画紫藤》的教材于1993年5月写出，于1994年8月由贵州教育出版社出版。在《后记》中，方凤富表示："在此书付梓之际，我特别怀念我的老师苏葆桢教授，他是我步入艺术圣殿的引路人；感谢郭克教授，为我编写此书予以具体的指导，并欣然题写了书名。"由于教材编写主要从创作经验出发，写得真切细腻生动，深入浅出，学生一看就懂，一学就会。

　　在序言中，方凤富生动地记叙了他与紫藤的亲密关系：

　　我的幼年是在穷困中度过的。12岁那年，残冬将尽时节，衣不蔽体的我光着脚去悬崖边刮树皮充饥。天寒地冻，冷得我直打寒战，我顺着树干边刮树皮边往上爬，谁知没有皮的树干滑溜异常，一不小心我便滑脱树干，身子猛往崖下掉，恍惚中觉得被什么绵软的东西挡了一下……当我被人救醒时，才知是半崖上繁茂的紫藤网住了我的身子！紫藤，就这样不经意地成了我的保命神。1956年秋，我考入西南师大音乐系，一天中午，我偶然从美术系教室前经过，无意中看到教室墙上挂着一幅紫藤花（后来才知道是苏葆桢教授的示范画）。七年前那次幸运的奇遇突然从脑海中清晰地浮现出来……原来作为我的"保命神"的紫藤也可入画，并且可以画得如此有情有神啊！于是我下决心要画好它！紫藤，便由此走进了我的艺术生涯。记得前人说过："花卉本身只呈现形象，并不产生感情，艺术家从生活的境界把它引入到艺术的境界……"诚如斯言！

事有凑巧，由于我的嗓音不佳，音乐系领导建议我改专业去学习绘画。于是在1957年秋天，我正式转入美术系，由听觉艺术转向视觉艺术，这次大跨度的跳跃，对我来说，恰似"如鱼得水"，从此可以集中精力来画我情之所系的紫藤了！1960年我提前毕业留校工作，在工作之余，我利用一切可以利用的时间向苏葆桢、李际科、郭克教授等前辈们学习国画。30多年过去，我画了不知有多少张花鸟画，其中有相当一部分是我所钟爱的紫藤。紫藤，是我的生命所系，也是我的事业心、爱心所系。画之弥久，对紫藤的认识理解弥深。

抒发了对紫藤的感情之后，方凤富又叙述了他的紫藤花的创作：

紫藤，它广泛生长于我国大江南北，是蔓生落叶藤本植物，野生崖边，或种于庭院，可供观赏。古来文人墨客更是从它能屈能伸，不断崛起、不断上扬的精神状态中得到了身处逆境仍奋发有为的激励之情：在浩如烟海的诗文画幅中，中国的文人墨客们给了紫藤以浓浓的一笔。伟大的诗人李白写下了"紫藤挂云木，花蔓宜阳春；密叶隐歌鸟，香风留美人"的诗句，杨巨源说："幽含晚态怜丹桂，盛续春光识紫藤。"和尚惠洪发现："分外浓甘黄竹笋，自然微苦紫藤心。"历来以紫藤为题材作画的名家也不少，明、清以来，吴昌硕、齐白石，更是浓墨健笔写紫藤，留下了"花垂明珠滴香露，叶张翠盖团春风"，"且喜天工能反复，又吹春色上枯藤"的佳作。爱紫藤如此，岂止我哉！

生活不会亏待有志者，功夫也决不会辜负热心人。正是由于我挚爱紫藤，爱画紫藤，并把自己的感情和追求全融进了紫藤之中，1987年，我的作品《春暖》，由中华全国总工会选送日本东京展出，被日本劳动者中央福利协议会收藏并出版在日本出的画册上；1981年，《白藤花》参加深圳与香港合办的《博雅画廊》展出。1989年，《春暖》等三幅被人民大会堂收藏，1989年，《春花飘香》等六幅作品赴日本展出。1990年1月，《明珠露气》在天津参加《全国书画名家作品展》特邀展出。1993年1月，《春晓》被香港收藏家石景宜先生收藏，并收入《华夏千家书画集》大画册中。《四川文化报》1992年9月8日评我的代表作《白藤花》："用笔奔放、苍劲古朴，近石用浓墨渲染，远山则施淡墨烘托，画面的主体白紫藤……宛若游龙，坚如铁骨；构图也十分精妙，画面不留空白，只是画面上方一远山泉水，似瀑布飞流直下，水花飞溅……，藤上的三只小鸟，相映成趣，整个画面顿感生机勃发。"《中国书画报》于1990年4月19日在"画坛新闻人物"中，称我的"花鸟画，严谨朴实，典雅秀丽，并具有鲜明的地方特色和浓郁的生活气息"，特别提到《白藤花》"将写意、勾勒、染色相结合，有所创新"。

为了教学的需要，方凤富对紫藤创作进行了深入研究，在总结自己创作和教学的经验和心得体会的基础上，又借鉴了古今名家有关紫藤的画法和资料，编写了这本教材。教材分九大部分：

一、紫藤简说

二、紫藤的写生画法

三、紫藤的白描及着色画法

四、花的写意画法

五、白藤花画法

六、紫藤的叶子画法

七、藤的写意画法

八、示范作品

九、创作作品

由于这部教材融入了方凤富对紫藤的感恩之心和多年来画紫藤的经验和心得，写得具体、详尽、生动，对读者帮助极大，极受读者欢迎，多次再版。

编撰《写意花鸟画技法》

　　1990年，西南师范大学出版社决定出版一套面向全国美术院校本专科学生及广大美术爱好者的《21世纪美术教育丛书》，包括《素描》《色彩》《速写》《中国美术史纲要》《外国美术史纲要》《创作与构图》《艺术概论》《艺术美学》《中国山水画技法》《中国山水画速写技法》《中国人物画技法》《工笔花鸟画技法》《写意花鸟画技法》《现代西方设计概论》《中国画色彩艺术》《水彩》《水粉》《风景写生画技法》《油画技法》《雕塑》《书法》《书法基础》《美术摄影》《设计基础》等30多个品种。

　　为出版这套丛书，出版社组织了来自清华大学美术学院、中国美术学院、四川美术学院、西南师范大学美术系、南京师范大学美术系、华南师范大学美术系、四川大学美术系等全国十几所艺术院校的教师撰稿。撰稿人都是身在教学第一线，对所写学科有多年的教学经验和长期的学术积累的教授、副教授及中青年业务骨干。这套教材突出了三个特点：一是它的前瞻性。从科目设置到撰文，都着眼于面向21世纪。力求融合新知识、新思路，对读者有新启示。二是它的系统性。举凡当今美术教育所涉及的科目，这套教材几乎都关照到了。从基础训练的素描、速写、色彩、设计，到提高专业和文化素养的美术史、美术理论、美学、摄影、书法、建筑等，应有尽有。三是它的可读性。本套教材充分考虑了所服务的广大读者，尽量深入浅出，通俗易懂，可赏可读。

在选择写意花鸟画作者时，主编想到了方凤富先生，认为他在中国当代写意花鸟画的创作中继承了全国知名写意花鸟画大师苏葆桢教授的真传而又有所发展，在写意花鸟画的教学和创作中都取得了杰出成果，有相当高的绘画水平和中文表达能力。于是通知了他。方凤富接到这个任务后，感到十分高兴，觉得这既是对自己多年花鸟画创作与教学的总结，也是对自己理论和创作的提高和升华。因此，他不顾自己教学工作繁重，毅然接受了任务。

在教材编写中，他充分应用自己在20年的花鸟画创作和教学中积累的丰富经验和资料。方凤富给我看过他的装订完好的两本厚厚的《中国画写意花鸟画技法教案》和《中国画理论学习笔记》。理论学习笔记封面记下的时间是1979年9月10日，他在首页中写道："对于写意画方面的理论知识，历代名家们都论述得非常全面了，但是，由于社会在发展，一切事物都在不断变化着。鉴于这个原因，我在某些方面也谈了自己的一些体会。"教案封面记下的时间是1989年3月。教案首页"一点说明"说："本讲稿是在1981年11月写的基础上整理出来的。上次初稿曾得到尊敬的苏葆桢、李际科二位尊师的指教，给我提出了许多宝贵的修改意见。为了搞好教学，提高教学质量，所以，这次又在原稿的基础上，进行了修改。"在为西师出版社编写《写意花鸟画技法》的过程中，他又再次参考了孙其峰、苏葆桢、吴国亭等名家的论著，并得到了写意花鸟画教研室郭克等老师的指导和帮助，自己又做了些修改和补充。

我想，对教案修改的这个说明当然完全适用于这次教材的编撰。只不过这次教材编撰要求更高、更严，也更加规范。这次编撰教材，是他在苏葆桢、李际科、郭克指导下写出的教案的基础上进行的，增加了很多用笔、用墨、用色和用纸方面的具体方法及禽鸟写生与草木、花鸟画法的示意图和大量范画，在范画中，有少数禽鸟动态参考和引用了苏葆桢老师的画法，在论述中，也加入了自己创作中的体会。

经过两个多月的时间，他撰写出《写意花鸟画技法》。该书分八大部分：

一、概论

二、中国画的材料工具和运用

三、花鸟画的表现形式和写意花鸟画的几种表现方法及学习过程

四、怎样学习写意花鸟画

五、花鸟画创作问题

六、现代花鸟画的审美情趣——关于创作中特技运用的体验和感受

七、练习作业

八、作品欣赏

在第一章概论中，方凤富对中国花鸟画的起源和发展做了详细论述；在第二章中国画的材料工具和运用中，对用笔、用墨和用色作了详细介绍，融入了他自己创作中的真切体会和丰富经验。

第四章怎样学习写意花鸟画是全书重点，详细讲述了花卉写生的方法、速写与默写、花卉画法、禽鸟写生、彩墨禽鸟的画法及步骤、几种禽鸟的彩墨画法、蔬果画法、点缀物画法、草虫画法。特别在第七节蔬果画法中，讲述了苏葆桢的葡萄画的画法及他本人在白葡萄画法上的心得和体会：

这里，我重点谈谈葡萄的画法。葡萄是人们生活中常见的蔬果之一，藤本植物，品种很多，为人们喜爱的佳肴果品，也是画家极喜表现的绘画题材之一，以其累累硕果寓意国泰民安的丰收喜庆。常见的表现方法有墨色葡萄、紫色葡萄、绿色葡萄和白葡萄等。历代的画家都有不少表现葡萄这一题材，如明代徐渭；近代吴昌硕、齐白石；现代张书旗、苏葆桢等画家都有重大成就。特别是我的老师苏葆桢教授，在葡萄画法上进行了毕生的研究和探索。他吸取了明代画家徐渭画葡萄用笔的泼辣奔放与水墨淋漓

的特点，又融汇清代画家任伯年兼工带写的长处及齐白石、徐悲鸿等大师的用笔简练、形神兼备之精华。特别是吸取张书旗先生色彩艳丽多变的优点，兼容西洋素描、色彩、透视于一炉，将自然生活通过艺术表现，更为真切，生动感人。我随苏葆桢老师习画前后长达30余年，对于苏老师的葡萄技法有一些理解和感受。为使更多的专业美术工作者和业余爱好者真正认识、继承学习苏老师的艺术，作为他的学生，我将自己学习和探索的一点感受奉献给大家，谨供参考学习。

在第六章《现代花鸟画的审美情趣——关于创作中特技运用的体验和感受》中，扼要地论述了现代花鸟画的创新精神，并阐述了他本人在创作中对特技处理的体验和感受：

改革开放以来，西方现代艺术被引进中国，我们幸运而又不可回避地接受了新思潮的影响，中国画获得历史性的飞跃，新时期的花鸟画充满生机和活力。

人类与大自然关系的重新确立和向内在精神世界转移的现实，带来了人类思想和审美观念的转变，展现出广泛而曲折、复杂多元的生活内容和精神意象，为花鸟画的发展提出了新的时代要求。自我精神成为空前的、具有广度和深度意义的、时代文化精神的总体组成部分。以表达自然美为主旨的当代花鸟画，并未因时代思潮的更迭而消失其社会属性，反而更加张扬"天人合一""返璞归真"的艺术形式。驾驭时代的风帆，抛弃封建的丑陋，弘扬时代的辉煌，以开拓、发展的姿态，将传统文化推向时代艺术的高峰，是历史赋予当今画家的重任。

当中国画各种技法已经演变得非常精细而成熟的时候，我认为能灵活地综合运用各种技法，以表达新意，是当今绘画创作的一种方法。在创作中，我为了追求、捕捉自己的主观感受，表达新的情趣境界，常常运用没有固定模式的现代技法强化画面的某些方面，这样充分发挥了我的主观能动性。同时，因为借用了特殊手法，出现浑然有趣、了无雕琢之感的自然肌理，画面变化多端，自然天成，意趣横生。

这部教材于1995年7月出版以后，受到全国各高校美术院系广大师生的热烈欢迎，到2014年已再版10多次。

方凤富讲，1998年，他到深圳讲学，学员听说他出版了《写意花鸟画技法》一书，第二天就到当地新华书店把库存的90多本《写意花鸟画技法》全部买光了。

2017年，西南师范大学出版社在此书再版十几次之后，又请方凤富做了一些修改，正式将此书纳入"经教育部体育卫生与艺术教育司审查通过"的新版"21世纪美术教育丛书"重新出版。

画作入选第八届全国美展

20世纪80年代，方凤富犹如一匹黑马，在西南美术界杀出，特别是他的葡萄画，受到美术界同仁的肯定，也受到了人民群众的喜爱。他的作品连续参加丝绸之路画展、国际画展。

1994年方凤富画《雨林风光》入选第八届全国美展。历届全国美术展览，是国家级别的全国性美术大展。是中国最高规格、最大规模、最重要的国家级美术展览。它从1949年开始举办，每5年举办一次，它熔铸中国气派，塑造国家形象，彰显中华文化精神和时代精神，以其深厚的历史积淀和广泛的社会影响，成为新中国美术史上不可或缺的重要一环，成为全国美术家和美学工作者交流、展示的平台，是美术界极其重要的一件盛事。

《雨林风光》是1994年方凤富到西双版纳采风之作。西双版纳是中国最漂亮、最著名的热带雨林风景区。方凤富一踏上这片土地心就陶醉了！他徜徉在如花的大地上，痴迷地欣赏着绝美的热带风光，注意观察着这热带雨林风光的特点，然后精心构思，以饱含深情的画笔和浓烈艳丽的色彩，画出了这幅代表作。在方凤富的这幅作品中不乏丰茂繁华、万紫千红的富丽热闹之景象，同时将洞达通透的关系处理得恰到好处。画面上挤满了美丽动人、纷繁密匝的藤竹花叶，层层叠叠，杂沓交错；正下方的海棠又透过青藤墨竹和山花脱颖而出，格外娇艳迷人；最妙的是右上角留白处两只山雀，轻捷婉转，翩然追逐，打破了凝重沉静之局，于是整个画面顿然鲜活热闹起来；而且怒放的山花似黄还白，无异于留白，给人以意犹未尽之感。

撰写学术论文

　　方凤富在学习绘画的同时，还不断进行美术理论的学习。他把美术理论学习与自己的艺术创作结合起来，在创作实践中不断进行理论的思考，提升自己的理论水平；同时，又用美术理论指导自己的创作，进而在创作中深化和提升自己的理论思维能力。在1995年，他连续写出了两篇理论文章，在刊物上发表。他的理论研究都是从自己的创作实践出发，从自己创作花鸟画的角度出发。

　　他在《西南师范大学学报》（哲学社会科学版）1995年第4期上发表了《花鸟画意境论》，针对画界忽视花鸟画的意境的状况，提出了花鸟画意境的四大特征和主要内容：第一，气韵的生动传神；第二，形象的取舍夸张；第三，景深的空间广延；第四，技法的独特表现。文章说：

　　在中国古典艺术中，有丰富的意境理论，无论是诗，无论是画，都以意境为艺术的最高追求。同样，在花鸟画中，也有如何表现意境的问题。但在过去的画论中，谈到国画的意境，常常主要是指山水画而言。王维所谓"凡画山水，意在笔先"之说，就是说的山水画要有一种清幽意远、情致葱茏的意境；而对于花鸟画的意境，则常常被人忽略，或者笼统地把它归结为一种寓意，这不能不说是一种遗憾。本文的目的，就是在前人的基础上，提出关于花鸟画如何表现意境的问题，希望能够对花鸟画的创作实践起到一定的促进作用。

所谓"意境"，《中国大百科全书·中国文学》把它归为一种艺术境界："这种艺术境界由主观思想感情和客观景物环境交融而成的意蕴或形象，其特点是描述如画，意蕴丰富，启发读者的联想和想象，有着超越具体形象的更广的艺术空间。"到唐代，人们用意境来论诗，王昌龄的《诗格》提出了"物境"（主要指山水物态）、"情境"（主要指情感体验）、"意境"（所谓"得真意"）的三层境界；在具体的表述上，诗是要求"诗中有画"，以画意来作诗；同样，对画而言，则是要求"画中有诗"，以诗意来作画。两千年来，在这个问题上，基本上是以"诗画同一"来为意境定了调。王维说"诗中有画，画中有诗"，郭熙《林泉高致集》说："诗是无形画，画是有形诗。"画的意境的明确阐述，始于清人笪重光的《画筌》："目中有山，始可作树，意中有水，方许作山。山下宛似经过，即为实景；林间如可步入，始是怡情。"这"宛似经过""如可步入"而又足以"怡情"的艺术境界，即是画的意境。历来讲画境，主要偏重于山水，花鸟画意境的探讨，仅仅散见于某些诗人和画家在花鸟画作品上的题诗和题跋，几乎没有关于这方面的专门论文。

那么，花鸟画的意境应该怎样来具体地看待呢？

花鸟画的意境显然不同于山水画的意境，花鸟画取象小而偏重取精，山水画取象大而偏重用宏；花鸟画或艳丽或清新，山水画或葱茏或淡远；二者取境各不相同。花鸟画意境的特征大略可以归结为四个方面：

第一，气韵的生动传神

画面是死的，而花、鸟本身是活的，要以死的线条和色彩来表现出活的花鸟，使其达到生动逼真的程度，而且虎虎有生气。并且，光是生动还远远不够，还要有气韵，也就是说，要在生动的基础上使花鸟有蓬勃的生机，精气内蕴，生机盎然，神气外发，既有大自然本身所赋予的无穷的生的力量，同时也有一种由人的心灵所感发出来的诗的意蕴和境界。齐白石的花鸟画名作《蛙声十里出山泉》就是这样的作品，不仅题目本身已是一句动人的诗，在画的意境上，长满青苔的乱石中，飞流直下的山泉，激流而下的几只蝌蚪。画面是淡色无声的，但却使人从画中十分明显地感到有色有声，更有一种不见青蛙而仿佛青蛙的充满生机的成长的力量。同时又使人并不感到喧嚣、嘈杂、忙乱、匆促，一切又那么宁静、悠远、舒缓、平和，使人感到美的愉悦和熏陶。

第二，形象的取舍夸张

这是气韵生动的基础。取舍是不必照事物的原有布局照搬，要做有意识的选取剔除；夸张是不必照事物的原有形象临摹，要做有意味的变形处理。古人所谓"形似""神似"之说，讲的就是这个特征。高谦《燕闲清赏笺论画》："夫神在形似之外，而形在神气之中。形不生动，其失则板；生外形似，其失则疏。故求神似于形似之外；取生意于形似之中。"要有高度的夸张取舍。郑板桥画竹即是明显的例证。八大山人画孔雀更是如此，两只只有三根尾毛的秃头孔雀，无疑是高度取舍夸张的结果。那么，又为什么要有这样的夸张呢？当然，一方面是艺术审美的要求，另一方面则是寓意表达的需要，如朱耷在这里便是讽刺戴着三根花翎的清朝官员。

第三，景深的空间广延

这是一般国画都有的"布白"问题。山水画布白以见天高云淡、清幽邃远；花鸟画布白则留给人充裕的想象，表现出一种令人心旷神怡的空灵境界。八大山人的花鸟画尤其善于布白，如他的《藤月图》《鱼鸟》等，都是如此。比如《藤月图》，月亮只是半个，紫藤也仅仅一条，欣赏者却可以从这里引发出很多情思，静谧的美，悠悠闲庭信步；朦胧的美，漫漫花下清赏，都仿佛从这布白里表现出来。布白景深的空间广延是花鸟画意境的一个重要特征，如果不是如此，境界显得窄小，便无空灵之气，也就缺乏一种真正的意境美。

第四，技法的独特表现

花鸟画较之山水画，有许多独特之处，这些独特之处也是花鸟画意境的构成要素。比如题材，就有很大的不同。花鸟画不像山水画，可以举凡大自然无所不包，它受到更多的题材方面的限制。画家再要在这些限定的题材之内进行个性的拓展渗透而又不失花鸟画的本色，画家要在日常司空见惯的花鸟题材之中表现新颖而又空灵的意境，这都是很不容易的。又比如画法，花鸟画有工笔，有写意，也有讲究，在这里面表现出意境来。郑板桥评石涛："石涛画法，千变万化，离奇苍古而又能细秀妥帖，比之八大山人殆有过之而无不及。"石涛的《荷花》纯用墨色，用了没骨、双钩、晕染，既庄重秀润又奔放雄健，他画面的多姿多端的变化，仿佛使人闻到晨霭荷塘中迷蒙之间的袭人幽香。这也是一种意境。

这篇论文通过对花鸟画意境的探讨，让花鸟画家明白了花鸟画意境的构成，这对花鸟画的创作肯定是有一定的启发和促进作用的。

方凤富撰写的第二篇学术论文《中国画创作浅说》刊发在《重庆师范学院学报》哲社版1995年第3期上，着重论述了继承和创新的辩证关系：

笔墨是中国画的筋骨。

千百年来，绘画从着色发展到纯墨色，从形式到风格，没有笔墨是完成不了它的使命的，这一传统将不可否认和变易。

毛笔柔软而锋尖，正因为这一特点才使线条变化多端，抑扬顿挫，刚柔相济，虽瞬息功夫，却在腕之使转之间跃然纸上。若没有经过一定时间的锻炼，便很难使自己指挥自如，因而也就无法掌握笔的艺术规律。在绘画中，要墨表现笔，见笔时即见墨；同时也要笔来表现墨，要见墨时亦见笔，这就是所谓"有笔有墨"。只有这样才能于表现对象时，抒发艺术性。唐张彦远在《历代名画记》中说："夫象物必在于形，形似须全其骨气，骨气形似皆本于立意而归乎用笔。"苏东坡有两句诗："论画以形似，见与儿童邻"，是说评画不单以形似作为尽了绘画之能事，更重要的在于形象生动的神情，而生动的神情，就必须依靠生动精妙的笔墨表现、运用，必须依靠我们对传统绘画进行长期的研究、继承、借鉴。

88　　　借鉴：绘画艺术的基础。

　　从来的绘画，都有它的继承关系，从继承中发展，推陈出新。陈与新是相对而言的，没有陈就无所谓新。新正是从陈中出，新才能高妙，从陈中入而非抄袭，然后出新，便不会是无根之木，无源之水。在借鉴中，辨析何者艺术性高，何者低，何者吸取，何者扬弃，还要在借鉴中辨析，取舍精华与糟粕。要丰富艺术的思想与感情，扩展艺术的境界，加强艺术表现手段，使生活感受得到艺术的升华，使生活化为艺术创作的实力，借鉴是主要基础。

　　外师造化、中得心源是中国绘画艺术之核心。

　　我们常常看到的中国画，寥寥数笔之间，已神完意足，境大意深。中国画向来被说成"画是无声诗"，一张画常常是对象的特征和画家感受的适当表现，所以产生诗意，产生情景交融的形象。唐代张文通又提出了"外师造化，中得心源"八个字。它与"迁想妙得""以形写神"是一致的。师造化不是重现自然，而是以自然为基础，以生活为源泉，通过艺术家的想象和艺术加工而表现到画面上。"得心源"是以自然景物和作画人的思想感情融会在一起而得到的艺术形象，即是"吃进去，消化，再吐出来"这样一种形式，亦即是"物我两融"之至高境界。所谓"境由能境，能由境能"与"物与神会""情由境生"。石涛又提出了"搜尽奇峰打草稿"。罗丹讲："绘画是眼睛说话的艺术。"即是以视觉为语言，作用于人的视觉感受，再由视觉美感上升为情感、境界，再上升至理性认识。

　　欲神于规矩之外，先神于规矩之中。

　　艺术历程必须不断尝试，不断吸取营养，才能创造出有力量的艺术作品。我们吸取外来的东西要有选择，取精去粗。我们有自己的民族特色，要将优秀的方面发扬光大，不能轻易而言取消，只有民族特点的艺术才具有世界性。一个有作为的画家除了要有深厚的传统知识和丰富的实践经验外，还要不间断地磨练基本功。有法须自无法来，不仅要熟练地掌握和运用中国画技法，还要能解剖其规律以乐他人。从无到有，从生到熟，而后又由熟返生，这一"生"与前一个"生"已有本质的区别。

有法是至无法的变化条件。二者相辅相成，相克相生。中国画从有法至无法变革的画家很多。东晋顾恺之，师承卫协，擅画肖像，兼工山水禽兽，创"游丝"：第一个提出"以形写神"的主张，西蜀黄签师习光胤，妙于设色，格调富丽，创立"勾勒填彩法"，郑板桥远师文同"胸有成竹"而变"胸无成竹"。黄宾虹师法古人，创立"积墨法"……中国画从"以线造型"到后来的"节奏感和韵律感"，"外师造化，中得心源"，至宋至明末的"似与不似之间"，以及后来的中西合璧都是以有法至无法的变革而来。

中国画从早期的"以线造型"发展到现代的"中西结合"，形成一个完整的画种。要想超越这个现代理法，形成"无法"，它必须遵从"无法到有法至无法"的变革。我们既反对食古不化，也反对不进行严格的基本功训练。学画从零始，创新从一起。一个艺术家不是天生的，要经过艰苦的不断的研究学习，深入理解。古人曰："欲神于规矩之外，先循于规矩之中。"读万卷书，行万里路，对中西绘画深入研究，取其精华，弃其糟粕，兼收并蓄，集各家之长。创作之道应"善师造化而夺造化之神"，深入生活，"穷天地之常理，窥自然之和谐，悟万物之生机，饱游饫看，冥思遐想，穷年累月，而胸中自有神奇，造化自为我有。然后目望绢素，手志笔墨，磊磊冥冥，莫非妙构，不求含韵而韵自至，不求法备而法自备"。实则古人已道出绘艺之根本，能如此，艺术创作则创新自备，何须我们姑妄自创而失之法度。若以此为座右铭，当为绘画创作创新金石之言。

评上教授职称

　　1995年方凤富58岁时被评上了教授。方凤富被评上教授，已经算比较晚的，尽管其过程充满了波折，但最终还是获得了通过。

　　1995年，方凤富早已为提教授创造了必要的条件了：一是他参加了第八届全国美展；二是他在核心刊物上发表了两篇学术论文；三是他出版了《怎样画紫藤》《写意花鸟画技法》两本美术教材；四是他的画在重庆乃至全国都很有影响了：他的画作已有20多幅被人民大会堂、国务院紫光阁、钓鱼台国宾馆等中央机关展示、陈列和收藏（提教授以后他还有更多佳作被人民大会堂、国务院紫光阁等中央机关展示和收藏）；他的画作为国礼送给外国贵宾；他为第三届亚洲和平年会绘制大型国画《群芳吐艳》，等等。也就是说，从评审条件看，他都达到了教授的标准。

　　但是，在1995年11月西师美术学院学术组讨论教授资格时，却有两位教授对他提了一些意见。说他《写意花鸟画技法》一书中有几处误差，而且说他文学素养欠缺；评委发生了争议，一时定不下来。美术学院党总支书记唐正崇立即找到方凤富，对他讲了以上情况，让他尽快找到人事处饶令华处长，汇报情况。饶处长叫他立即写一份情况说明，补交评审组以进一步研究。于是，方凤富赶紧回家写了一份《关于申请教授职称中的一点说明》交给领导。方凤富在说明中说：编写教材，因为系里10月中旬通知他，要求在12月就编写出来，好作为一套系列教材。于是他只能在11月、12月份写出，1月初交出版社。在这两个月中，他白天忙于教学，并画范画（达60幅之多），夜晚撰写文稿（6万多字），时间显得特别仓促，以至在撰写"花鸟画的起源和发展概况"一节时，出现了几处笔误。这是不应该发生的，应严肃对待，认识到这方面的不足和失误。但是，他也说明，书稿写好后，曾经请系里有关搞美术理论的老师审阅过，后来交到出版社，他们又组织编辑初审及专家审查，而且还经总编进行了最后终审，这才正式出版。书出版后，他也发现了其中的差错，"早在五代时（公元907年）"应写为"早在五代时期（公元907至960年）"。在这个问题上，主要责任是他，出版是十分严肃的事。至于说他文学修养不够，这一点他一直有充分认识，因此，他在多年学习中一直有意识地加强这方面的修养，来弥补自己的不足。所以，系评委给他提出的意见，是中肯的，有待于加强学习和进一步提高。最后，方凤富恳求上级有关领导，对他的工作和成绩作出全面的考察和正确的评价。

西师人事处对此事很重视，请美术系评委重新审议。终于，美术系通过了他的评议，交评审组研究，评审组根据方凤富上报的材料，给予了他正确的评价，认为他达到了教授的标准，批准他为教授。

创作《百鹤朝阳》

　　1997年7月，方凤富教授退休，想到两年后就是中华人民共和国成立50周年，3年后即将进入21世纪，为了报答祖国母亲多年的栽培，为了迎接新世纪的到来，方凤富决定创作一幅松鹤大画，寓意松鹤延年，献给中华人民共和国成立50周年，献给新世纪。

　　他在两位学生岳碚茵、何学彬协助之下，深入大自然，通力合作，精心创作出8米长、2米宽的大画《百鹤朝阳》。在构思、起草过程中，方凤富曾到过几大城市的动物园写生，并到全国闻名的丹顶鹤的故乡齐齐哈尔扎龙自然保护区采风写生，体验生活。方凤富看到，扎龙的丹顶鹤的确太美了！特别是保护区的园丁们放飞丹顶鹤时，更是白鹤漫空飞舞，美不胜收！丹顶鹤那高雅俊丽、矜持华贵的美韵，让方凤富心爱无比，他仔细地观察着千姿百态的鹤，及时地用画笔记录下它们行走、展翅、扑腾、飞翔、对话、交流、嬉戏、追逐时的各种形态和神态，构思着未来的巨幅作品。

　　他还专程到黄山画松，搜集素材。黄山是神州大地最美、最著名的山，奇松是黄山四绝之一，黄山无峰不石，无石不松。黄山七十二峰，峰峰都有青松点染，如一支支神奇的画笔，把五百里黄山抹上了生命的色彩。难怪古人说：黄山之美始于松。为了画好这幅松鹤图，方凤富决心不但要画出最好的鹤，还要画出最好的松。在去黄山的路上，方凤富所乘越野车在行驰途中车轮突然爆胎，使整个车子在公路上盘旋打圈，险些掉下悬崖，真是惊心动魄，让人后怕！但是，突发的车祸并未动摇方凤富的决心，他们换上备用轮胎后，又继续趋车前行，坚持登上黄山选景写生。黄山上有十余种著名的松树：迎客松、陪客松、送客松、盼客松、望客松、蒲团松、探海松、倒挂松、望泉松、贴壁松、竖琴松等，方凤富仔细观察这些各具特色的松树的不同形态、气质、风格、气派，细心揣摩，反复写生，一画就是几天。回家后，他又同岳碚茵、何学彬潜心研讨，精心构思，奋力创作，历时三年，五易其稿，终于完成这幅佳作。

该画长8米，宽2米。观其画，松鹤交叠，绝壁磐石，苍松挺拔，云浪翻滚，仙鹤起舞，引吭高歌。所画山石、云彩与朝阳交相辉映。画的结构非常妥帖，鹤与鹤位置适宜，疏密相间，相互照应，相互衬托。鹤的动作千姿百态：有的颔首，有的欢歌，有的腾飞，有的狂欢……鹤以松相配：它们盘根错节，郁郁苍苍，松树躯干粗犷盘络，枝干平伸舒展，顶平如削，松针粗短稠密，背衬绝壁磐石，显示出强劲的生命力。鹤与松是画中主体，松树苍劲挺拔，仙鹤优雅纯净，鹤舞欢歌，意境深邃，其恢宏的画面、娴熟的技法构成了壮阔宏伟的典型环境，令人称奇。

在技法上，以写实之笔，着力刻画上百只姿态各异的仙鹤。其笔锋有力且富于变化，如画鹤颈，多用点笔，画鹤嘴、鹤足及松针，则采用线勾，画松干、松枝、松鳞用挺健、转折破笔皴染的笔法。在色彩的表现上，多以墨和花青挥洒，仅加少许朱砂，使墨色的浓淡不仅富有节奏感、韵律感，也表现了松与鹤的远近距离，给画面增添了磅礴的气势，从而展现出一幅诗意盎然的宏大画卷。

纵观画面，仿佛看到云浪翻腾，无数仙鹤在云霞中飞舞，在松林中翱翔，在风云中歌唱；欣赏这优美壮阔的画面，给人以美的享受，也给人以感情的激励和思想的启迪。

94　　2000年初秋，《百鹤朝阳》这幅宏伟大作完成之后，方凤富竭诚邀请自己的恩师郭克教授指导题词，郭克教授对方凤富大作十分赞赏，欣然命笔题词。恩师之翰墨心血，融入画作之中，为大作增辉！

笔者问方凤富，画面上为什么画120只仙鹤？他告诉我，100喻示一个世纪，20代表20世纪即将结束，21世纪即将到来。仙鹤代表全国各族人民，松代表中华民族魂，太阳代表中国共产党，百鹤朝阳，喻示中华各族儿女在党的领导下，万众一心，以无坚不摧的磅礴气势迈向21世纪！

此画创作之后，受到广大读者欢迎。为满足广大美术爱好者的要求，方凤富又将此画进行了分解出版。

此画画了三幅，一幅捐赠给中央电视台，一幅捐赠给母校西南大学，一幅留在方凤富美术馆。

无偿为自考班上课

　　方凤富学雷锋的活动持续了很多年，学生很多，影响很大。西南大学美术学院自考班班主任刘碧跟随方凤富雷锋班活动，听课画画，提高很大，对方凤富老师也心存感激和敬意。1997年寒假之前，西师美术学院成人部招收了几十名自考生。为了更好培训这批学生，自考班班主任刘碧想到请方凤富给学生开一个寒假的雷锋班。方凤富考虑到这批青年都热爱美术，又有上进心，渴望学习，就同意给他们免费办十几天的美术培训。刘碧把此事给美术学院戴政生院长和刘曙光副院长汇报后，他们表示支持。

　　刘碧把此事给同学们谈了以后，同学们都很兴奋，很感谢，但也有同学表示怀疑：是不是真的不收学费，真的有这样好的老师吗？

　　刘碧给方凤富转述了少数学生的疑问后，方凤富表示，你找个时间，我直接向同学们讲一下我的打算。刘碧就在12月28日的一个晚上，找了一间教室，请方凤富给同学们讲一讲。

　　这天，方凤富很早就到了教室。自考班的32名同学也早早地到了教室，他们都想见到这位雷锋式的好老师。方凤富见到这些跟自己当年艰苦学画的年龄差不多的年轻学子，不禁感慨万千。他深情说：多年前，我像你们一样大的时候，也是非常热爱美术，渴望画画。可是，我在刚学美术两年多的时候，学校就让我提前毕业搞行政工作，搞生产劳动。别的同学都在教室学习，我却被派去守猪圈，去劳动。我很想学画呀，就找苏葆桢老师借来苏老师和张书旗等画家的作品，刻苦地临摹，起早贪黑地苦学，熬更守夜地学了几年，才取得了一点成绩！所以，我也算一个自学成才的人，与你们有共同的心声，很理解同学们的心情，理解你们自学成才的艰难，以及社会上对你们的歧视和打击。所以愿意像苏葆桢老师、李际科老师教我那样，教你们。也希望你们能够刻苦地学。

我为什么不收同学们一分钱呢？我不是不想钱，不爱钱，但是我想到你们今天来学习，条件都很差，压力也很大，我如果再收你们的学费，你们压力就更大，生活就更苦了！所以，我不收你们一分钱。我要通过我画的画，去赚那些有钱人的钱。去赚外国人的钱。

同学们被方凤富的话打动了，热情鼓掌。都表示要积极参加学习。

方凤富趁热打铁，提出了办这个寒假学习班的目的和要求。他说，目的很明确：第一，锻炼同学们的意志和毅力；第二，使同学们更好地掌握中国花鸟画的用笔、用墨的技法；第三，为同学们自学考试打下坚实基础。

同时，方凤富还提出了明确的要求：要求同学们都达到考试合格。为此，方凤富宣布了三大纪律和几件注意事项：第一，时间上要求三班制（上午、中午、晚上准时上课），不迟到、不早退，无特殊情况不得请假；第二，要求这次学习，必须做到团结紧张，严肃活泼；第三，爱护范画，损坏要赔。

方凤富为了让同学们多多地学习和临摹，拿出了330幅自己和别的画家创作和临摹的范画给学生临摹，他怕同学们不爱惜，损坏了范画，所以他定了这个损坏赔偿的规矩。

开始教学后，方凤富按自考要求的12道题的内容讲解，始终注重基本功的训练，采取多示范、多讲解、多启发的方式进行教学；他将集中辅导和个别辅导相结合；让同学轮流上台绘画、表演、互相讨论、提意见，取得了很好的成效。

方凤富要求非常严格。第一堂课，上课时间到了，还有几个同学没有 **97**

到。方凤富叫班主任刘碧把教室门关了。上课不久，迟到的几位同学陆续到了，方凤富不让刘碧开门。这几个同学想听课呀，但是进不了教室想在窗外听课，可是教室窗台高，看不到方凤富讲课，他们只好找些石头来垫脚，站在石头上趴在窗台上听课。刘碧看了心不忍，又担心他们摔倒，就到讲台悄声给方凤富说：那些学生趴在窗台上听课，万一摔倒了，我可不负责任哟！她的意思是想让学生们进教室听课。方凤富理解她的意思，只好默许她去开了门，让这几个同学进来听课。下课时，刘碧严肃地宣布：今后任何人不得迟到早退，否则不准进教室！从此，再也没有学员迟到早退了。

学习中，学员们从学习拿笔开始到进行美术创作，画出较好的作品，进步很快。大家你追我赶，不分白天晚上，拼命学习。有的同学早上拿个馒头就赶到教室画画，不少同学晚上画到凌晨三点多钟才睡觉，连续奋战了20天！同学们学习虽然紧张，但却学得非常乐观愉快。有不少同学说：像这样学习，再苦再累也愿意！

春节到了，学员们都不休息，仍然全心全意的扑在画画上。方凤富看在眼里，喜在心头。春节时，他去市场为同学们买来汤圆，从家里带来电磁炉，在教室里为全班同学煮了一大锅汤圆，请全体学员一起快乐聚会，吃汤圆，欢度春节！学员们都为方凤富老师的爱心感动，更加勤奋地学习！

在短短的20天里，同学们不分白天夜晚拼命学，取得了突出成绩。很多同学都临摹了一百张以上的范画！这甚至超过了专业美术班一年的成绩！

方凤富为办自考班作出了重大牺牲：甘肃省一个画廊请他画60张画作，答应给他很高的报酬，他没有去；他四弟本想在方凤富春节休息期间来重庆西南医院治病，方凤富也推迟了四弟的治疗时间。

20天下来，自考班同学都学到了画画的本领。方凤富也感到很惊讶。学习结束时，同学们进行了总结，展出了他们的作品，美术学院戴政生院长和刘曙光副院长来看了，也感到吃惊，觉得他们20天的学习，超过了本科生一学期的成绩。决定给自考班开一个座谈会，总结会，还摄了像，并把学员们的好作品留到学院保存。

《春城无处不飞花》

1999年，在即将迎来21世纪的时候，世界园艺博览会将首次在中国春城昆明召开，这是中国人民的一件大喜事。得到这个信息后，为了热烈庆祝昆明园艺博览会的召开，给这件大喜事增添一些热烈的氛围和艺术的生机，方凤富决定为园博会创作一幅国画作为贺礼。

他的义举和善意得到了园博会组织者的支持和赞赏。于是，方凤富约上岳碚茵女士，一过春节，即告别家人，去到千里之外的昆明，在开工修造的世博园工地采风写生，了解园博会的各种名花异卉，拍照写生绘画。返渝后经过两个多月的精心构图，绘画，然后三易其稿，终于完成了这幅恭贺世博会隆重召开的花卉题材的主题画。

这幅画充满了华贵艳丽的色彩和欢乐喜庆的氛围，热烈、欢快，表达了画家对世博会强烈的挚爱和祝贺，也抒发了对祖国欣欣向荣的景象的赞美之情。整幅画构图大气豪放，画家将数朵鲜红的牡丹置于画面中心，围绕牡丹洋洋洒洒画了菊花、百合花、菖蒲、朱顶红、兰花、玉兰、玉簪花等十余种花卉，顶部是老干紫藤，蔚蓝一片，底部则是一片鸢尾花，画面上下构成鲜明的呼应；左上角和右下角是留白，形成对照、呼应。

　　《春城无处不飞花》画完后，方凤富怀着对世博会的热爱之情，自费印刷了1000份，赠送给世博会，广为发送、张贴，受到热烈欢迎和高度赞赏。昆明、重庆两地与中央的媒体纷纷给予报道。

方凤富的灵感之作

　　灵感，是诗国的上帝，作家、艺术家的贵宾。多少作家、艺术家热烈地欢迎她，虔诚地期待她。当她降临的顷刻，你枯涸的诗泉会立刻汹涌，你冰冷的笔尖会吹来春风。千百年来，她催生出多少精美绝伦的不朽名著，催生出多少家传户诵的优美诗篇！

　　这是中国诗坛泰斗、著名诗人臧克家所说的一段话。的确，灵感，是创作主客体的心物感应活动。当主体面对客观世界心有所动，继以深思，然后因外界某种启迪，思路豁然贯通，思想感情发生飞跃，就会出现灵感。

　　而这种灵感往往是突如其来，偶然得之。但是，这种偶然得之是以平日的勤学苦钻与长期积累分不开的。清人袁守定在《占毕丛谈·谈文》中生动地论述了灵感之偶然得之与长期积累的关系："文章之道，遭际兴会，生于临文之俄顷者也。然须平日餐经馈史，霍然有怀，对景感怀，旷然有会，尝有欲吐之言，难遏之意，然后拈题泚笔，忽忽相遭，得之在俄顷，积之在平日，昌黎所谓有诸其中是也。"

　　方凤富绘画的才气表现在他经常有美术创作的冲动，有艺术创作的灵感。他给我讲：他经常都有灵感。这是因为他长期痴迷于绘画，勤于

101

观察思索，故而"尝有欲吐之言，难遏之意"，"因此对景感怀，旷然有会"，"拈题泚笔，忽忽相遭"。他认为：一个画家，没有灵感是不行的。他还给我讲过好几个灵感之作：

2002年秋，方凤富带学生到北碚公园写生。在花园中，他突然看到一丛野菊花，开得那么美，那么灿烂，那么和谐，那么富于韵律感。这丛野菊花，跃入了他的眼帘，更植入了他的心里！当天下午回到家中，他突然感到强烈的冲动！上午见到的那丛野菊花在他心里活跃起来，纷繁起来，高的矮的，大的小的，黄的绿的，合着音乐的律动，都自动地跳起来，舞起来。他按捺不住心中的激情，立即铺开画纸，挥动彩笔，迅速地、纵情地画起来。他是学音乐的，有很强烈的旋律感和音乐感，他很自然地用花朵的布局、色彩、高低错落来表现音符的跳动，节奏的跳跃，旋律的飞扬。他一面画，一面按着心中的旋律和节奏挥舞着画笔。画完之后，他再审视和欣赏这幅画作，觉得这幅画的色彩——黄花与绿草的配合，是那样地和谐，完美；而且这幅画也特别富于音乐感和旋律美。——他为这幅画取名《秋色烂漫》。

《秋色烂漫》是一张6尺斗方，在黑色的岩石土壤之上，悬垂着五六条翠绿的枝条；这翠条之上，有两排二十来朵金黄色的野菊花，一朵朵像孩子们的笑脸，喜气洋溢，欢声笑语；翠条中左边也有十来朵菊花，展开了笑脸，欢迎着观众。画面颇有诗意，一条条翠绿的枝条像一行行绿色的诗篇；而与之垂直的两排菊花，则像金灿灿的笑脸，洋溢着欢快的气息。

在北碚公园的灵感说明方凤富有着艺术家的素质和修养，那就是对生活的细致的观察和发现，以及对这种发现的敏锐的识别和及时的捕捉！

此画以其构思的新颖别致，色彩的鲜明富丽，被人民大会堂和毛主席纪念堂及中南海等中央机关展示和收藏。

2013年清明，方凤富带嘉陵画院同仁和学生前去为恩师祭扫。回家当晚睡梦中梦见自己陪同苏老师到了一个地方去画画。那儿好像环境很优美，鲜花盛开，绿草丰茂。那里有画案和桌子、凳子。他和苏老师收拾了一下，准备画画了。这时，苏老师在旁问他：你准备画什么？方凤富回答说："我想画一张一丈二尺的大荷花和葡萄画，以抒发学生对先生的报恩之心。"苏老师说："那好，我也画一幅大画，画荷花吧！你把那几瓶墨汁都倒来。"能够同苏老师一起画画，能够再看苏老师画画，方凤富非常高兴！他忙把墨汁倒入大笔砚之中，请苏老师试笔。而他自己则在心中孕育着一丈二尺大的荷花葡萄画。苏老师高兴地调起笔来。突然，苏老师回过头来，对他微微一笑，轻轻搁下笔，飘然而去。方凤富正要追去，却突然醒来，心中惘然若失。闭目回想，方知是梦。

而梦中孕育心中的那幅大画已然成熟于心。他再也无心睡觉，立即起床，展纸调墨，开始画这幅梦中的大画！这幅大画，他画得特别舒畅洒脱，特别痛快淋漓，好像苏老师就在旁边指导着、审视着自己创作。两天多时间，一张丈二的荷花与葡萄的大画成功了。这幅画那样气韵盎然，元气浑成，真正画出了自己的水平，画出了自己的心意，画出了对苏老师的怀念之情！他给这幅画取名《梦忆》，并在画上写出了自己的心意：

癸巳清明夜，梦随葆桢恩师外出作画。是日也，江山风光无限。先生问余所画为何也？余恂恂而言，欲以葡萄荷花抒寸草心谢先生恩情！先生领首一笑，飘然而去。余醒而以画复诉之。二〇一三年四月五日于重庆。凤富

（注：此画见《春华秋实》26页）

这次灵感的产生表现了方凤富对艺术执着的追求和对苏葆桢老师深挚的怀念。灵感的产生是偶然的，又是必然的。所谓偶然，是它产生于意料之外，作者并无预见。方凤富的这幅画就起源于一场梦境，完全是偶然的。可是，这个偶然又有其必然性：这就是方凤富对绘画艺术的多年追求和对恩师苏葆桢真挚的怀念！而画面中上部低垂的葡萄苍藤，似乎象征着苏老师的恩情垂护；下部的荷花荷叶碧水，则似乎是方凤富向老师坦开的赤子之心！

灵感之作往往是经过长久孕育而突然产生的精品杰作，这两幅灵感之作也是杰作！

画作为中央机关展示与收藏

1959年，为庆祝中华人民共和国成立10周年，北京人民修建了十大建筑。人民大会堂是其中最辉煌的建筑。

1989年，人民大会堂为庆祝建堂30周年，向全国征集书画作品。刚刚在西南声誉鹊起的方凤富问苏老师参展不？苏老师因为要准备筹备日本的画展，就没有送作品参展。方凤富决定一试身手，就画了三幅作品参展：一幅葡萄，一幅紫藤，一幅黄色菊花（题名《秋色烂漫》）。结果，这三幅作品都参加了展出，并为人民大会堂收藏！这引起了人民大会堂领导对他的重视，也让方凤富对自己的创作更有信心。

1992年，人民大会堂主办了国际中国画大展及大赛，全世界有十多个国家的画家参展。方凤富受邀后加积极参加，送去了画作《秋色烂漫》，获得了三等奖。方凤富雷锋书画班的两名学生也参加了大展，并获得了一等奖和二等奖。颁奖大会在钓鱼台举行。方凤富应邀前往北京领奖。

1992年7月1日，方凤富到了北京，见到了早已有通信联系的人民大会堂管理局办公室主任李社建。他们交谈甚欢。

李社建爱上了方凤富的画，也看好方凤富的人品，就把他推荐给了全国人大副秘书长、人民大会堂管理局局长王庆喜。王局长也非常看好方凤富的花鸟画和他的人品。

李社建通过方凤富的几次参展和获奖作品，认识和发现了方凤富的绘画水平和实力，从多次通信和交谈中对方凤富的人品亦有所了解，便决定把他引荐给中央有关单位。于是，李社建问方凤富：你愿不愿意到天安门城楼、中南海、毛主席纪念堂去参观？方凤富回答说：当然愿意。李社建说，他们可能要请你画画哟。方凤富高兴地说：那可以呀。李社建又告诉他，给中央机关画画，可没有稿酬哟。方凤富心想：能够为中央机关画画，是非常荣耀的事，要什么报酬。他爽快地答应了。

李社建就带着方凤富到了中央好些单位，介绍他认识了这些单位的领导，并向他们推荐了方凤富。

1992年7月1日下午，李社建领方凤富登上天安门城楼。方凤富看着这举世闻名的伟大建筑，豪情满怀，心潮澎湃。当天，正是李鹏总理在人民大会堂迎接白俄罗斯总理的日子，天安门广场装点一新，更加庄严美丽。李社建向天安门城楼管理处办公室姜承达主任推荐了方凤富。姜主任说：我们天安门城楼上有北京著名画家画的一幅葡萄画，因为挂的时间久了，变了色，效果不好了，我们想请你重新画一张葡萄画，把原来那张换下来。他们带方凤富去看了那幅画，果然，经过一段时间的展出，画面色彩有些损失，确乎应该更换。方凤富表示：这次上京领奖，没带笔墨，也没有思想准备，待我量好尺寸规格，回到重庆按要求画好再寄来。姜主任高兴地答应了。方凤富请姜主任裁了两张卷筒纸（非常好的绘画纸），带回重庆绘画用。方凤富回到重庆后，精心绘制了一幅《苍藤蔓架满缀明珠》（360cm×110cm）和一幅《葡萄》（360cm×144cm）寄给姜主任。姜主任将它们挂在了天安门城楼。1999年北京出版社出版《天安门珍藏书画集》，收入了这两幅作品。

几天后，李社建又领方凤富去到毛主席纪念堂。这次方凤富作了充分准备。在毛主席遗像前，方凤富恭恭敬敬地三鞠躬。然后把绘制好的《秋色烂漫》献给纪念堂。他对纪念堂领导说："我是一个穷孩子，是毛主席把我们从苦难中解救出来，我永远铭记毛主席的恩情！我这次到京领奖，特别来献给纪念堂一幅获奖作品——六尺见方的《秋色烂漫》，表达我这个旧社会的穷小子对毛主席的无限热爱和敬仰之情！"

纪念堂领导很受感动，他握着方凤富的手说：谢谢您给毛主席纪念堂赠送佳作，我们感谢您！1993年12月，在纪念毛泽东百年诞辰之际，毛主席纪念堂出版了庄重华贵的《东方红——毛主席纪念堂珍藏书画集》。画册里选了方凤富送给他们《秋色烂漫》这幅佳作。毛主席纪念堂的领导夏继胜处长和张林主任还专程从北京到重庆把这部珍贵的画册送到方凤富家中。

以后，钓鱼台国宾馆，解放军总参、总政、总后，以及解放军武警总部和北京四川饭店，都请方凤富去创作了大型葡萄画。于是，京城的主要厅堂到处可见"方葡萄"。

2002年，中共十六大召开前夕，人民大会堂将原来毛主席用餐和开会的厅改名中华厅，请方凤富去画一张大的花鸟画。方凤富精心绘制了一张大型葡萄作品，画作取个什么名字呢？全国人大常委会秘书处有关领导研究了很久，最终确定为《明珠滴翠》。方凤富觉得画名确实取得很好。但拿去张挂时，却发现画面稍稍大了一点，于是他重新画了一张斗方4尺的《秋色烂漫》在中华厅张挂起来。而此前画的《明珠滴翠》就张挂到另一个大厅了。

十六大召开后不久，2002年11月，方凤富突然接到让他参加中国书画家赴澳门、赴泰国的艺术交流活动。在澳门期间，方凤富又接到全国人大常委会副秘书长、人民大会堂管理局局长王庆喜从北京打来的长途电话，说方凤富张挂在中华厅的那幅画，不少中央领导同志都看到了，觉得画得很好。方凤富感到非常高兴和自豪。古人说：士为知己者死，女为悦己者容。中央领导同志的欣赏，是对自己艺术的肯定和嘉奖。

于是，回到重庆后，他立即抛开身边琐事，满怀对党和政府的热诚拥戴之情，精心画了一些葡萄画，寄到王局长处，请他转送喜欢他画的同志。

王局长又请方凤富到北戴河，为北戴河总理接待厅和部长会议室画了两张一丈二尺的《葡萄》画。

2003年12月，湖北东湖宾馆馆长到中南海汇报工作，想请一位著名画家为东湖宾馆毛主席、周总理的会议厅画两张大画。中南海办公室主任刘永胜就说：我们北京各大机关都请重庆来的花鸟画大师方凤富作画。你请方凤富去给你们画吧。东湖宾馆馆长高兴地请方凤富到湖北东湖宾馆。方凤富到东湖宾馆后，方凤富为毛主席和周总理当年的会议厅各画了一幅一丈二尺的《葡萄》大画。

方凤富的上述活动受到中央机关领导同志的重视和肯定。

2003年12月30日，方凤富问人民大会堂管理局局长王庆喜，为什么中央机关都喜欢挂葡萄画？王庆喜说：一是因为葡萄有很多象征意义，如兴旺繁荣，硕果累累，团结一心，欣欣向荣，多子多福，民族团结，福寿绵延等等；二是葡萄画雅俗共赏，欣欣向荣，蓬蓬兴旺，喜气盈盈等；三是因为方凤富画的葡萄色彩鲜艳浓烈，果实饱满丰硕，流光溢彩，雅俗共赏，所以大家都特别喜爱。方凤富得知中央领导都喜爱自己的葡萄画，十分高兴，也深感自豪。

从1989年开始，20多年来，方凤富应中央机关邀请，先后为中央机关无偿创作了30几幅精品力作，成为中国画家在中央机关等重要场馆张挂和收藏画作最多的一位。现将这些画作大致统计如下：

1.明珠累累（180cm×96cm）　人民大会堂收藏　1989年8月

2.春暖（136cm×68cm）　人民大会堂收藏　1989年8月

3.秋色烂漫（90cm×48cm）　人民大会堂收藏　1989年8月

4.苍藤蔓架满缀明珠（360cm×144cm）　天安门城楼收藏　1992年3月

5.秋色烂漫（90cm×48cm）　中南海收藏　1992年8月

6.秋色烂漫（90cm×48cm）　毛主席纪念堂收藏　1992年8月

7.硕果清香（136cm×68cm）　中南海紫光阁收藏　1993年5月

8.天种香魂（180cm×96cm）　北京四川饭店收藏　1993年6月

9.紫玉流香（96cm×120cm）　中南海邀请100名画家共同创作100米长卷之画局部　1998年5月

10.百鹤朝阳（800cm×200cm）　中央电视台收藏　2002年8月

11.硕果累累（360cm×144cm）2幅　国务院北戴河总理接待厅及部长会议室收藏　2001年10月

12.明珠滴翠（60cm×30cm）　人民大会堂中华厅收藏　2002年10月

13.硕果累累等6幅　人民大会堂宾馆收藏　2002年10月

14.硕果累累等5幅　钓鱼台国宾馆收藏　2002年10月

15.秋色烂漫（68cm×68cm）　人民大会堂中华厅收藏　2002年

16.硕果累累（68cm×68cm）2幅　中国人民解放军总参收藏　2002年10月

17.硕果累累（136cm×68cm）2幅　中国人民解放军总政收藏　2002年10月

18.硕果累累（68cm×68cm）2幅　武警总部收藏　2002年

19.硕果累累（68cm×68cm）2幅　中国人民解放军总后收藏　2002年

20.硕果累累（230cm×100cm）　全国人大常委会部长接待厅收藏2003年9月

21.硕果累累（365cm×160cm）　中南海收藏　2003年12月

22.硕果累累（365cm×160cm）2幅　武汉东湖宾馆毛泽东第二旧居收藏　2003年12月

23.硕果累累（200cm×l20cm）　全国人大常委会会议中心收藏　2005年4月

24.紫玉流香（300cm×200cm）　全国人大常委会会议中心收藏2005年4月

25.天光紫玉春意浓（244cm×122cm）　全国人大常委会新办公楼收藏　2010年10月

画作作为国礼赠送外宾

　　2002年10月，英国前副首相到我国访问。他在钓鱼台国宾馆看到悬挂着的方凤富的葡萄画，非常喜欢。就问钓鱼台接待办的领导，他很喜欢这幅葡萄画，能不能送给他一张小小的葡萄画？他第二天上午10点就要乘飞机离开北京。钓鱼台接待处张处长知道此事后，已是晚上11点。他立即打电话问方凤富，手头还有葡萄画没有？方凤富说已经没有了。张处长说：英国前副首相喜欢你的葡萄画，想要一张带回英国。你能不能今晚给他画一张？我们明天早上7点钟派人来取，送到人民大会堂由有关领导转送给英国前副首相。想到这是光荣的国际任务，方凤富毫不犹豫地答应了。当晚，他熬更守夜，精心绘制了一张三开大的葡萄画。早上钓鱼台国宾馆派人准时取去送给了英国前副首相。

　　2008年8月，奥运会期间，丹麦王子约阿希姆和王妃到恭王府——原和珅住宅参观。恭王府是中国王府文化的代表，始建于1776年，是北京唯一保存完整的王府建筑群，许多国际友人都慕名前来参观。此次，丹麦王子王妃参观了恭王府府邸重要建筑银銮殿、乐道堂以及西洋门、独乐峰、福池等景点，还到戏楼观看了中国传统杂技表演，王子王妃看得非常高兴，多次为演员鼓掌。王子约阿希姆喜欢恭王府，对中国王府文化表现出浓厚的兴趣，每到一处，总是细细观看。当他看到恭王府挂的方凤富的葡萄画，表现出很大的兴趣，希望能够得到一张作为纪念。时任恭王府管理处主任、文化部前文化司长、中国历史博物馆党委书记、人称"恭王爷"的谷长江忙同方凤富联系，问方凤富有没有葡萄画，丹麦王子来访，喜欢你的葡萄画，能否请你送他一张？方凤富高兴地答应了。当晚为他精心绘制了一张《硕果飘香》。第二天他亲自送去恭王府，当面赠送给了丹麦王子约阿希姆。约阿希姆非常高兴，连声感谢方凤富。王子王妃与方凤富在《硕果飘香》旁合影留念。

这些年来，方凤富的多幅画作，作为国礼赠送给国外，收藏的有：

新加坡总理吴作栋

英国副首相

丹麦王子

韩国青瓦台总统府

莫斯科大学

意大利波伦亚大学

泰国国王

泰国上议会

泰国总理府

为亚洲和平年会献礼

　　2002年春，第三届亚洲和平年会在山城重庆召开。重庆市委、市政府为迎接这次国际大会，精心组织，周密策划。会议大厅如何布置，挂什么画？成了拟议中的重要项目。这时，有人向市政府推荐方凤富为大会创作一幅画。市委、市政府领导欣然同意，很快把方凤富请来共商会场设计。市里给他定了调子：热烈、欢快、喜庆；篇幅要求长4米、宽2米。方凤富心情异常兴奋，决定画一幅精品献给和平大会。

　　画什么题材好呢？方凤富想到了他老师苏葆桢在中央大学读书时候的老师张书旗所作的《世界和平的信使》一画——60余年前，当时抗日战争烽烟四起，中国政府正积极加强中美两国之间的友好关系，争取美国尽快加入国际反法西斯斗争、建立世界和平新秩序的行列。在重庆沙磁文化区中央大学任教的张书旗教授受国民政府委托，为当时的美国总统罗斯福画一幅以鸟为题材的、以和平为主题的巨幅中国画。张教授自然想到和平鸽，于是从古镇磁器口买来家鸽，日夜观摩：100只和平鸽跃然心中。那时，正值日寇飞机狂轰滥炸重庆，张教授便躲在重庆大学的防空洞里，历时3周，终于创作出了有"百鸽图"之称的《世界和平的信使》。此画长355.6厘米，宽162.56厘米，图中百羽翔集，鸽鸣咕咕，枝繁花艳，"和

111

平"祥瑞之气，跃然纸上。1940年12月23日，举行正式的赠送仪式，张教授携画访美，谱写了中美文化交流史上一段佳话。翌年初，罗斯福总统委托驻华大使詹森致函中国政府表示谢意。此事在当时陪都各大报刊纷纷报道，轰动一时。1972年美国总统尼克松访华签署中美上海联合公报，邀张教授的两个孩子随同访问中国。很显然，张书旗的《世界和平的信使》已成了中美两国人民世代友好的重要纽带，一直珍藏于美国总统罗斯福纪念馆。

方凤富借鉴这幅画的优长，发挥自己在花鸟画方面的特长，以鲜花为主，精心构图，用28种花色各异的鲜花组成《群芳吐艳》。方凤富在希尔顿酒店废寝忘食、夜以继日地构思草图，选择花卉，安排布局，辛勤创作，反复修改，最终用了6天时间，美轮美奂的《群芳吐艳》图诞生了！"群芳"优雅"吐艳"，受到与会中外人士的热情欢迎，深情眷顾。

《群芳吐艳》中，迎春、牡丹、芍药、紫藤、百合、山丹丹、杜鹃、莒兰、令箭等28种鲜花跃然纸上，姹紫嫣红，竞相绽放，一派春光，一派祥和，一派喜庆，芳香扑鼻，美不胜收，令人眼花缭乱，赞不绝口。在这幅传统的中国花鸟画巨作中，方凤富大胆地融入了西方绘画的色彩、层次等技巧，画面鲜艳浓烈、鲜活亮丽，活泼之余又不失厚重，富丽堂皇背后是一种雄浑磅礴的气势。这幅巨幅花鸟画充分地展示了泱泱大国之风范，并为国际会议营造了一种"有朋自远方来不亦乐乎"的喜庆气氛，受到了与会中外来宾的一致称赞。

方凤富对我说：此画总共画了28种花，要把它们有机地融为一个整体，确实不是一件容易的事。《群芳吐艳》张挂于各国贵宾们活动并下榻的希尔顿酒店接待厅，无疑给世界和平会议增添了和平的氛围，友谊的气象，也为亚洲和平会议，为山城重庆，增光添彩。

会议闭幕后，经友人举荐，美国希尔顿饭店重庆饭店购买了这张象征世界和平的《群芳吐艳》，悬挂在希尔顿饭店最醒目的位置，深受客人们的喜爱。

参加中国澳门暨泰国的艺术交流活动

2002年10月15日至25日，中国共产党第十六次全国代表大会刚刚开过，中国美术家协会同中国书法家协会就举办了一个规模极其庞大的纪念澳门回归3周年和中泰建交27周年的大型艺术交流活动。艺术交流团由时任中国书法家协会主席沈鹏和中国美术家协会主席靳尚谊任团长，团员多达230多位，可以说是古今中外最大的美术家代表团了。方凤富因为正在北京给中央机关作画，名气如日东升，就被邀请送画参展，并全程参与了这次气势宏大的美术展览和艺术交流活动。

这次代表团要举办大型画展，有那么多美术界名家参加，活动时间又那么长，对方凤富来说，是一个极其难得的参观学习、广交艺术朋友、结识各路英豪、增益文化见闻、扩大艺术视野的大好机会！一路上，他参观了中国澳门、泰国的名胜风景，同各地来的艺术家交流，看那么多名人的书画作品，使自己的视野大大扩展了！

代表团先到澳门，受到刚刚回归祖国怀抱3年的澳门同胞的热情欢迎。澳门回归后的首任特首何厚铧出席了画展，亲切会见艺术家，并同艺术家热情合影留念。代表团搞了一个笔会，并共同画了一张百米长的艺术长卷——《锦绣澳门》，与会艺术家纷纷提笔作画，方凤富也画了自己最

113

拿手的葡萄画。这幅凝结着代表团上百位书画家心血的巨作，捐给了澳门特区，永久珍藏起来。

在澳门，方凤富看到，澳门群众踊跃参观祖国大陆举办的画展，不少人写下了热情洋溢的贺词和留言。

泰国政府对艺术团也是高规格接待，泰国总理他信出席，观看展览，同参展的艺术家亲热交谈，随和大方，毫无架子。泰国王室家族成员也来参观画展，与艺术家随意交谈，无拘无束。他信及泰国王室成员与艺术家合影留念，共进晚宴，欢声笑语，热诚友好。

在代表团中，65岁的方凤富同艺术团团长沈鹏和靳尚谊均属年龄稍长者，他们之间交谈接触较多。沈鹏1931年生，长方凤富6岁，江苏江阴市人，曾先后担任《人民画报》和《中国书画》副主编、主编。沈鹏是中国当代著名书法家，精行草，兼长隶、楷等多种书体，其书法作品受到中国及亚、欧、美各大洲群众欢迎，其书法作品刻于杭州、苏州、上海、南京、北京等城市的名胜之上。书法作品已出版《当代书法家精品·沈鹏卷》《沈鹏卷书法选》《沈鹏卷书法作品集》等，沈鹏还是著名诗人，出版有《三余吟草》《三余续吟》《三余诗词选》等。方凤富在交流中向沈鹏虚心学习，受益良多。

靳尚谊长方凤富3岁，1934年生于河南焦作，1953年毕业于中央美院绘画系，1957年毕业于苏联马克西莫夫油画培训班，1962年到中央美院任教，后任中央美院院长、中国美协主席。

方凤富在同靳尚谊交谈中了解到靳先生严肃谨慎，不爱谈话，稍显孤独，治艺更是严谨不苟，务求精准。早年受徐悲鸿之真传，已入堂奥；继赴苏联研讨西方绘画之技艺，故其下笔有神，神逸超迈。尤可贵者，其艺术既得西方艺术之精髓，又闪耀着中华文化之审美精神，显得典雅大方，意韵高雅。方凤富虚心向他请教，向他学习，艺术上得到不少启发。在澳门、泰国参观交流中，靳尚谊曾答应送方凤富一幅画，回国后，方凤富都淡忘此事，但靳尚谊却记得承诺，派人给他送来了一幅精美的人物画。方凤富收到这么珍贵的礼品，深深感谢靳尚谊先生的尚谊、尚义之美德。

盛况空前的重庆方凤富画展

2006年9月16日至22日，在方凤富从艺50周年、人生步入"古稀"之际，在重庆中国三峡博物馆举办大型个人画展，将其数十年来写生、教学、创作的主要作品向山城重庆父老乡亲做一次汇报，同时为繁荣重庆的文化事业贡献绵薄之力。

重庆三峡博物馆是中国首批国家一级博物馆，其前身是1951年成立的西南博物院，2000年9月经国务院办公厅批准成立，2008年5月晋升为国家一级博物馆。三峡博物馆是一栋琵琶形状的巨型建筑，美丽壮观，与重庆标志性建筑——金碧辉煌的重庆人民大礼堂和宽广美丽的人民广场相对屹立、相互辉映，三者共同构成中国大西南乃至中国西部最宏伟、最壮观、最气派的标志性建筑！重庆美术家都以到三峡博物馆举办个展为荣！

2004年方凤富在北京给中央机关画画时，曾与时任全国人大副秘书长、人民大会堂管理局局长王庆喜谈到，想在重庆搞一个个人画展，并邀请他到重庆指导。王庆喜慨然答应："好啊！"同时，他还表示可以邀请中央机关的有关领导参加。方凤富想到既然他和中央机关的有关领导同志要参加，就应该搞得隆重一点，搞得有声势，有气魄，有档次。从北京邀请而来参展的有：全国人大常委会、中南海、钓鱼台、国务院紫光阁、毛主席纪念堂、中国国际广播电台和解放军总参、总政、总后，还有文化部、中国文联、中国美协的一些领导同志等。重庆方面则邀请了中共重庆市委副书记邢元敏、中共重庆市委宣传部部长；重庆市政协、市文化局、重庆市文联、重庆市美协、西南大学、四川美术学院以及各大学的美术院系的一些同志；重庆武警部队司令员、政委也参加了展会。另外，忠县县委、县政府、县人大、县政协的一些领导也出席了展览会。

2006年9月16日早上，博物馆门外，观众密集，当展览馆大门一打开，男女老少蜂拥而入，一时人潮涌动。开幕式大约有5000人参加，声势浩大，盛况空前，展现了画展开幕式的奇观！这之前，方凤富就包揽了渝中区的八个宾馆、招待所，接待从北京、广州、天津、成都等地前来的贵宾。重庆武警部队派了三个连来维持秩序。莅临画展的一位市领导感慨地说：在重庆举办个人画展，像这样的盛况好多年都没有见到了！这次展览规模可以说盛况空前。

重庆市委副书记邢元敏出席了开幕式。

开幕式上，举行了《方凤富画集》的首发式。《方凤富画集》收录了方凤富120幅作品，由著名国学大师文怀沙先生题写书名。开幕式上，还举行了方教授捐赠名画给三峡博物馆永久收藏的仪式。

9月16日下午，国内知名画家、美术评论家、社会各界文人雅士举办了高规格的作品研讨会，市内外的许多专家学者聚集一堂，就方凤富教授从艺50周年举行了座谈，先后踊跃发言的有：王术福（广东著名文艺评论家），卢德龙（重庆市青年书法家协会主席、重庆书画院副院长），田旭中（全国画院艺术交流协会副主席、成都书画院院长），李来源（笔名禾子，四川美院教授、著名美术评论家），张培武（北京著名画家、中国美术家协会国际艺术交流中心主任），赵立凡（中央电视台书画院院长），伯友贵（研究员、重庆教育书画院常务副院长）等，他们的发言从六个方面对方凤富的作品和人品都给予了较高的评价：

（一）成就卓然　有所造诣

"方凤富教授从艺50周年，勤耕不辍，硕果累累；传道授业，桃李满园。""他是一位有成就的著名画家"，"他的作品体现了他的个性……方教授的作品充满阳光、善良和温情；充满对社会的关爱和责任"。全国人大常委会副秘书长王庆喜和全国政协副秘书长孙怀山分别发来贺信，对方凤富作品给予高度评价。参加座谈会的同志也一致首肯。来自广东的王术福说，方凤富教授的作品不仅仅是葡萄画让人喜爱，而且其花鸟画也让人折服。方凤富教授的学生伯友贵介绍说，方教授不但在花鸟画方面有成就，他的人物画也相当有水平。李来源说得很干脆：从展览的不少巨幅作品可以看出，他的笔墨驾驭能力相当强，有一定造诣。

（二）文化名片　闻名遐迩

王术福说："方教授的作品享誉北京和粤港澳台等地，是广东人认可的重庆艺术大家。"他还希望重庆画界积极向外展示，更多地打造像方凤富教授这样的名片。重庆著名书法家卢德龙说得很直白："他是在北京重要场所收藏作品最多的重庆画家，是重庆的骄傲。"重庆著名美术理论家李来源说："方凤富教授的作品平易近人，得到了社会的广泛认可。"赵立凡说："方凤富教授的作品雅俗共赏，闻名遐迩。"成都书画院院长、画家田旭中说："他的作品深受专家、百姓的喜欢，得到广泛认可，确实难得。"

（三）师承传统　探索创新

成都书画院院长田旭中认为："方教授的作品做到了三个结合，一是人品与艺品的结合，二是传统功夫与现代审美要素的结合，三是艺术性与观赏性的完美结合。""方凤富教授作品有过硬的传统功力，达到了一定的艺术修养。"李来源在谈到方凤富教授的作品风格时说："他在师承关系上拓宽了路子，这是非常清楚的，是对的，他在'似'与'不似'的把握上做得比较好，为后来者做出了榜样。"李来源认为："民族的东西是我们当今需要认真学习发扬的，方凤富是当今需要认真学习发扬的，高雅 117

不俗，夺人眼目，笔墨、格调、立意等都不错。"

（四）执着丹青　心血凝就

常言道：一分耕耘，一分收获。方凤富教授能够取得如此巨大的成就，除了有苏葆桢、李际科、郭克等名师指导外，还需要一定的天赋，更离不开一种精神，那就是执着，是对艺术的献身精神。大家都慨叹方凤富教授50年如一日地勤奋耕耘，有人介绍他除了吃饭、睡觉外，别无爱好，一辈子痴迷的除了画画儿还是画画儿。李来源说："最可贵的是他对于艺术的执着精神。在当今浮躁社会，这种精神确实不多。"张培武慨叹方凤富的勤奋精神是令人佩服的。伯友贵说："自己在原西南师大求学时，就知道老师方凤富教授画画儿是十分刻苦的，老师现在年届'古稀'了，还像当年那样十分刻苦，还勇于探索，还一如既往地辛勤耕耘，是值得后辈学习的。"

（五）真诚善良　富有爱心

"真、善、美时时处处在方凤富教授身上得到体现。"王术福开门见山地说道。张培武也介绍方凤富教授为人相当好，不故作高深，不斤斤计较于经济效益，对爱好他作品的人非常友善。他的学生在座谈会上夸赞老师为人谦和、善良。他们说：方凤富教授曾资助数十万元帮助家乡一小学改建校舍；帮助贫困学生完成学业；听说数十年来未曾谋面的老同学生活困难，就大方地托人转送一万元现金相助；某学生的亲属全家下岗，生活窘迫，他听说后慷慨施以援手；今年重庆遭遇特大旱灾，他捐赠了一幅得意作品义卖献爱心。他尊重老师，无时无刻不念谈他的恩师苏葆桢老师和可敬的李际科教授、郭克教授；苏葆桢老师去世多年了，他每年至少两次带学生去给苏老师祭拜扫墓；拜他为师的学生，不论本市的外地的，他不但从来不收取人家的任何费用，还尽心竭力地指教，有时还要供吃供住，在学生面前总是一副乐呵呵的样子……大家都赞叹，在方凤富教授身上，人品和画品得到了完美的结合。

（六）艺无止境　殷切希望

118　热爱中国画的艺术家，从古到今无以数计，但要独领风骚、独树一帜、成为大家的人，也不是那么很多的。只有勇于探索进取的人，才能达到理想的高峰。大家认为，方凤富教授在这方面已经达到了一定的高度，是难能可贵的，是值得肯定的。但是，大家还勉励方凤富教授"更上一层楼"：李来源希望他注重绘画和书法的并进，还要下功夫，在"超越、创新"上继续探索、勇于探索。张培武希望方凤富教授的艺术更上一个台阶，在传统、师承的基础上力求"变"。王术福建议方凤富教授进一步向社会尤其是重庆之外的地方大胆展示自己的艺术，宣扬重庆文化艺术，展示重庆文化名片；他还建议方凤富教授"不要过分谦虚，也用不着那么低调，否则就跟不上日新月异的文化市场形势"。张培武还呼吁重庆的美术界多沟通，多包容，共同发展重庆的美术事业。

方凤富教授在座谈会上表示：他迫切地希望自己的艺术更上一个台阶，还要不断地画下去，还要不断地探索创新，为祖国、为重庆的文化事业做出新的贡献。对于方凤富这种"宝刀不老"的"廉颇精神"，大家一致地表示赞叹、佩服。

此次画展上，广东一位老板看上了他的《西域天赋》，并出价100万元购买了这幅作品，同时还请他到广州画了20多天画。

方凤富艺术研讨会在中南海会议中心举办

2007年5月13日，中国艺术研究院、中央广电总局、《中国文化报》《中华英才》等联合举办了"方凤富花鸟画作品研讨会"。

会议是由《中华英才》杂志主编陈复尘具体联系操办的。

陈复尘与中国艺术研究院院长王文章联系，由中国艺术研究的最高组织——中国艺术研究院来主持召开方凤富艺术研讨会，因王文章有事无法出席，就委托艺术研究院院长助理、研究生院院长张晓凌主持。研讨会地址，破例决定在中南海文津会议中心举行。一个画家的研讨会在中南海的会议厅举行，这可是规格极高的一个研讨会了！

出席这次会议的专家有：中国艺术研究院院长助理、研究生院院长张晓凌，人民美术出版社编审刘龙庭，《美术》杂志原主编夏硕琦，中国艺术研究院博士生导师陈醉、翟墨、王镛，中国艺术研究院美术研究所副所长郑工，《中华英才》半月刊编委陈复尘，中南海文津会议中心主任赵辉，《中国文化报·美术周刊》副主编严长元等人。

方凤富先致欢迎词：

尊敬的各位专家：你们好！

今天大家在百忙中放弃了休息，来参加我的作品研讨会，我很受感动，谢谢大家！望各位专家给我多多指教，提出宝贵意见，我一定虚心接受。今年初我刻了一枚闲章"七十起步"，来激励我自己永不停步，以便今后的创作得到更大的启示和帮助！谢谢大家！

研讨会由张晓凌主持。会上各位学者和艺术批评家就方凤富的花鸟画创作，开展热烈讨论，专家学者高度肯定了方凤富在艺术上的成就和贡献，也对他的艺术发展提出了不少宝贵的中肯的意见。专家们各抒己见，观点碰撞，彰显了很高的学术性。会后，《中国文化报》用整版刊发了各位专家的发言，以下是笔者摘录——

陈复尘：方教授多年来将全部身心用在教学与创作上，不事张扬，北京的同仁对他可能比较生疏。今天我们两家单位借主办"方凤富花鸟画作品研讨会"之机，把各位专家请到这里，希望对方教授作品进行分析研讨，提出宝贵的意见与建议。方凤富教授在今年春节期间为自己刻了一方闲章，"七十起步"。在70岁的时候重新起步，他非常希望听听大家的意见。

张晓凌：我们在做20世纪美术史的编写工作时，发现20世纪美术史有大量的遗漏。作为研究美术史的人或是批评家们，应该有这个责任来推出一些不为人所知但在艺术上有较高造诣的大家。方先生刚到时我们在一起聊了一些，看了画册，对他有所了解。他的作品风格独特，有自己的风貌。他说"七十起步"，也体现"衰年变法"中的精神，但不同的是，从作品来看方先生并不是"衰年"，他还有很大的潜力，可以探讨中国画的博大精深的东西。在方先生身上体现出人品和画品的关系，其人是非常朴实的，其画也是非常朴实的。他在西南"闭关"修炼了很多年，他的心到了什么程度就画到什么程度，真实性和朴实性在如今虚伪的都市文化中也显得最为宝贵。他艺术成就也达到相当高的层面，到了70岁还没有把自己束缚起来，还不断地追求创新的余地和发挥空间，是非常难得的。的确，中国的学问、中国的绘画，属于"大器晚成"的艺术，需要长时间的体悟。

刘龙庭：今天看见方教授的作品，他的画面风格很全面地继承了老师苏葆桢的神韵。还有些作品带有写意性质，其他的作品归于工笔，或者是 121

"半工半写"，潘天寿先生称之为"兼工带写"，是工笔与写意的结合。工笔画中也应有诗意在里面，如用书法来说的话，工笔好比楷书，写意好比草书，半工半写相当于行书。"工"与"写"早在明清时期就已是约定俗成了，如今有很多人"工"还没有底子就开始"写"了，是自欺欺人。目前中国画的创作中，有很多人为了创路子，采取了为变法而将工具变大的办法，泼墨泼彩。方教授的画首先在创作态度上就是非常认真严肃，他对画面上的每个葡萄果实都下了很大功夫、投入很大精力，在教学中也有非常重要的意义。他在认真作画、认真教学、认真做人方面都值得提倡。

另外，方凤富的作品是雅俗共赏的，专业与非专业的人都能够接受。"俗"能够联系人民大众，"雅"能提高学术品位。方先生的画还是比较通俗的。方先生画的葡萄是非常拿手的，有学术性、独创性，希望方先生取得更高更大的成就。

夏硕琦：看得出，方先生是一个很热爱大自然、热爱生命，对劳动的丰收成果满怀激情的画家；而且他在绘画技法上进行了多种多样的探索，是让人钦佩与感动的。

方先生画的葡萄是追求鲜活、水灵，得到大众认可。方先生提出"七十起步"，雄心壮志可嘉，齐白石的作品也是越变越杰出。

翟墨：方先生的作品卖相很不错，能够受到政府领导、外宾、画厅及藏家的欢迎，自有其道理。从作品来看，他创作时非常认真，修养比较全面广泛，绘画面貌多，雅俗共赏，50年的积累体现在作品上。所以我觉得现在的作品还可以继续深入，沿着现在的路子再加以提高。

你以后可发展空间是非常大的，你有"七十起步"的气魄，你方凤富三个字的拼音的前一个字母都是F，根据你现在的实力，你应该打造"三F"品牌的艺术，用你的个性语言和图形符号来打造"三F品牌"。要打造个人的艺术风格，闯出自己的艺术道路！吴冠中说：群众拍手，专家点头。真正的好画是百姓也喜欢，专家也认可的，那样的话，在美术史上就能够记上一笔。

陈醉：方先生确实有很多很好的作品，也有摆在中南海、人民大会堂或作为礼品赠送外宾的作品，说明方先生的成就很高。他是一位热爱生活的长者，热心追求美的艺术家，心境很静、很灿烂，是认真对待自己的艺术事业的教学工作者和艺术创作者。他作品的方式、选材都很绚烂，体现阳光照射的感觉，这是我的感受。

方先生画的葡萄做到了真实，他在画葡萄时，在方法上有所变化，有自己的方式和优点。我更喜欢他的《秋实》《秋意》等作品，画丝瓜和雨后的竹林，经营位置，是很地道的工笔画。其中《西域天赋》解决了画面的疏密和虚实的节奏感，有所发挥，所以他在70之前已经起步，画面中表达了个性特色，优点即在里面。这几幅作品中有待提高的是书法题跋问题，古人称绘画叫"写"，"画"不做动词用，很注重写的含义，建议在书法方面下功夫，这样会使作品格调更高。

王镛：方教授的作品还是优秀的，作画严谨，绘画的基本功扎实，他画的葡萄、藤萝、花鸟等确实有一定的水平和功力。花鸟画传统无外乎两个：古代文人画花鸟传统和新中国成立以来的新花鸟画传统。方先生受到新中国学院花鸟画的教育和影响，体现有中西融合的东西，作品偏向于通俗，这也是当今文化的大趋势。方先生谈到"七十起步"，我认为应该再从这两个传统里整合，文人画中特别是那种情趣、诗意还是值得玩味和深入体验的，不一定模仿前人，但是要有自己的新的诗意在里面。在加强了画的内功后，继续加强画外功夫的修养，包括古典诗词。孔子云"七十随心所欲而不逾矩"，70岁之际在进一步深入研究文人画和加强诗词修养的基础上，保留现在的成就，将写实与写意中的"写心"融合起来，将会真正达到高境界。

郑工：方先生是我的老师那一辈的人，现在看到这些画，包括由他编著的绘画教材感觉很亲切。中国画在20世纪50年代以后延承下来构成了一种学院派，徐悲鸿观念中的那种艺术语言强调造型，从结构入手，新学院派批判旧文人画，把西画引进来，但是如何从学院派路子中走出来，如今也是很多人的一种困惑。方先生的造型能力很强，他从那个时代一路走 123

过来，而且在继续探索。"七十起步"，这个探索是很难的，有一些定势很难改变，很多现象的存在和他自身的努力在画面中都有所反映。我想，也可以考虑学习一下在中西结合当中的另一位大家林风眠，他作品中的情趣、情感和诗意形成以及对画面的整体把握，也化解画面的技法问题。

严长元：今天与会的都是画界专家。方先生功力扎实、画风严谨朴实，更可贵的是他在70岁的时候还有创新的气魄和决心。像方先生这样的年纪勤恳创作一路走来的画家在基层、学院里还有很多，我们希望主办这样的研讨会不仅对方教授，而且能对更多的基层画家有所启迪。

方凤富最后致答谢词：

今天各位专家给我提了许多宝贵的意见，使我终生难忘。非常感谢大家！

我最初1956年是学音乐的，后来因为嗓子有病，1957年改学美术，不久便留校工作，这一来从事行政工作就是16年之久。多年来我总是利用有限的休息时间不分昼夜地研习水墨画，没有文学、绘画基础，我就用刻苦努力来弥补缺憾。1976年又调我出来搞教学，直到1997年退休。我的老师苏葆桢对我要求严格，也就是从1991年我才真正开始了自己的创作之路。对我而言，画画就是我生活的全部。即便是画画，我也遇到了很多困惑和矛盾。今天第一次听到大家对我作品的多角度分析，在我"起步"的时候能够提出中肯意见我非常感激，比如放与收、虚与实、文学与书法等问题都一针见血。现在，虽然说我已70岁了，但我还要更加努力钻研，争取在晚年能够取得一点新的收获，画出更多更好的作品来。

方凤富在会上听了专家们的发言，很受启发和感悟。结合自己多年来对艺术的思考，在研讨会上提出了"七十起步，破茧重生"的口号。他认为自己在艺术上还差得远，还要继续努力。要在艺术上重新起步，迈向新的高度！

这次研讨会，对方凤富艺术发展起了极大的推动作用，成为方凤富艺术上的一个转折点和新的起点！方凤富开始了他的大写意的创造和开拓。

中国美术馆举办方凤富画展

中国美术馆是国家美术馆，是中国美术展览的最高级别的艺术殿堂和展览圣地。到中国美术馆举办个人画展，可以说是有相当艺术成就的中国美术家的追求和向往，也是极高的荣耀。

方凤富从艺之后，尤其是有所成就之后，逐渐产生了攀上这个神圣的艺术圣地、进入这个辉煌的艺术殿堂一展身手的愿望。但是，他知道这圣殿高不可攀，自己还没达到这样高的水平和地位，因此只有悄悄地埋头学习钻研，刻苦画画，提高艺术水平，创造条件。到1989年，他向苏葆桢、李际科两位大家提出到中国美术馆办一次三人联展的想法，得到了两位恩师的赞同。于是，他在当年找到了一家赞助商负责全部费用，并起草了"关于举办苏葆桢、李际科、方凤富花鸟画联展的报告"，由他亲自送到中国美术馆，交给了杨力舟馆长。杨馆长看了报告后，同意在1990年11月在中国美术馆举办三人画展。没想到，苏葆桢却于1990年6月突然离开了人世！沉入悲痛的方凤富没有心思和精力来筹办此事了。1995年，李际科先生也骤然仙逝。方凤富到中国美术馆举办画展的心事，也渐渐淡化了。

重新提起到中国美术馆举办画展是2006年9月重庆方凤富画展期间。当时画展非常成功，影响很大，方凤富的朋友成保宏，是一名企业家，他看了展览以后很震撼，也很推崇，就热情地向方凤富提出来：这么多的好作品窝在重庆太埋没了！应该拿到北京去，拿到首都去展览，肯定引起更大的轰动，产生更大的反响，取得更好的效果！

他豪爽地说：到北京展出的全部费用都由我来负责！

方凤富接受了他的意见。

1997年1月，成保宏同中国美术馆联系，请示，安排。中国美术馆的几位专家同意举办方凤富画展，方凤富同他们签了合同。为了春节后能顺利展出，成保宏在春节期间出面请中国美术馆的几位专家聚餐沟通。谁知，成保宏在酒席宴上喝多了酒，说了一些难听的话之后，扬长而去！

成保宏酒醒后觉得很没面子，他不再联系中国美术馆，也没有告诉方凤富，悄悄走了。

不几天，中国美术馆办公室通知方凤富到馆里来一趟。方凤富以为是通知他办展览，兴冲冲地去了。谁知，办公室一位女同志冷冰冰地说：我们美术馆评委会不同意你展出。方凤富一听大惊，大为不解地问道："为什么？"对方也不回答，只是把办展合同退给了他。

方凤富气得二话不说，扭头就走出了办公室，方凤富挨这一闷棒，打得很惨，打得很痛。他难受极了，两天都吃不下饭。但是性格刚强的他，又想：我既然到北京了，就一定要把这个展览办好，否则我决不回重庆。

2007年3月初，通过朋友牵线，见到了中国美术馆馆长范迪安。方凤富对范迪安热情诚恳地说："我与中国美术馆的交往，已经很多年了，1990年曾策划搞苏葆桢、李际科、方凤富画展，我几次同中国美术馆杨力舟馆长联系，确定当年三人画展举办的时间。谁知，在临展前几个月，苏老师突然去世，展览只好取消。今年初，成保宏先生到京同展览馆几位专家联系，不知怎么又谈崩了，好像与前两位馆长无缘。这次听说范馆长来，我就高兴了，我觉得我们有缘！"

范迪安高兴地说，方老师的花鸟画，我看了，觉得非常好！我们中126 国美术馆愿意给方老师办个画展，而且我要亲自来选作品。展览时间也由我来安排!

几天后，方凤富就带了150张自己比较满意的作品到凤凰岭宾馆，请范馆长来选。范迪安非常欣赏方凤富的画，一张一张仔细挑选，初选了78幅，他又从中精选了40幅参展，包括方凤富的代表作《秋色烂漫》《苍藤蔓架满缀明珠》《春暖》《硕果累累》《天种香魂》《明珠滴翠》《硕果清香》等，还有八米长、两米高的《百鹤朝阳》。范馆长选好画以后，又对方凤富说："好马配好鞍，这么好的画一定要配好的画框，配精美、漂亮的画框!"于是，方凤富找了北京城一流的装裱铺，为参展作品装了最高档、最上乘的框架，在展览馆展出。

范迪安不但亲自为展览会写了前言，还亲自为展览会布展，安排画作的位置，并主持展览会，发表了精彩的演讲。

2008年8月27日上午，方凤富画展在中国美术馆隆重开幕。

参加画展剪彩的人士有：

一、全国人大常委会副秘书长王庆喜；

二、中华人民共和国文化部副部长赵维绥；

三、中国文联书记处书记白庚胜；

四、中国美协副秘书长李荣海；

五、中华人民共和国文化部恭王府博物馆馆长谷长江；

六、中国美协艺委会副主任顾正文；

七、中国美术馆馆长范迪安；

八、中央电视台国际书画院院长赵立帆；

九、人民大会堂管理局副局长李社建；

十、西南大学校长助理陈贵云。

出席画展开幕式的单位和嘉宾有：

一、中国美术家协会老领导、中国著名画家王琦；

二、中国人民解放军二炮文工团著名歌唱家李丹阳；

三、全国人大会议中心领导高荣泉、王金亮等；

四、人民大会堂管理局副局长孙景波等；

五、国务院副总理李岚清的秘书冯云生；

六、北京外国语大学校长郝平；

七、人民大会堂宾馆领导王建生、李慧君和于海等；

八、钓鱼台国宾馆处长尹世强；

九、国务院法制办公室处长姚茂斌；

十、西南大学美术学院党组书记谭琳；

十一、西南大学新闻传媒学院党组书记邓力；

十二、重庆驻京办党委书记刘果；

十三、各地书画家、企业家等。

开幕式前，方凤富向中国奥委会副主席、国家体育总局局长刘鹏赠送巨幅中国画《硕果飘香》，对中国承办奥运会表示衷心的祝贺！刘鹏向方凤富颁发了"收藏证书"。刘鹏是重庆人，曾担任过重庆市沙坪坝区区委书记，对重庆特有感情。

开幕式上，方凤富还给《中国残疾人》杂志社赠送精心创作的两幅画作，祝贺北京国际残奥会开幕，并表达对中国残疾人事业的关心和支持。

全国人大副秘书长王庆喜首先致辞，对方凤富先生在美术创作上的高度造诣给予了很高评价。特别对他为人民大会堂、天安门城楼、中南海、钓鱼台国宾馆、毛主席纪念堂等中央领导机关和重要场所绘制了众多优秀作品给予了赞扬和高度肯定！

中国美术馆馆长范迪安在画展上致辞：

各位领导、各位来宾，朋友们！

中国美术馆每年在这里要举办各类的展览，其中在个人艺术家的展览上主要是有选择的来决定一些长期坚持艺术耕耘，在艺术创造上做出努力的艺术家在这里举办展览。今天由西南大学、重庆美协等单位联合举办的方凤富教授的中国画展在这里开幕，我们表示十分高兴。方凤富教授一直在中国画的创造上，注意深入研究传统，也注重面向生活，这是他艺术两个方面非常重要的支持。改革开放以来，我们中国画迎来一个繁荣发展的时期，方凤富教授就用他自己大量的作品，反映了我们这个时代一种清新的发展气息。他的作品是以花鸟画，其中尤其是以花卉、花果和植物为主要题材的创作。依我看，他的作品，他对生活的观察、生活的体验，是十分真诚的，他也特别注意吸收前人和中国花鸟画的许多历史上的经验进行大胆的艺术创新，所以就形成了自己的面貌，他这个面貌可以用一个我们熟悉的词来形容，那就是雅俗共赏。所以正如全国人大副秘书长王庆喜刚才提到的，在我们的许多机构，比如人民大会堂啊、中南海啊，以及许多大型的节庆的这种艺术创作活动中，方凤富先生都拿出了他的很重要的作品。从这次展览的规模来看，虽然不算太大，但是也能够很好地体现方凤富先生几十年来的一种不求闻达、非常潜心探索的这样一种成果。所以，我觉得在今天这样的开幕式上，有这么多领导和美术界的同志们来关心他的才能，来祝贺他的成功，这也是对他几十年从事艺术劳动的一种肯定。我祝方先生的展览取得成功，谢谢！

中国美术馆　2008年8月27日

西南大学代表、校长助理陈贵云代表主办单位西南大学致辞：
尊敬的赵维绥副部长、王庆喜副秘书长，各位领导、来宾，女士们、先生们、朋友们：

　　首先请允许我代表西南大学，欢迎各位莅临方凤富教授个人画展开幕式！向出席方凤富教授个人画展的领导、来宾表示衷心的感谢。

　　在中国美术馆举行画展，是方凤富先生多年夙愿，也是西南大学心愿。今天画展得以隆重开幕，作为主办单位之一，西南大学为此感到自豪和骄傲。

　　西南大学是国家211工程重点建设大学，坐落于重庆北碚。办学百年，以其特立西南，学行天下的精神和品格影响着社会。国学大师吴宓教授、土壤学家侯光炯院士等名师为社会培养了众多人才，世界杂交水稻之父袁隆平院士、戈壁明珠吴明珠院士就是他们当中的杰出代表。方凤富先生20　129

世纪50年代中期考入西南大学，临池学画，以勤补拙，他的勤奋刻苦、谦逊执着为校园中人所称道，也因此有了今天的社会影响。他的艺术成就在今天献展的作品中大家有目共睹。成绩来之不易，他为此激动，我们为他而感动。当然，正如方凤富先生所言，除了恩师的奖掖提携，他的成功少不了朋友、同事、家人以及社会各界人士的鼎力相助，包括为他这次画展成功举办的人士，我为此向你们深深鞠躬！

作为大学美术教师，其天职在育人，在培育能服务于社会的学生，他的创作，有其指归，那就是以其独特的艺术风格和人文品格影响学生。方先生师法自然，熔古铸今，在艺术的继承中丰富和完善自己的艺术个性，以其时代的歌者身份担待于艺术教育的本职工作之中。他以画为诗，借画而歌，希望笔下水墨充满欣欣向荣的气息，能最直接地表达对社会、生活的真实想法，他的作品使人生发出值得欣赏和珍惜的激情，我们欣赏他的艺术主张和实践，高兴地看到他的艺术取向的成功抵达。我们更欣赏他"七十起步"的勇气和心态。我们相信，方凤富个人画展，是方先生从艺50年的总结，更是他七十起步的象征性行动，我们祝愿他百尺竿头，更上层楼。我们祝愿方凤富先生个人画展的开幕，预祝画展圆满成功。再次代表西南大学，感谢中国美术馆，感谢各位莅临画展。欢迎大家有机会到美丽的重庆，到我们美丽的西南大学，我们翘首等候。谢谢大家！

方凤富在开幕式上致辞：

尊敬的各位领导、来宾，女士们、先生们、朋友们：

大家好！欢迎各位莅临画展开幕式！今天是2008年8月27日，北京奥运祥云刚刚飘过，对许多人来说，是一个平常的日子，但对于我来说，却值得永生铭记。我很荣幸地站在开幕式现场，向各位汇报50余年的从艺心得，并通过这些水墨印痕展示我的艺术人生。

在首都北京举行个人画展，是我多年夙愿，今天得以实现。也许画展可以反映我的艺术追求，却无法涵盖我的所有，包括激动与感动。如果说此生我还做出了那么一点成就，我想少不了以下几个因素的影响。

第一个因素是我的父母。我出生在重庆忠县偏远山区的一个农家,父母给予我生命,同时也培育了我热爱生活,亲近自然,面对困难不屈不挠的品格。

第二个因素是我的学校和老师。我有幸考入西南大学更有幸在那里遇上了对我影响一生的恩师。我从20世纪50年代末期初试水墨,当时的我,一点基础都没有,摆在我面前的道路只有一条,笨鸟先飞,以勤补拙。提前毕业留校之后,恩师苏葆桢、李际科、郭克等教授的耳提面命使我受益一生。在今天这个特别的日子里,我特别想念影响了我一辈子的他们。

第三个因素是我的朋友、同事、家人。我的从艺之路,并不平坦,关键的每一步,却都能得到亲人、朋友及社会贤达的惠爱与帮助,包括这次画展的举行。为你们给予我的一切,我深深鞠躬以表感谢!人生有太多值得感谢的因素,反映到我的水墨世界,也就充满了明亮的生命色彩。

第四个因素是我个人的努力。作为一个艺术家,我认为,师法自然,熔古铸今,是每一位艺术跋涉者的必经之路,但却不是最终之路,最终他当以个性品格遗世独立。而作为一位当代中国的艺术家,最应该担当的是做时代的歌者,我以画为诗,借画而歌,希望笔下水墨充满欣欣向荣的气息,能最直接地表达我对社会、生活的真实想法;希望读画人由画而生生活值得欣赏和珍惜的念头。从这个意义上来说,我的水墨画作,是我心灵之歌的外化物。同时我认为,一个人生而有涯而学无涯,我如今已进入随心所欲不逾矩的年龄,创作渐入佳境。然而我更有志重新起步,当以初学者的心态,进行新的追求。在我新的"起步"之时,个人画展在大家的帮助下得以顺利进行,我想听的是中肯的批评和鼓励。我会一如既往,学无止境,探索无止境,努力画出更多更好的作品来,献给我深深地爱着的国家和民族。再次感谢各位光临我的个人画展。

这次画展轰动京城!

由于方凤富画展是在奥运与残奥会期间举行,而且又与故宫博物院藏画精品展和中国美术馆藏画精品展同时展出,所以方凤富画展影响特别大,参展的人特别多,评价也特别高。中央美院姚志华教授来看了展览, 131

评价非常高。第二天，来参观的外国人特别多，很多人索要资料，并要求方凤富签字，要求同方凤富合影留念。

一位白发苍苍，九十多岁的同仁堂医生几乎每天都来看展览。他七岁就进同仁堂，他既是中医专家，又热爱美术，并且懂艺术。他说他经常到中国美术馆看展览，但很少看到今天展出的那么好的画！他每天来看展览，都主动给观众宣传讲解。

许多中小学老师带着学生前来参观，学画。还有家长带着孩子前来参观，学画。许多绘画爱好者请方凤富给他们讲怎么画葡萄。不少孩子趴在展厅地上摹写葡萄。还有一些观众把脸凑近画面，想看清楚为什么方凤富的葡萄画得这么晶莹透明又富于立体感。轻轻几笔又那么富于油画的效果。

9月5号，中国著名画家王琦老艺术家来看展览。王琦认真仔细地一幅幅看了方凤富的画，非常高兴，评价很高。他边看边评论说：方凤富的作品是在传统的基础上有了创新，有了自己的风格，某些方面已经在他的老师苏葆桢之上了。

展览会上展出了方凤富用3年时间画出的8米长2米多高的长卷《百鹤朝阳》，画了120只白鹤（象征2000年，20世纪），还有很多松树，象征松鹤延年！这幅画在展厅引起了极大的反响！

许多人在大画前驻足良久，反复欣赏。一位家产30多亿的老板在《百鹤朝阳》这幅画前反复看了很久，又通过工作人员找到方凤富，说他很喜欢这幅巨作，愿意出3000万人民币买下这幅大作，作为镇宅之宝！希望方先生割爱！

方凤富一听，非常高兴！但转念一想，自己花了三年才画成，以后再难画这样的大画，还是舍不得卖！企业家问方凤富多少钱才卖？方凤富说，至少要5000万元。老板还是动了心，想买下来。谁知，这时，这次画展的主持者和策划者、中国美术馆馆长范迪安来了。他见大老板在同方凤富谈价，想买走《百鹤朝阳》，立即上来打断了他们的交易，说："方凤富先生的这40幅展品，都是极其宝贵的艺术珍品，都是我亲自从他一百多幅佳作中花中选花，精选出来的。不但这幅巨著不能卖，就是这40幅展出的画都不能轻易出售。"大老板见状，只好失望地走了！

范迪安非常喜欢方凤富的画，尤其是那幅8米长卷《百鹤朝阳》，他更是珍爱，视为国家名画，希望能永久保存在国家美术馆。展览快结束时，范迪安一再动员方凤富把《百鹤朝阳》捐赠给中国美术馆，作为国家珍品保藏。但方凤富考虑今后展出要用这张巨画，舍不得。范迪安说你以后展出可以来借。方凤富考虑到很麻烦，还是没有同意捐给中国美术馆。2016年，西南大学建校110周年校庆，方凤富毅然将这幅别人出价3000万元人民币都没舍得卖的珍品《百鹤朝阳》捐给了西南大学，表达了他对母校的拳拳之心！

方凤富高兴地对笔者说：2008年8月，我终于实现了进入中国美术展览的最高殿堂——中国美术馆举办个人画展的梦想！这次画展对我来说是一次难能可贵的机会，是对我从艺几十年的大检阅！收获是很大很大的！我非常感激范迪安馆长！

"七十变法，破茧重生"

在中南海举行方凤富艺术研讨会之后，方凤富开始了他的第三阶段——大写意的艺术创新之旅。

在这之前，方凤富在学习、继承和发展苏葆桢的艺术道路上走过了白葡萄和法国葡萄两个阶段。

方凤富从艺主要是师法苏葆桢。苏葆桢从20世纪50年代开始，就致力于彩墨葡萄画的创造，尤其是小写意葡萄画的创造，历经30多年的修炼，他笔下的葡萄珠圆玉润、流光溢彩、玲珑剔透，达到熔中西绘画技艺于一炉，集色泽、光效、意韵于一体的境界，为我国现代花鸟画开拓了一片崭新天地，也为自己的艺术人生树立了一座丰碑，由此获得"苏葡萄"的美称。

要想对苏老师的艺术进行继承和发展，就必须对过去的小写意给予改进、改造和发展，补充新的内容和表现技法、表现手法和新的元素。

方凤富对葡萄画的第一步改进和发展是画白葡萄和白紫藤。1981年，他在西师图书馆《光明日报》上看到了罗马尼亚的白葡萄，引起他极大兴趣。因为中国人从没见过白葡萄，他想实验一下，画出这种新品种，新形式。于是他反反复复地尝试着用各种颜色来调配白葡萄的色彩。他调试了几十次、几百次，反复调试，终于画出了漂亮的白葡萄。然后他又进一步引入白紫藤的画作之中，经过多次调色，最后他用写意、勾勒、染色的技法，终于画出了漂亮的白藤花作品。

方凤富对葡萄画的第二步发展和提升是画法国葡萄。2011年，方凤富参加中国艺术家代表团去法国等国办展览，看到了法国葡萄，他发现法国葡萄皮厚，不透明，不发光，用原来苏葆桢老师的手法画不出好的效果，必须寻求新的技法和色彩。于是他有意识、有目的地去观察、考察，研究法国葡萄，写生、照相，收集了大量资料，他发现"法国葡萄比中国葡萄皮厚，枝叶的色彩更艳丽"。回国之后，他以在法国所见的葡萄为题材，又反复试验，用原来常用的藤黄、花青、苏红等几种色彩老办法画不出法国葡萄的特点；于是，他尝试着加入紫色、绿色，并用白色来提，把很多色彩综合起来，还运用了写意、勾勒，晕染的手法，终于画出了法国葡萄的特色和精髓。他创作的国画法国葡萄《秋香》，在北京翰海精品拍卖会上，以人民币102万元落锤，创造了方凤富单幅作品的最高成交价。标志着他的白葡萄、白紫藤和法国葡萄画的创作迈上了一个新台阶。他独树一帜创作的"方家白葡萄"已经突破了"硕果累累"的"丰收型"图像样式，打破了此前以写意为主、串串相叠的单一性技法，创造性地采取了兼工带写、半工半写、一工一写表现性技法，达到了形神皆备，雅俗共赏的境界，创造了艺术批评家沙雁所描绘的视觉景象："凤彩映龙光，富丽亦堂皇。"

方凤富对葡萄画的第三步发展和提升是大写意的手法。方凤富从2007年提出"七十变法，衰年变法"之后，即全力探索大写意的手法画大型葡萄画。他以前的小写意画法结合了工笔和写意，比较规矩、严谨；而大写意则更看重写意，画得比较潇洒、豪放、随意、放得开。写其意，遗其神。为此，他于2009年在重庆长城宾馆包了一间大房，专心创作一个半月，夙兴夜寐，绞尽脑汁，一气画了70多张大写意的墨色紫藤和葡萄、花卉等画，每幅画都用的是八尺宣纸。他画这些大写意大画时，常常是灵感到来，创造激情喷涌，在音乐伴奏声中，纵情挥舞，随心所欲，一 135

挥而就。

方凤富高兴地对笔者说："大写意的画，是音乐与绘画的结合，用音乐的情感来表达我的情感。在绘画过程中，我的感情是奔放的甚至是燃烧的，这种感情来自直觉和自发的表现形式，它不受理性思想和严谨技法的约束。"可喜的是，他在2012年的在重庆举办的"方凤富、陈道学、陈和莲国画展"中，就有20幅大型的大写意画作惊艳亮相，赢得专家学者好评，称赞他的大写意探索取得了成功。

宋婧先生在《方凤富先生大写意葡萄画赏析》一文中说：

方先生的画作"玉润珠圆献瑞气，良辰美景乐丰年"(1095×145cm)标志着其"衰年变法"的技艺已百尺竿头更进一步。……画展中并排展出的是20张丈二大写意葡萄大画，让人仿佛置身于新疆葡萄沟的集贸市场，流连忘返之余不由拍案叫绝，方先生的"衰年变法"已然凤凰涅槃，进入一个前所未有的崭新境界！

著名美术理论家邱正伦对他的大写意的探索，给予了较高的评价：

必须说明，方凤富葡萄绘画的大写意探索的根本动因始于对此前图像样式的单一性不满，需要在整体构图方面拓宽葡萄绘画的表现空间，另外进一步探索葡萄图像的内在结构，将葡萄的自然形态向绘画表现形态进行全方位转换，真正找到葡萄绘画的现代表现空间，告别此前单一的、静态的、平面的描绘模式。也就是使画家笔下的葡萄从圆润透明的珍珠型向轮廓分明的钻石型转换，使葡萄对纸张产生压力感、空间感、体积感、重量感，不再无尽地扩大光与色彩的神话，而是用这个夸张、变幻的神话重新构造出一个有着内在紧密结构的钻石体系。这是画家年迈70开始变法的艺术旨归。

学习和研究徐悲鸿的艺术

    方凤富的老师苏葆桢是徐悲鸿大师的学生，所以方凤富可以算是徐悲鸿大师的学生的学生。方凤富对徐悲鸿也是终生热爱、尊重、研究、学习。

    2010年9月8日，"纪念徐悲鸿先生115周年诞辰全国书画大赛暨名家名作特邀展新闻发布会"在重庆解放碑中天酒店举行。徐悲鸿儿子徐庆平先生邀请方凤富参加。方凤富为画展送去《醉金秋》，当他到达会场时，徐庆平久久握着方凤富的手不放，热情地询问方凤富的近况，真是老朋友见面，好亲热。徐庆平请方凤富一定在9月20日徐悲鸿先生纪念会上发言。

    9月20日下午，徐悲鸿先生夫人廖静文女士和组委会刘主任邀请方凤富等嘉宾聚餐。下午召开座谈会。方凤富应邀在会上做《徐悲鸿先生的艺术思想》的发言，表达了对徐悲鸿艺术的深入研究和认真学习的态度。内容如下：

    作为我来讲，应当是徐悲鸿先生的学生的学生。因为我的恩师苏葆桢是徐悲鸿先生在中央大学美术系的学生！也因此，我在1957年转到西师美术系向苏老师学习的过程中经常听老师讲徐悲鸿先生的艺术、教育及为人的佳话；而且自己也在苏葆桢老师指导下临摹了不少徐悲鸿先生的佳作，从中得到了不少的收获和启示。

我以为，徐悲鸿先生是中国现当代当之无愧的艺术大师、教育大家，同时也是一位忠诚于祖国和人民的优秀赤子！

首先，在艺术上，他的艺术主张是非常鲜明的，具有完整的艺术思想体系，他终生倡导现实主义。他在艺术上要求"尽精微，致广大"。就是说，既要宏观概括，又要微观真实。他要求惟妙惟肖，"肖属于艺，妙属于美"。这就发扬了"形神兼备，以形传神"的神似论传统。因此，我认为他的这种观点，对于我们现在的艺术创作，仍然起着楷模的作用。

其二，他在教学中不但重写生，还重默写。也就是说，既重视仔细观察的长期作业，也竭力提倡抓取特征的速写；既严格训练基本功，又要求经营构图。

其三，我的老师苏葆桢讲，徐先生上课是很严的。要求对着物体写生，而且没有物体在眼前也要能写生。如石膏像，他要求学生背着画出来。还有，他要求画国画，不主张临摹，不主张雷同，要求大家发挥主观能动作用。我理解他的要求是不要在学习中死死地去照抄照搬；在学习传统中，一定要动脑筋主动地去学习！

其四，我体会到，徐先生将中西技法融合，这是他非常突出的特点。他把西画的体感、质感、光感等方面的优点和中国画的技法融合表现，因而使得所表现的事物更加有精神。他一生画的题材、体裁、画种，十分地多：题材，有历史的，当代的；体裁，有人物、山水、花鸟、动物；从画种看，有油画、国画、水粉等等，真是触类旁通，无所不有。我在学习中最爱学他的浓破淡用墨法。可以说，他画的树枝、花叶、动物中都常用。

其五，徐先生要求自己很严格，对使用的颜料工具都很爱惜节约。2002年月，我和中国美协主席靳尚谊、副主席沈鹏一行中国艺术团访问泰国。靳主席就说，徐悲鸿先生画油画时，一点不浪费。他画完一张画时，油画板上没有剩一点颜色。1983年我和苏老师到北京，有一天，我们专程去徐悲鸿纪念馆看望廖静文馆长，廖静文热情地接待了我们。在谈话时，廖馆长说：徐悲鸿作画，一点不浪费，往往画完之后，又将所剩余的墨和色，用来写字，一直要用完。

其六，对学生非常关心。苏老师曾给我说过一件事，他说，徐先生在中央大学教学时，早上从江北盘溪坐船过嘉陵江再走上中央大学，都是自己拿装好的画框或其他东西，很少麻烦学生或其他人，没有一点架子。苏老师还说，一天，徐先生叫他还有梁白云、秦学恭三位去先生家（在盘溪）拿两张画来，徐先生一再讲，你们坐船时，一定不要站在船的外面舷舱边，一定要坐在船舱里面，以免掉到河水里了。从这件小事，可以看出考虑问题多么周到、细致，对学生是多么关心，真的是师德高尚！

其七，徐悲鸿一生的艺术追求，可谓达到了极致。我们可以从他的作品中感觉到强烈的爱国主义精神，一种奋发向上的奋斗的精神。《田横五百士》的威武不能屈，《愚公移山》的坚韧不拔，《奚我后》的苦苦期待，正是当时正直知识分子忧国忧民的"伫立待奔雷"的心情的表现。《放下你的鞭子》这样的作品则更加直接明朗，表明了艺术家抗议日本侵略战争的鲜明的政治态度。

其八，徐悲鸿先生为了培养人才，派了不少学生出国留学；他经常省吃俭用卖画来支持一些困难的学生求学；他不惜花费高价在香港买回《七十八神仙卷》，为国家争回了国宝！

短短58年的生命，徐悲鸿先生的建树令人敬佩！他的进步的艺术思想，完整的教育体系，特别是大量杰出的作品，确实是宏大的精神财富。他一生的一点一滴都值得我们后生永远学习和发扬！

我也算是徐先生的学生的学生，虽然已满七十又四了，但我还要在晚年继续努力向徐先生学习，向前辈学习，向一切同行学习！要以徐悲鸿先生"志大才豪""一意孤行"的胆略和气魄，画出更多更好的作品，为祖国作出更大的贡献！

世博会上喜获"金奖"

2010年5月1日至10月31日,上海举办了"城市,让生活更美好"的第41届世界博览会。这也是中国第一次举办综合性的世界博览会。这次上海世博会创造了12项世博会纪录:第一,总投资最高,达450亿人民币;第二,参加国家和世界组织最多,有190个国家和56个世界组织参展;第二,园区最大,从黄浦江两岸,南浦大桥和卢浦大桥之间的滨江地区,面积达5.28平方公里;第三,参观人数最多,达到7308万人次,等等。

在这次世博会上,方凤富也创造了一个小小的奇迹!

世博会宣布开始时,曾发出了征集美术作品参加画展的启事。方凤富当时因有其他任务,并未参与其事。但几天后,在中央书记处工作的一位朋友文鹏宇带了一位当时已在世博会工作的中央电视台记者前来方凤富家拜访。这位记者看到方凤富家中的一些葡萄画,非常惊讶,非常喜欢,赞叹不绝。文鹏宇就让方凤富送这位记者一张画。方凤富就赠送了这位记者一张葡萄画。这位记者是个有心人,也有相当鉴赏水平。他觉得方凤富的画这么好,这么有名,送到世博会画展参展,也许会获奖哩!不妨试一试吧!于是,他就把这幅画以作者方凤富的名义送去参展。方凤富的画作,震撼了世博会画展评委,大家都异口同声称赞这幅画作,方凤富的这幅花鸟画被评为金奖!

这位记者得到喜讯,立即打电话给远在重庆的方凤富说:您的画,获了上海世博会金奖!

方凤富十分惊讶,甚至于觉得他在开玩笑。因为自己根本没有送画作去参展,就随意地问道:是不是真的哟?我又没有送作品参展。

记者兴奋地说:真的!是我用您送我的画拿去参展的,这幅画获得金奖。报上都登了消息了。

方凤富这才赶快看报、上网,知道了这个消息!

很快,世博会来了正式通知,请方凤富到北京全国政协礼堂领奖。颁奖会十分隆重,由联合国的官员颁发奖章。

这真是,无心插柳柳成荫,实至名归显实力!

方凤富、陈道学、陈和莲国画展

2012年4月的重庆，阳光明媚，百花争艳，三峡博物馆人潮涌动。一楼大厅正在进行"巴渝三人行——方凤富、陈道学、陈和莲国画展览"。

西南大学美术学院1962届的方凤富、陈道学和1963届的陈和莲，三位学友结伴同行，历经半个多世纪的艰苦跋涉，终以德艺双馨的人品和独具特色的作品，步入了中国画的艺术展厅，当之无愧地坐在了当代书画名家的席位上。

方凤富、陈道学、陈和莲的艺海生涯，可用"师古人、师造化、求独创"（张大千语）九字加以概括。学生时代，他们有幸受教于段虚谷、梁白云、苏葆桢、李际科及刘一层、陈小兮等一代宗师门下，他们在领悟艺术真谛的同时，打下了极为扎实的基本功，奠定了起点不凡的基础。参加工作后，他们挤出时间周游华夏，吸纳天地的灵气，感受生活的丰采，有感于心，以笔墨抒写在心中发酵的图画。于是，一幅幅佳作应运而生了。

在中国画的大千世界里，方凤富钟情于花鸟画，并以画葡萄蜚声海内外。方凤富的作品，取材广泛。田畴瓜果、郊野山花、幽谷鸟鸣，尽皆入画。"笔墨当随时代"（石涛语），方凤富在作品中，总是以热爱生活的激情，营造浓郁的泥土芬芳，并在鸟语花香的世界里，折射出当代生活富足温暖的云霞。在技艺上，他从不拘于陈法。在"白葡萄"系列作品中，他将工笔、写意、勾勒、晕染融为一体，墨光色润，相得益彰，实现了美学最高标准的雅俗共赏。因此，方凤富的作品，深受海内外各界人士的喜爱，并乐于收藏。

陈道学对山水画情有独钟。数十年中，他足迹遍及神州名山大泽，搜尽奇峰打草稿。作为重庆人，他以赤子之心，扑向家乡热土，从各个角度摹写长江三峡和山城重庆。功夫不负苦心人，陈道学讴歌峡江和山城的作品，形成了独树一帜的"城市山水画"派系，为中国山水画艺术宝库增添了富于时代气息和地域特色的经典画作。与此相应，为了表现山城重庆地域特有的雾气，他深入研究和强化了"淡墨画"技法，用以表现山城雾岚朦胧之美。陈道学别开生面的"淡墨画"，为中国山水画技法增添了新的艺术语言。中国画源远流长，历朝历代名家辈出，今人在艺术长河中能有新的创造，哪怕只有一点儿，也是很不简单的！

陈和莲画花画鸟画山水，更擅长人物画。早年，他创作了系列历史题材的连环画，其以线造型、以线写神的艺术功底，极为画坛瞩目。继而，陈和莲凝神静气，致力于工笔人物画创作。数十年中，他刻画的宫廷仕女、民间村姑、当代女模，全都婀娜多姿，美艳照人，吸人眼目。陈和莲治学严谨，他在创作中对人物生活环境的刻画一丝不苟，力求典型人物与典型环境的和谐与统一，凸现作品或雍容华贵、或淡泊宁静的意韵，充分表现了画家唯美的艺术追求。因此，陈和莲多幅作品，在古往今来的人物画廊中堪称精品。他历时八年，刻画300多个人物，长达23米的工笔长卷《大唐乐艺图卷》，更是古今人物画廊中流光溢彩的华章。何谓风流，此即是矣！

"巴渝三人行——方凤富、陈道学、陈和莲国画展"开幕式上，主持人介绍了前来参加开幕式的各位领导及嘉宾。

西南大学美术学院院长、硕士生导师陈航教授代表西南大学致开幕词。

三位参展画家代表方凤富教授致辞：

半个世纪以前，陈道学、陈和莲和我，就读于西南师范学院美术系——也就是现在的西南大学美术学院。我们在学院一代国画大师的指导下，在古往今来的中国画百花园中，尽情吸纳国画艺术的馨香，解读中国画传统技法的密码，沉醉在中国画的艺术殿堂。三生有幸，我们三位学子，也终于在中国画花鸟、山水和人物的画廊中，找到了属于自己的位置，跻身于当代画家的行列。今天开幕的方凤富、陈道学、陈和莲三人行国画联展，就是我们半个世纪在中国画领域中辛勤耕耘的一个成果汇报。在这里，我代表陈道学、陈和莲，向曾经教导过我们的各位老师，致以最诚挚的敬礼！今天，令我们特别高兴的是，当年曾经教过我们的现已八十七岁高龄的郭克教授也来出席画展开幕式，我们三位同学感到万分高兴！为此，我代表我们三位同学向郭克老师致敬！（再次向郭克教授鞠躬）

中国画博大精深，我们在半个世纪的跋涉中，一直沿着"师古人，师造化，求独创"的艺术道路前行。作为重庆子弟，我们凭着重庆人特有的坚强，凭着重庆人"亦余心之所善兮，虽九死其犹未悔"的执着，在半个世纪的摸爬滚打中，终于有了属于自己的艺术符号。我们作为重庆的儿子，今天的三人行联合画展，也是献给家乡重庆的一份薄礼！

艺无止境，我们愿意在老迈之年，继续为中国画的殿堂添砖加瓦！

艺无终极，敬请大家多多赐教！

谢谢大家！

进入大厅，映入眼帘的巨幅花鸟画构图饱满，布局精妙，设色秀丽，形象生动，这便是方凤富先生的"七十起步，破茧重生"之巨作——长达11米高达1.5米的"玉润珠圆献瑞气，良辰美景乐丰年"。作品线条流畅简练，笔锋饱满圆润，晕染浓淡适中，形象准确生动，表现了葡萄的透明度和丰盈感，具有极高艺术价值，给人以甜美的慰藉和畅快的享受。同这幅画并排展出的是20幅一丈二尺的大写意葡萄。这都是方凤富先生在70岁提出"衰年变法"以后的大写意新作，这一幅幅大写意作品与画家以前的小

144

写意作品不同，更加注意画家思想情感的宣泄，内心深处的表达，更加集中地展现画家的综合素养；而且在表现手法上更加精进，画家既学吴昌硕的古朴刚劲，又习齐白石的刚柔并济，兼具潘天寿的强悍霸气，每张大写意作品都是一气呵成，潇洒自如，自然天成，体现了焕然的生命活力，三人画展中还展出的方凤富用中国画技法表现的法兰西葡萄和白葡萄。方凤富用中国画的技法再现了法国葡萄，叶子五颜六色，葡萄黑里透蓝，巧妙附着的薄霜，更是另辟蹊径、别开生面，令观者赞叹不已。方凤富独创的白葡萄，晶莹饱满，富有光泽，叶子晕染的墨色和葡萄附着的薄霜相映成趣，藤蔓和葡萄的过渡层次分明，折射出酣畅淋漓的写意神韵，映托出光鲜细腻的写实意趣，焕发出清新别致的艺术气息，流淌出和谐灵动的生命旋律，真是美得通透，妙得绚烂，巧得夺目。

毕业于四川美术学院动漫专业、现就职于重庆渝富集团公司的宋婧女士，在《方凤富先生大写意葡萄画赏析》一文中对方凤富展出的20余幅大写意作品给予了赏析和评价：

2007年5月13日在北京中南海文津会议中心举办的"方凤富先生花鸟作品研讨会"上，方先生以70高龄再次迈出在艺术之路上不断求索的步伐，决定进行"衰年变法"。六年来，方先生遍访京城名师，系统研究徐渭、吴昌硕、齐白石、潘天寿等大师的作品，历经闭门谢客的刻苦修炼，终臻涅槃化境。而本次画展的作品，便是方先生"衰年变法"绘画技艺中的精品之作。与侧重写实的小写意技法不同，大写意偏重写意，凝练地反映出画家的思想、情感，是画家综合素养、画技水平的集中体现。方先生笔下的大写意葡萄兼具奔放的力量与蓬勃的朝气，曲笔勾画之间溢满激情、生机。在表现手法上，方先生师法古人，以吴昌硕"重、拙、大""画气不画形"为本，以齐白石"平直刚健""大方质朴"及潘天寿"苍古高华""一味霸悍"为用，用大号毛笔在宣纸上上下滚动，提、纳、顿、挫，潇洒自如，一气呵成，画作整体效果老藤圆韵，苍劲有力，富于立体感；在细节上，近景葡萄采用工笔，勾勒、晕染为一体，着重写实，中景、远景采用小写意或大写意 145

手法，使整个画面空间感极强，虚实关系更加明显。放眼望去，观者恍若身临其境。每次画毕，画者酣畅淋漓，观者拍案叫绝。

在本次"巴渝三人行——方凤富、陈道学、陈和莲国画展览"中，方先生的画作"玉润珠圆献瑞气，良辰美景乐丰年"（1095×145cm）标志着其"衰年变法"的技艺已百尺竿头更进一步。画中的葡萄或盈于篮中，或置于盘内，或散于地下，或坠于枝头，整个画面呈立体排列，错落有序，层次分明，葡萄晶莹若珍珠，剔透如寒露，颗颗鲜翠欲滴，粒粒吹弹可破，生动感人；并排展出的是20张丈二大写意葡萄大画。画中葡萄老藤如入水蛟龙上下翻腾，气势磅礴，晶莹剔透的葡萄如蛟龙身上的鳞片，若隐若现。细嫩的小枝如春蚕吐丝，一触即断。活泼可爱的小鸟飞翔其间，花鸟相映成趣，别开生面。栩栩如生的葡萄画意境和川流不息的人流交相辉映，让人仿佛置身于新疆葡萄沟的集贸市场，流连忘返之余不由拍案叫绝，方先生的"衰年变法"已然凤凰涅槃，进入一个前所未有的崭新境界！

音乐和绘画相结合

　　方凤富考入西师时先是报考的音乐系，可是一年以后，却因为嗓子变音，不宜再学音乐，于是学校将他调整到美术系。这件本来不好的事情，却被他变成了好事，使他得以将音乐和绘画结合起来，融合起来，将音乐的节奏、旋律贯穿于画笔的流动之中，并逐渐由被动而主动，由不自觉到自觉地将音乐与绘画艺术结合起来，在花鸟画创作中增强了节奏感、旋律感和音乐感，提升了绘画的艺术品位。同时，他还创造了在音乐伴奏中画出大幅花鸟大作的"行为艺术"。

　　刚开始学画时，因为他喜欢音乐，在画画时经常放着音乐欣赏。当时，他并没想到音乐和美术有什么必然联系。但是，随着时间的延续，在一次又一次伴随着音乐作画的过程中，他逐步感受到音乐节奏与旋律的影响和作用，就不知不觉自然而然地把音乐的节奏和旋律运行于画笔的流动之中，显现出画面的音乐感。

　　这个发现使他感到惊喜和惊异！他开始从实践和理论两方面去探求这个问题。自20世纪70年代以来，方凤富就开始伴着乐曲作画，同时也不断研究绘画和音乐的关系。从实践中，他更自觉地在绘画时加强音乐的作用，注意选用比较适合自己绘画时播放的乐曲；在理论上，则到处搜集和

147

阅读关于通感，关于各门艺术之间的联系，关于音乐与美术的关系的理论和有关论述。他想，古人说音乐和绘画是姊妹艺术，"美术是凝固的音乐，音乐是流动的图画"。但是，它们到底怎么个亲密法？怎么让人们来理解这种亲密关系？他就想用自己的实践来加以表现。一次，他在给雷锋班的学员上完课以后，就应学员们的要求给他们表演如何在音乐伴奏中作画，既活跃了上课的气氛，又给学生以启迪和帮助。经过多次试验，他获得了自信和满足。

实践给了他自信，并促使他在理论上进一步探讨。他遵循毛泽东《实践论》的指示，从实践到理论，再从理论到实践；反复实践，思考；再实践，再思考。经过几个月的努力，他逐渐形成了自己的观点，写出了《略谈绘画中的音乐感》一文。论文写好后，他把论文交给当时《西南师范大学学报》的主编季平先生。季平先生自己把握不准，就请音乐系教授审阅，音乐系教授说他不懂美术，把握不住；让季平又转给美术系教授审阅，美术系教授也说他不懂音乐，把握不准。季平只好将论文退给方凤富。方凤富没有放弃，就把论文寄到《江苏画刊》杂志。很快，《江苏画刊》杂志回信说这篇论文很有水平和新意，在1995年第4期刊发了这篇论文：

不同艺术，由于自己的不同的表现形式，形成了艺术的具体形式差别。绘画是用笔，用色彩和墨、用线条和光线在纸上进行空间组合，形成空间艺术。音乐是用节奏，旋律、和声、强弱、速度、音色等手段在乐器或声乐上进行组合，是时间艺术。音乐能够支配时间的延续，而绘画能向观众一次性呈现作品的整个意旨。一个作用于人的眼睛，感染观者的心灵；一个作用于人的耳朵，陶冶听者的情操。但是形式上的差别并不改变它们都是审美客体作用于审美主体，在审美主体内产生共鸣，达到审美和教育的这一本质。

艺术是发展的，在各类艺术的发展过程中，每一种艺术都不可能离开其他艺术而独立发展。它们总是要相互借鉴和渗透，吸取其他艺术中有利于本种艺术发展的因素，并加以融合、贯通，来丰富本种艺术的表现力，达到艺术的审美目的。绘画与音乐也是如此，而且它们表现了非凡的结合力。音乐艺术吸取了绘画艺术中富于表现力的形象元素，使音乐由单纯听觉艺术发展成为具有虚拟假定性的形象艺术；绘画借鉴了音乐中长于直接打动审美主体与创作主体的因素；延长了绘画作品审美过程的时间，使绘画艺术作品由单纯的视觉艺术，发展成为具有幻觉的时间假定性和抒情性。

对于这两种艺术精神的息息相通，我国清代画家王原祁有较精辟的论述："声音一道，未尝不与画通，音之清浊，犹画之气韵也；音之品节，犹画之间架也；音之出落，犹画之笔墨也。"形象反映出画中的音乐感。在这里中国画艺术的气韵、境界、韵味在音乐艺术中得到了恰到好处的印证。

在西方，艺术发展源远流长，各门艺术的融合是艺术取得辉煌成就的重要原因之一。西方艺术美学理论普遍认为音乐是艺术的最高形式，无论是文学、绘画、雕刻、建筑……都直接或间接受到它的影响，在形式中外化音乐感。音乐在数世纪里，都是一门以音响方式表现艺术家的心灵，而不是复制自然现象的艺术，这在其他艺术中是无例外的。正因为如此，热心于表现人的内心声响即心灵的各门艺术，往往借助音乐的表现形式。绘画与音乐的联系尤其如此，可以说现代派绘画艺术的诞生发展无不与它和音乐的融汇有关。

如果仔细分析绘画与音乐的这种亲密关系，就可以发现它们相通的基点。无声之形与有声之音的形式上的差别并没有排斥绘画和音乐共同存在的一种内在的艺术感情，而感情就会打破音乐与绘画之间的障碍。凡是愉快地倾听了优美音乐的人，都会承认一种既明白又难以表述的激动，他不可能说出音乐中的某个乐段给了他某种视觉印象，或者某种和声在他心中激起了某种感情。同样，当我们置身于美术展览馆，站在一幅深深打动了你的油画或素描前，你可能感觉到似乎有一只无形的手把你拉入画中，眼睛已经无关紧要了，好像只有心才可能与之感应，这时你却无法表达究竟 149

是什么给了你这样的愉快，大概是线条和色彩所产生的效果，同音乐里的节奏与旋律对音乐爱好者所产生的效果是一样的。打一个比方，就像是把色彩比作琴键，眼睛好比音锤，心灵有如绷着许多根弦的钢琴，艺术家是弹琴的手，只要接触一个琴键，就会引起心灵的颤动，这种颤动我们就不得不把它理解为是绘画中音乐感发生的作用……

如果再分析一下绘画本身的创作过程，就可以进一层了解到音乐特别是它的两个主要因素——节奏和旋律在绘画创作中的具体表现。

节奏是指音在进行时的长短、强弱、快慢关系，节奏在音乐中于人的感觉是直接明显的，并不像绘画中的节奏那么隐晦。但这种节奏的隐晦性与其在绘画中的重要性形成鲜明对比。绘画中各因素的组合关系，画面的整体布局，色彩的深浅、冷暖、明暗、浓淡、干湿，线条的长短、粗细、疏密，用笔的轻重、快慢、强弱、提、按、顿、挫、顺、递等方面无一不显示其内在节奏，一笔一画无不是随着画家头脑里音乐流动娓娓而来。节奏则在画中反映出一种气势、一种力度、一种激情、一种和谐自然、流畅明达的美。

与画中节奏不同的是，旋律常常隐含于画内，它追求的是一种弦外之意（这种弦外之意，是一幅画中情感抒情的综合外现）的艺术效果。在绘画布局节奏中，旋律随之而产生。如同节奏一样，它是看不到摸不着的，但是绘画欣赏和创作时，作品的主题、题材的安排中，在色彩、线条表现的启示下，联想和想象就会使人们的心灵与之共鸣，这种感应的结果是仿佛"听到了它"，就像一种幻觉声音，有重音乐的旋律颤动在画面上。这就是画中的旋律，即充满画面有节奏的、有变化的、有规律的和谐运动感。它使绘画具有音乐般的抒情性、感染力和音乐般的情调。

艺术家在追求绘画作品的旋律感时，决非像节奏感那样容易。它体现了艺术家对作品意境的追求，展现了艺术家博大精深的艺术理想。绘画作品的旋律感使绘画作品中的各元素，为体现组合变成为和谐的配套，它像魂一样，寄托画中，贯穿在画面的每个部分中，艺术家的任务就在于把整体的旋律感分解在各要素中，也能让观者感觉到飘逸于作品之外，达到内外和谐统一贯通，即所谓"以形写神、形神兼备、气韵生动"的境界。

形式美与内容美的完美统一，是艺术美的最高要求，节奏与旋律在绘画中的表现使绘画形式内容的结合达到了新的境界。绘画中音乐感的追求，又使绘画审美活动更进一层。两门艺术的融合为它们各自的发展增添了新的活力，"美术是凝固的音乐，音乐是流动的图画"，这正是它们之间能够借鉴的根据和借鉴的本质要求。

这是一篇有独创性、也有一定深度的理论文章。他完全出自方凤富独特的音乐与美术的实践，从两门艺术的交叉和融合来展开论述，提出了新的理论和独特见解。

方凤富决定把自己对绘画与音乐结合的理论研究付诸实践，把他在音乐旋律中进行美术创作的实践展示出来，把绘画与音乐结合的过程表现出来。即将理性认识再付诸实践。他的这种表演受到了观众欢迎和好评。这应该算是方凤富的一种创造和创新，而且是一种新颖独特的行为艺术。

1992年，方凤富参加了钓鱼台国际中国画大赛，获得三等奖。在去北京领奖前，他给西师领导汇报时，提出带他的绘画音乐表演的录像到北京去汇报。学校领导很支持，就让方凤富先在学校搞一次表演，然后将录像带去北京。当时，方凤富准备了三四个乐曲：《春江花月夜》《渔舟唱晚》《浏阳河》等，表演安排在学校办公大楼旁边的会议厅，可容纳三四百人。表演当晚，王长楷书记、钟章成校长等校领导都到场了，学校师生不但挤满了会场，连过道、坝子都站满了学生，甚至连窗子上都爬满了学生。方凤富的表演在优美的乐曲声中开始，随着乐曲的旋律的变化，方凤富手中的画笔挥舞着，他手中的画笔也时快时慢、时轻时重，一曲乐曲放完，他笔下的色彩缤纷的紫藤也异彩纷呈、美轮美奂地展现在观众眼前。表演进行了近一小时，会场里掌声不断，精彩处更爆发出雷鸣般的掌声。

表演获得了成功。学校将录像报到重庆电视台，重庆电视二台1992年3月2日《大千世界》文艺专栏详细介绍了方凤富的音乐绘画艺术。

到人民大会堂领奖之后，他向人民大会堂管理局副局长李社建汇报了，李社建非常支持方凤富老师的建议，通知人民大会堂的全体职工及宾馆工作人员到大礼堂观看了方凤富的音乐绘画表演的录像，得到了大家的欢迎和好评。

刘春力在《重庆广播电视报》1993年3月16日第3版上发表的《凝固的音乐 流动的图画——方凤富的音乐绘画艺术》一文中说：

方凤富画如其人。他的花鸟画美术在继承传统的基础上，力创新意，严谨朴实，典雅秀丽。特别值得一提的是，方凤富把绘画和音乐巧妙地结合起来进行艺术创作，在他看来，音乐的节奏与旋律在绘画中的表现使绘画达到了新的境界。绘画过程中音乐感的追求，又使绘画审美活动更进一层。两门艺术的有机融合为它们各自的发展增添了新的血液。"美术是凝固的音乐，音乐是流动的图画"——方凤富三十多年的绘画生涯，终于在艰辛探索中找到了一条属于他自己的崭新的艺术之路。

1995年5月，方凤富应邀参加香港"中华文化艺术博览会"。他带去了他独创的音乐绘画艺术表演录像，录像被破例向中外观众放映，每天两次，连续播放了9天，一时成为展览会一大景观，深受观众好评。

方凤富美术系的同学丁运才写信给方凤富，表达了他作为一个美术人对方凤富的音乐绘画艺术的评价：

更难能可贵的是，您把在音乐系修炼一年的旋律、节奏、和声等艺术元素用音乐伴奏或载歌载舞的形式，创造性地融进了中国花鸟画中，独树一帜，标新立异。为从事中国花鸟画的后学们创造性地提供了一个解放思想、与时俱进、不断创新的样板，开创了美术史中绘画的新篇章。不管他人如何评说，我以为这是难以否定的。

于舟子、朱渝生在《随情敷彩，春华秋实》一文中说：

方凤富的画师承于传统，但又不泥古，几十年，他始终不忘创新。近十年来，他尝试着将他藏在心底的音乐情移植到绘画中，居然有所收获，成为自家一大特色。他常应邀现场作画，音乐做伴，踏着节拍，进入旋律，挥毫弄墨，或急促，或舒缓，或凝重，或轻盈，乐声戛然而止时，作品便随之完成……

以后，方凤富还在多个场合进行音乐绘画表演或播放他的音乐绘画表演录像。

2018年4月18日，为庆祝西南大学112周年校庆，学校举办了西南大学首届校园开放日——新时代春之声音乐晚会。西南大学校长张卫国热诚邀请方凤富先生以昔日母校学子、今日母校退休老教授的双重身份，与音乐学院师生联袂合作，为西南大学首届校园开放日，倾情奉献一台别具风貌的音乐与绘画相结合的学术展演。这一天，大会堂华灯齐放，富丽堂皇，观众踊跃，座无虚席。舞台正中横立着4.8米长、1.6米高的大画版，上面铺着雪白的宣纸，旁边的条桌上摆着文房四宝。在报幕声中，81岁高龄的方凤富神采飞扬地登上舞台，向观众鞠躬之后，他从条桌上抽出画笔，祝彬老师竹笛演奏、桑慧芳老师钢琴伴奏的《牧民新歌》优雅地响起，方凤富在舞台上挥动起画笔；接着，薛叶丹老师演唱、孙瑜老师钢琴伴奏的《故乡是北京》，音乐学院大四学生陈黎的唢呐《打枣》的乐声顺序响起。方凤富在优美的乐声中，提笔纵情挥洒：乐曲奔放时，他大笔挥舞，画出苍劲的枝条和缠绵的藤蔓；音乐舒缓时，他柔情写意，描出嫩绿的叶片；乐曲急促时，他快笔点染，飞快地点染出鲜红的花瓣。他在舞台上挥动画笔，与音乐的旋律是那样默契合拍，他根据不同音乐与旋律的快慢、轻重、舒缓、疾速，时而纵笔如飞，时而点击如雨，时而粗犷豪迈，时而柔情似水。很快，画面上呈现出苍松、柳条、玉兰、紫藤；随着音乐的结束，一幅巨大的色彩鲜艳、和谐美丽的画卷呈现于舞台之上。真可谓珠联璧合，美不胜收。全场顿时响起久久不息的掌声！

试想，一位81岁高龄的老人，用20来分钟的时间，就在音乐的伴奏声中，在舞台上挂起的4米长、1米多高的宣纸上，挥洒彩笔，画出了一幅色彩艳丽、构图精妙、藤蔓盘曲、花朵纷繁的花卉大画。这需要怎样高超的技艺，何等纯熟的技法，多么强健的身心，何其旷达的胸怀！所以，文化部少数民族司司长谷长江说：方凤富不仅是美术家，而且是音乐家、舞蹈家、指挥家！

主持人请方凤富老师走上前台发表创作感言，他急促而带乡音的讲话，有点激动，却情深深，意浓浓。这是一位老校友对母校的一片赤子之心，充分表现了方老的精气神与青年学子的青春激情。的确，两代人的同台演绎，亦是听觉艺术与视觉艺术的双重享受，美不胜收，沁人心脾。晚会结束后，西南大学张卫国校长恭请方凤富与他一起登上舞台，同他亲切握手，祝贺创作演出成功。

笔者应方凤富先生之邀观看了这场表演。我为方凤富的表演深深感动。同时，我也从表演中受到启示：音乐与绘画是姊妹艺术，在优美的歌声与旋律中有流动的画面，在静止的画面里有流动的音乐。这也许是方凤富通过这样的表演想要着力表达、传递给人们的哲学思想和艺术美学吧。

2019年3月14日，又一个春日，又一个百花吐艳的日子。在重庆三峡学院学术报告厅，方凤富进行了一场别开生面的学术演讲，并于当晚现场表演了他的拿手好戏《梁祝》音乐绘画技艺。《重庆三峡学院报》编辑部主任章权先生以诗意的彩笔为我们记录了这一场精美的视觉盛宴：

当晚7点，当主持人介绍了方凤富的生平及艺术成就后，《梁祝》音乐响起，82岁高龄的方凤富凝神静气，手握画笔，走到早已铺好的宣纸前，随着悠扬的乐曲挥毫泼墨。他一会儿表情凝重，一会儿欢呼雀跃。情感随着音乐的节拍在胸中不停地翻滚、不停地激荡；画笔在宣纸上游龙走凤，变化莫测……

轻柔舒缓处，仙云飘来，若影若幻，如梦佳话；激情奔腾时，暴风骤雨，电闪雷鸣，火焰喷射……

那愁肠百结又千头万绪的藤蔓慢慢跃然于纸上；看得出，还带着从苦恋中挣扎出来的欢颜……

任绿叶在上面尽情地疯长，任彩蝶在那里翩翩飞舞……

乐曲在轻快柔弱、婉转嘹亮、激越高亢中不停地交织着：或舒心酣畅、如泣如诉，或缠缠绵绵、振聋发聩……

约莫40分钟后，一曲终了。

这时，方凤富的紫藤"长好了"，花也开了。他在凄美悲壮中找到了新的感悟，在柔情如梦中收获了一份甜蜜，台下的人也完全陶醉了。那首似水柔情、撼天动地的爱情绝唱，也永远留在了这张鲜活的纸上。

"方教授的画是流动的，是立体的。"

"这幅画是无声的诗！"

"这幅画是醉人的酒，是欢乐的歌！"人们对方凤富的精彩表演及精美作品好评如潮。

方凤富自己说，他在西师音乐系一年的学习没有白学，让他把音乐和美术的特点和优长充分地发挥出来，融合起来了，他在绘画过程中汇入了音乐的节奏与旋律，使绘画审美活动更富于节奏感和旋律感，使美术创作更上一层楼，使绘画达到了新的境界。而他音乐绘画结合的舞台表演，则是美术与音乐结合的行为艺术，既展示了音乐的立体感、色彩感和华丽感，又展现了绘画的节奏感、旋律感与音乐感，使人感受到视觉艺术和听觉艺术的双重魅力！

方凤富还说：我的大写意的画，就是音乐与绘画的结合，用音乐和绘画相结合的艺术来表达内心的情感。在绘画过程中，我的感情是奔放的甚至是燃烧的，这种感情来自直觉和自发的表现形式，它不受理性思维和严谨技法的约束。

被歹徒绑架

2006年1月21日，重庆电力公司老总请方凤富去画画。第二天中午，电力公司老总让秘书小张陪方凤富在江北滨江路君豪大饭店午餐。席间，方凤富接到一个陌生人的电话。对方操普通话，声称自己是珠海方凤富的朋友（某老总）的朋友，有一幅画想请方凤富以专家身份帮忙鉴定一下。碍于对方是熟人的朋友，方凤富便答应了。对方约方凤富在观音桥某茶楼见面。

下午两点钟，方凤富带着朋友小张刚到茶楼，便有一名年龄约30岁的男子上前打招呼，称自家老板不在茶楼，而在附近一家宾馆，请方凤富前去。方凤富有些犯疑，但还是跟着这个人去了宾馆一间房间中。这名男子热情地请画家二人坐下，说马上去请老总来。方凤富刚一坐下，正在不满和怀疑中，突然，这个人立即翻脸，恶狠狠地拔出刀子。同时，从卫生间冲出两名男子，拿刀子把方凤富和小张脖子卡住，并高叫："不许动，举起手来！"方凤富和小张只得把手举起来。方凤富的心头一紧：糟了！遇到坏人了！他们两个人用刀抵着方凤富和小张的脖子，另一人则拿出粘胶带，很快把小张的手反剪在背上，捆绑起来，又把方凤富双手反剪捆绑起来。然后又分别把两人的双脚也捆绑起来。捆绑好后，一名男子对小张说："今天我们主要是针对他！对不起，你也要受点委屈了！"

然后三个人就来"修理"方凤富。一个年纪大点儿的说：方先生，今天，我们找你的目的很简单，明说，请你给点钱！我们知道你卖画赚了很多钱。只要你拿点钱给我们，我们就不会伤害你，你也可以回家过春节！

方凤富知道他们是敲诈，没有生命危险，心头放宽了点。就问他们：你们想要好多钱嘛？

对方说：你的情况我们了解，很有钱！起码一个千万元嘛！

方凤富一听他狮子大开口，就回答说，既然你们了解我，那你们应该晓得，我哪有那么多钱！我的钱，大多做了捐赠，哪里还有那么多钱给你们？

"那你有好多钱吗？"绑架者单刀直入。

"最多只有五六十万！其余的都捐赠了！不信，我报给你听嘛！"

绑架者完全不听方凤富报账，粗暴地说：那就六六大顺，给66万嘛！

然后，绑架者问了方凤富爱人的电话号码，给她打电话说："方凤富欠了我们66万元，你们赶快把钱交来！方凤富已经被我们扣留，不交钱就过不了春节！"

方凤富爱人一听，顿时吓得哭了起来，叫他们千万莫要伤害方老师，家里马上准备钱！

打完电话后，三个人又粗暴地将方凤富和朋友弄上床，把他们嘴上的胶带撕开，把他们的嘴掰开，把几颗安眠药强行灌进了他们口中。然后又用胶带将二人的嘴封上。两个人出门去收钱，留下一人看管他们。不久，留下的一个人也走了。方凤富被灌了安眠药，很快就不省人事了！

而小张在暴徒强行灌他们安眠药时，他学习日本电影《追捕》中的杜秋，把安眠药硬压在舌头下面，没有吞下肚。而且在歹徒捆绑他时，他故意将两只手分得很开，使他们捆不很紧。等歹徒走后，他首先将含在口中未吞下去的安眠药吐掉，又忍着疼痛，用了20分钟的时间，将手腕上的绳索挣脱，为自己解除了捆绑，并将自己嘴巴上的胶带撕掉，然后用房间 157

内的座机向外界求救！之后，他拍醒了吃下安眠药昏睡过去的方凤富。方凤富刚醒来，昏昏沉沉的，还以为是歹徒来撕票了！后来，方凤富叫小张给公安局报了案。渝北区刑警支队迅速赶到宾馆，解救了方凤富和他的朋友。然后问明了情况，去捕捉歹徒。

这边，3名歹徒给方凤富家人打电话，要他们立即拿66万元现金到解放碑赎人。家人立即向当地警方报了案。为了稳住歹徒，家人假装答应了歹徒的要求。下午，歹徒并不知道方凤富已经获救，还在继续不停地催方凤富家人拿钱赎人。

为了争取更多时间让警方布控，方凤富女儿假称路上堵车。等得不耐烦的歹徒得知他们的车正驶往渝北人和镇方向的路上，便将交易地点改在人和镇一转盘处。下午，方凤富女儿和由民警假扮的出租汽车司机拎着鼓鼓的好像装满了钱而实际上没放一分钱的提包，在约定地点站定。只见一个30多岁的男子大摇大摆地走了过来，男子伸手抓过提包，眼睛却迅速瞟向四周，观察有没有民警。说时迟那时快，假扮成出租车司机的民警迅速抽出手枪，抵住了男子的腰部，旁边埋伏的几位民警猛然冲出，迅速将歹徒制服。

方凤富获救后，不愿接受记者的详细采访。他给我讲，也许是由于自己经常在全国各地作画，尤其在南方地区作画、卖画较多，几个歹徒很可能是据此已经掌握了自己的情况，处心积虑策划跟踪了很长一段时间才下手。

"天价"葡萄画遭诈骗

2014年8月的一天，方凤富突然接到一个陌生女子的来电，说她是国家博物馆策划部的工作人员，叫吴睛。她说，国家博物馆要以中国知名画家的精品画作制作一批新年台历，弘扬国画艺术。他们决定为方凤富的画作印制一份台历，只需方凤富提供画作的电子文件，即可为他印制台历，不收取任何费用。此前经常有出版社来联系出版画册、台历，因此方凤富也就相信了，并寄去了有关资料。年底，吴睛寄来了几百本台历，台历封面印有国家博物馆的名称标记，首页是方凤富的简历和艺术成就，还有他的照片；后面12页每张都有方凤富的画作。方凤富高兴地把这些台历送给亲朋好友。

不久，方凤富又接到吴睛的电话，问他愿不愿意上中央报刊，说她与《光明日报》主编很熟，可以为他登几个版的画作，不要经费，只需要他给有关领导画两张画。方凤富同意了。不久，方凤富就收到吴睛寄来的500份12月26日的《光明日报》，这期彩色的《光明日报》头版就发表了方凤富的彩照和人生简历及艺术成就的介绍，而且还有一大版发表了他的画作。方凤富收到报纸后当然也赠送给了亲朋好友。这让方凤富对吴睛信任有加。

2015年1月，吴睛来电，称国家博物馆准备在2月份举办14位著名美术家的画展，要求每个画家寄去十几幅精品佳作。这些画家中有范曾等著名画家，方凤富也名列其中。方凤富听了非常高兴，欣然同意。他觉得这种档次的展览，当然要拿最好的画参展。因此，选了又选，选了17幅自己最满意的作品寄去。开展览的那几天，方凤富有事，没去参观。不久，吴睛来电话说，展览期间中国美协的领导看了方凤富的画，非常欣赏，非常喜爱，想同方凤富单独举办一个双人展。方凤富一听高兴极了，中国美协领导主动提出来同自己联合举办展览，当然是求之不得的好事。方凤富没有任何怀疑，就同意了，并积极进行准备。

吴睛说，展览会5月举行，方凤富前次寄去参展的17幅画就不寄回了，请他再寄去几十幅画作，但一定要选精品。方凤富在自己的作品中挑了又挑，选了又选，自己又精心画了一张十尺长的葡萄大作，共54幅一起给吴睛寄去了。

几十幅精品寄出后，方凤富打电话去问，竟然联系不上吴睛了。打了很多次电话，都没有人接。方凤富不禁大骇！这时，他的助理王玉莲更担心是上当受骗了。开始，方凤富给吴睛寄画时，助手王玉莲就曾怀疑过吴睛其人，认为她提供的寄画的地址不是国家博物馆的馆址。但是，方凤富认为国家博物馆同它下属的公司某个机构不在一个地方办公也是常事，不相信吴睛是骗子。现在，几天都联系不上吴睛，这就不能不让方凤富生疑了！这才打电话问国家博物馆，国家博物馆的回话犹如晴天霹雳——国家博物馆不仅根本没有吴睛这个人，而且国家博物馆也根本没有办过什么知名画家联展，更没有筹备中国美协的任何一位领导与方凤富的二人画展！方凤富一时间气晕了，焦急万分。他寄出的这批画作，是他的看家宝贝，是他几十年来的精品力作，是他几十年心血的凝聚！一旦被人骗走，等于吸干了他的心血，夺走了他的心肝宝贝，他感到自己的艺术生命都被绞杀了，他的艺术生命都快完了！那些天，他整个人都垮了！家人和助手天天跟着他，怕他出什么意外。大家一致决定，赶快报警！他们立即赶到北碚区公安分局。方凤富知名度极高，北碚公安局的同志，很多人都知道方凤富的大名。他们热诚地接待方凤富，请他不要着急，慢慢把事情说清楚。公安局的同志一听叙述，首先肯定这是个重大的诈骗案。然后又问这些画值多少钱？方凤富按照"2014年成名翰墨当代（国画）艺术名家润格指数排名"中方凤富画作的价格计算，他的71张画应值一亿元以上。警方一听这是上亿元的诈骗案，非同小可，非常重视，立即组成专案组进行立案侦查。

方凤富能够提供的线索非常有限，就是吴睛的电话和收件地址。北碚公安局立即分兵两路：北上北京，南下广州。警方在北京找到快递公司和快递员，查到方凤富的快件寄到北京都让转送到丰台区富莱茵小区后，由一个30多岁的男子来签收的。而警方到广州了解到，给方凤富打的电话是从广州番禺区新城帝座的一个男子周小伟使用的，而每次吴睛收到方凤富的快件以后，广州那边也会收到吴睛的快件，同样也是寄的字画。于是，警方锁定了广州的周小伟。民警还确定吴睛的真实姓名是占某，与周小伟系夫妻关系，从而确定了周小伟的犯罪嫌疑。5月12日，民警在广东市番禺洛溪如意中心成功将周某抓获，并在他家中搜出了方凤富的71张画。办案民警担心天气太热，画作受损，特地找到当地艺术专家求教如何运输，最终在专家帮助下，利用PVC技术逐一将画作专业封存后才带回重庆。面对民警追回的这批优秀画作，在归还仪式现场上，方凤富激动万分地说："这71幅画是我近20年的心血，今天终于被我们的民警全部追缴回来了，感谢每一位付出努力的民警，为我追回了这些珍贵的作品。我生命的激情又再次焕发出来了，我的雄心壮志又起来了，我决心继续攀登我的艺术高峰，为祖国的艺术事业作出更大的贡献！"

而那两个犯罪嫌疑人最终也受到了法律的严厉制裁。

方凤富多部个人画集出版

从1992年在香港出版第一部《方凤富画集》以后，方凤富登上中国画坛，从重庆到北京、广州，以后到香港、澳门、台湾，后又到日本、阿尔巴尼亚、加拿大、罗马尼亚、再到泰国、法国、马来西亚、新加坡以及欧洲11个国家参观学习交流考察举办画展，视野越来越广阔，胸怀越来越博大，手法越来越精进，艺术越来越成熟，成果越来越丰硕，名气也越来越大。各大出版社纷纷请他出画册、出选集，请他与其他著名画家联合出书的也越来越多！由此，他出的画册也越出越多，越出越好。不但他个人画册出了很多部，而且他与其他著名画家联合出版的画册也越来越多；请他参加各种画册、参加各种展览的也越来越多。从这节起，笔者拟在以下几节分别论述。

（一）方凤富出版的第二本画册是2003年四川美术出版社出版的《方凤富葡萄画集》。

这是八开大版本的画册。主要收录了方凤富创作并由国务院紫光阁收藏的《硕果清香》（136cm×68cm），国务院北戴河管理处收藏的《明珠累累》（369cm×115cm），钓鱼台国宾馆收藏的《硕果累累》（210cm×136cm），人民大会堂中华厅收藏《明珠滴翠》

（200cm×100cm），人民大会堂收藏的《明珠累累》（198cm×96cm），人民大会堂宾馆收藏的《硕果累累》（136cm×68cm），人民大会堂宾馆收藏的《清香》（136cm×68cm），天安门城楼收藏的《苍藤满架满缀明珠》（369cm×115cm）等。画册后附《活动年表》收录方凤富的照片，其中有方凤富与沈鹏、靳尚谊、娄师白、刘艺等人的珍贵合影。

画册前有方凤富的《自序》：

十年前就有许多美术爱好者建议我出一本有关葡萄的画集，十年来朋友们的期望一直萦绕于心怀。继出版《怎样画紫藤》《写意花鸟画技法》《方凤富画集》《百鹤朝阳画集》等书之后，终于草成这本《方凤富葡萄画集》。

40余年从艺生涯，我画得最多的当数葡萄，而引领我进入这玲珑剔透的艺术世界的是恩师苏葆桢教授。我于1957年从西南师范大学音乐系转入美术系学习，有幸做了葆桢先生的弟子。葆桢先生的中国花鸟画声名远播，特别是他的写意葡萄，将西画的亮感、光感和质感等融入葡萄画创作，自成一家，"苏葡萄"享誉中外。多年来我继承葆桢先生画风，并在技法上不断探索，将写意、勾勒、染色结合起来，丰富了写意葡萄的技法，尤其是在以白、绿两色表现对象的光感、体感等难度极大的白葡萄、绿葡萄创作上更是有所体会。《方凤富葡萄画集》正是我继承苏派葡萄画基础之上的心得之作。古往今来，葡萄以它晶莹剔透的视觉效果，撩拨着诗人与画家的创作灵感，笔下流泻出难以计数的以葡萄为对象的名篇佳作。唐代诗人刘禹锡对葡萄而歌："野田生葡萄，缠绕一枝蒿，移来碧墀下，张王日日高。分枝浩繁缛，修蔓蟠结曲。扬翘向庭柯，意思如有属"；李白更是忘情而颂："百年三万六千日，一日须倾三百杯，遥看汉水鸭头绿，恰似葡萄初泼醅"。明代文学家、书画家徐渭泼墨而成《葡萄图》，意犹未尽，又一气呵成题画诗："半生落泊已成翁，独立寒斋啸晚风。笔底明珠无处卖，闲抛闲掷野藤中！"借纸上葡萄，发泄一生怀才不遇、生涯潦倒的苦闷情怀。

"笔墨当随时代"。今天艺术家们笔下的葡萄早已成为我们这个欣欣向荣的时代代言物。它表达真实亲切的人间烟火，让人感到生活值得欣赏和珍惜，它不再是徐渭眼中"笔底明珠无处卖，闲抛闲掷野藤中"的阿堵。我是我们这个时代的歌者，以画为诗，借画而歌，我笔下的葡萄枝繁叶茂，果实累累，色泽纷披，错综交叠，相映生辉而富于变化。就审美效果而言我的葡萄诚非真实生动所能涵盖，自有其逼人之生机，洋洋然于表现之外，为富丽堂皇、雍容华贵之神韵，正是"野田生葡萄"向"移来碧墀下"的移情互换。我笔下的葡萄成为我心灵之歌的外化物。中国画坛不乏画葡萄的名家大师：明代徐渭，清代吴昌硕，近现代齐白石、苏葆桢等大师们都在不同历史时期各领风骚，留下了许多佳作和宝贵的创作经验。改革开放以来，又涌现出一批以葡萄为题材的中青年画家，薪火传承，画坛因此而月异日新。我愿与同行们一道为葡萄画涂抹出尽可能斑斓的色彩。

是为自序。

2003年7月1日于重庆西南师范大学

（二）方凤富的第三部大型画册是2006年出版的《方凤富画集》。

画集由当时已经97岁高龄的中国著名学者、国学大师文怀沙先生题写书名，齐白石的关门弟子、中国著名美术家娄师白作序。该画册是为纪念方凤富教授从艺50周年。当年，在重庆三峡博物馆举办了极其隆重的方凤富画展暨《方凤富画集》出版首发式。该画册由葡萄篇和花鸟篇两部分组成。葡萄篇中收入其创作的墨葡萄、白葡萄、法国葡萄共42幅：花鸟篇收入花鸟画85幅。其中《秋色浪漫》《春暖》等巨幅作品分别被人民大会堂、天安门城楼等单位收藏。

娄师白是齐白石的关门弟子，中国著名美术家，他与方凤富十分友好，他为《方凤富画集》写序：

20世纪后期，走上改革开放之路的中国迅速在东方崛起。伟大的时代激励着艺术家的创作激情，中国画的创作迎来新的繁荣，传统中国画技法也焕发出勃勃生机。方凤富就是在这时期涌现出来的一位传统功底深厚的中国花鸟画家，他在创作中取得的成功值得祝贺。

方凤富20岁开始学习绘画。受业于著名画家苏葆桢、李际科、郭克等教授。他刻苦钻研传统，学风严谨朴实，近50年来，笔耕不辍，牢固掌握了中国花鸟画传统技法，功力深厚。他的作品生活气息浓郁，浓重的水墨与斑斓的色彩有机地融合，既雍容温婉又蓬勃灵动，以其活泼爽健之气，直入人心。

有这样一则趣闻，在一次与外国人的商贸谈判陷入僵局期间，外方代表在人民大会堂餐厅中看到方凤富的一幅葡萄画作，立刻被吸引了，因为他们的家乡也盛产葡萄，画中东方的绘画表现特色深深打动了他们。他们一边品尝着中方提供的葡萄美酒，一边欣赏着富丽恢宏的"葡萄"佳作，豁达之气油然而生。在方凤富先生的"葡萄"营造的良好氛围中，双方打破僵持，很快地达成了一致。这正是艺术沟通了人们的心。它说明中国传统绘画语言的魅力所在，方凤富先生的花鸟画作品的确有这种魅力。

这篇序言高屋建瓴，言简意赅，从时代、社会、艺术发展的高度肯定了方凤富是"传统功底深厚的中国花鸟画家"。并对方凤富的艺术风格作了精辟的概括："他的作品生活气息浓郁，浓重的水墨与斑斓的色彩有机地融合，既雍容温婉又蓬勃灵动，以其活泼爽健之气，直入人心。"

特别让方凤富感动和自豪的是，娄师白在序言中传递了一个重要信息：就是方凤富陈列在人民大会堂宴会厅中的葡萄画在中英谈判中还发挥过一点作用。我查看了上面引用的娄师白的序言的原文中写的一则趣闻是：

在中英香港回归谈判陷入僵局期间，英方代表在人民大会堂餐厅中看到方先生的一幅葡萄画作，立刻被吸引了，因为他们的家乡也盛产葡萄。而画中东方的绘画表现特色深深打动了他们。驻足良久，当他们一边品尝着中方提供的葡萄美酒，一边欣赏着富丽恢宏的"葡萄"美景画作，豁达之气油然而生。在方凤富先生的"葡萄"营造的良好氛围中，双方打破僵持，很快地达成了一致。这正是艺术沟通了人们的心。它说明中国传统绘画语言的魅力所在，方凤富先生的花鸟画作品的确有这种魅力。

我问方凤富为什么把娄师白序言中写的中英香港回归谈判改成了与外国人的商贸谈判呢？方凤富说：他在出版这部画册发表这篇序言时，考虑到艺术应该同政治稍微保持一定距离好一点。再说，这些事情也应该保守秘密，因此就把中英香港回归谈判改成了与外国人的商贸谈判。现在，事情已经过了20多年了，而且人民大会堂的领导后来也给我谈起这件事，我想可以把这件事公开了。

《方凤富画集》上卷"葡萄篇"有李正和田旭中先生的两篇短文，提纲挈领，言简意赅。长安籍画家、清华大学美术学院访问学者李正写的《凤富笔下的葡萄》曰：

方凤富，重庆忠县人，1937年生。1956年考入西南师范学院音乐系，1957年转入美术系学习。现为西南大学美术学院教授。擅长中国花鸟画，受业于著名画家苏葆桢、李际科、郭克等教授，对任伯年、张书旗等大师作品也有较深的研究，同时广泛吸取大家之所长，在继承传统的基础上，力创新意，严谨朴实，清新典雅，具有鲜明的艺术特色和浓郁的生活气息；特别是所画的白葡萄和白藤花，将写意、勾勒、晕染相结合，力创新意，很有心得。作品多次参加国内外重大展览和大赛，屡次获奖。方凤富出版有《方凤富画集》《怎样画紫藤》《写意花鸟画技法》《百鹤朝阳》《方凤富葡萄画集》等画册；曾多次担任各类美术展、书法展评委；个人小传和学术成果先后被20多部名典载录。

四川著名书画家田旭中《画苑珍果谁家好，唯重方君白葡萄》曰：

纵观当今中国画坛，以画葡萄为能事者不乏其人，但造诣精深、画风独到者却鲜见。七八十年代，川籍画家苏葆桢先生所画的墨葡萄和色葡萄曾独领风骚，称盛一时，人称"苏葡萄"：画人争而摹之，爱家购而藏之，此谓画坛佳语。如今，果能承其衣钵并又在苏先生基础上有发挥创新者，必推方凤富先生无疑。方先生出于苏先生门下，现为西南大学美术学院教授，擅长花鸟画，尤工葡萄，特别是白葡萄。他笔下的白葡萄水分足、质感好、色泽鲜，让人望而垂涎。

在葡萄画法上，方凤富教授有着与众不同的表现技法，即将写意、勾勒、晕染融为一体，互相补充，相映成趣。他画叶子时常采用黑中加色的特殊处理技法。因而十分润泽清新。此外，方教授画白葡萄一改以往苏葆桢以工为主、串串相叠的方法，而采用一串一串的半工半写的勾勒法，叶子的率意与白葡萄的精致恰成对比，故而画面显得醒目生动。这种画面处理技法堪称独具风格。白葡萄尽管只是方凤富教授的一个独特品种，但仅此项也足以使其饮誉画坛了。笔者认为，艺术性和观赏性非但不矛盾，且有一致性、共同性。方教授的白葡萄算是两者结合的一个范例。（香港《大公报》2006年6月4日）

《方凤富画集》下卷花鸟篇，前有1963年毕业于北京师范学院中文系、任职于《文艺学习》杂志副主编的著名文艺评论家沙雁先生所著《凤彩映龙光　富丽亦堂皇——简论方凤富教授花鸟画之成就》一文：

细品方先生画作，油然生出一种亲情，如睹故人。这是因为每幅作品所展示的是名副其实的中国画的风貌与神采，是地道的国粹之作，国画之笔墨，国画之敷彩，国画之气势、意趣与神韵。并由此很快地想到同样具有中国特色的两个词语"凤采"与"龙光"。

"凤采"者，斑斓富丽之色，雍容温婉之仪也。"龙光"者，蓬勃充沛之气，灵动灼烁之象也。方凤富先生之花鸟画来自传统，且功力极深，此自不待言。其作品固以工笔为主，一草一叶，一丝不苟，却又于精细纤巧之外，绝无僵滞刻板之弊；笔法严谨，布局停匀和谐，虚实结构以平实为主，不求奇险，却又活泼生动，婀娜多姿。其中每有写意花鸟画之意趣，爽健而跌宕，盎然可见大自然花卉翎毛之奕奕机趣，却又毫无粗悍疏率之瑕疵。是故我谓方君之作，得凤采之形，而兼显龙光之象。且观《硕果清香》所绘葡萄，不独精细入微绝无冗墨余笔，又枝繁叶茂，硕果累累。葡萄固晶莹如珠，光鲜可鉴，且色泽纷披，错综交叠，相映生辉而极富变化。就审美效果而言，诚非真实生动四字所能涵盖，自有其逼人之生机，洋洋然于表象之外，是为富丽堂皇、雍容华贵之花卉精品（此图巧用墨 167

色作基调，乃得丰厚凝重之效）。其为国务院紫光阁所珍藏，固非偶然。

凤富先生犹以擅画紫藤而负盛名，此外所刊之《春暖》亦堪称神品。但见虬枝屈曲舒张，紫藤聚簇垂络，色彩深浅参差，疏密有致，数只鸟雀飞鸣其间，典雅之韵与秀逸之趣跃然纸上。斯图写紫藤，繁茂密匝，多彩多姿，却了无冗杂凌乱之痕；且又处处有笔意，即使每片藤叶亦顾盼照应之妙。藤枝纯系黑色，却又毫不滞涩僵硬。其以墨为主，娴熟驾驭墨色之功力，及彩墨相生、彩中含墨，水乳交融之长枝，庶几叹为观止。

画家还善于用各种风格迥异之形式，描摹不同之题材，如《山涧鸣声》就近似套色版画，别具艺术趣味。画家在营造画面种种特定氛围亦驾轻就熟，炉火纯青。《雨后荷塘》与《晨雾》，皆写荷塘，而前者较凝重，后者较空灵，却皆厚重而不单薄、孱弱。前者于幽邃之氛围中犹带些许暖色；后者于空灵朦胧中，自呈几分轻寒。氛围各异，则意象有别，水、墨、彩综合运用之妙，于此判然。至于《天府丹荔》之热烈与恬淡共存，繁茂同清雅谐处，自为识者所共鉴，毋庸赘言。

方凤富在画册最后的《后记》中说：

转瞬间，我已经退休九年了，今年又时逢70华诞。为记录求艺问道之心路历程，现将多年来教学、创作的翎毛花卉作品选编成册，分葡萄篇、花鸟篇两部分，共100多幅画，呈献给广大读者和诸位朋友。

首先应该说明的是，我不属于天赋异禀的天才，所以只有通过勤勉不辍的钻研才能有所得。1956年我从忠县的一个边远山区，考入西南师范学院音乐系，后因嗓音出现病变，不能继续完成学业，一年后转入美术系学习。那时，我一点绘画基础都没有，摆在我面前的道路只有一条，那就是加倍努力，拼命用功。此时，我亲聆了苏葆桢、李际科、郭克等老师的耳提面授，这也许是一生中最重要的时刻。那时，我就像个对什么都好奇的孩子，进入了一个美丽的新世界，老师们每一种艺术的表达形式都让我着迷，让我受益。理想在这里启程，奋斗成就梦想，在美术系我只读了两年半，但好景不长，学校要我提前毕业留校，并从事行政工作长达16年之久。坦诚地说，我当时基础太差，并没有学到多少绘画知识和技法。

穷则思变，笨鸟先飞。1960年至1963年，正值我国发生严重自然灾害时期，我的生活条件和学习环境都极差，但为了全面提高自己的绘画水平，以弥补先天不足，我白天工作，晚上在自己的寝室画画，焚膏继晷，不分春夏秋冬，连续坚持了近三年，在此期间我拜苏葆桢先生为师，专攻中国写意花鸟画，潜心钻研，从而打下了坚实的基础。在那个年代，跟苏先生这位从旧社会过来的知识分子学习绘画是要带风险的。因此，我只能夜深人静时去苏老师家求教，他从无怨言，并悉心指导，其家人对我也十分关照。后来系上个别领导人知道我在跟苏葆桢老师学画画，竟要我同苏老师划清界限，给我施加政治压力！由此可见，当时我和苏老师都承受着双重压力。如今苏老师已经离开我们16年了，我每时每刻都在深深地怀念着他。苏老师去世后，我又继续得到李际科、郭克等老师的指导和帮助，综合素质也有了进一步提高，并最终成为一名教授和艺术家。

大家知道，我的花鸟画有一鲜明特点就是师法张书旗、苏葆桢先生，但师其心而不泥其迹，得其精髓而不求貌似。今天，我推出的这本画集，如有点滴进步和成绩，都与当年几位老师的指导、教诲密不可分。我将铭记教诲，秉承师训，继承和发扬苏派艺术，让它世代相传。在画集出版之际，承蒙97岁高龄的著名学者、国学大师文怀沙先生的厚爱，亲笔题签，国画大师娄师白先生专为画集写序，同时得到了广州迪恩龙腾广告有限公司、山西省龙宝斋书画社鼎力相助，在此表示衷心感谢！最后，向关心、支持和帮助画集出版的社会各界人士及朋友们一并致谢！

方凤富2006年6月18日于缙云山麓东凤阁

（三）方凤富的第四本画册是北京旅游出版社2009年出版的《中国当代书画名家——方凤富花鸟集》。除少量80年代的作品外，本集主要收入2005—2007年新近创作的作品。印制十分精美。

（四）方凤富的第五本画册是解放军艺术出版社2010年出版的《中国近现代名家——方凤富作品选粹》。

　　画册前沙雁先生著文《凤彩映龙光　富丽亦堂皇——简论方凤富教授花鸟画之成就》（略）。还有田旭中的《画苑珍果谁家好，唯重方君白葡萄》（略）。还有《七十起步破茧重生——方凤富花鸟画作品研讨会纪要》（略）。

　　这部画册主要选的方凤富在七十起步以后的大量大写意的作品。这些作品都画得潇洒狂放，纵横飘逸，无拘无束，自由浪漫，极为生动、精彩。第七页的《醉金秋》（145cm×360cm）褐色百年老藤纵意穿插，粗犷豪放，任意驰骋，不可端倪；而绿色葡萄肆意悬垂其间，两相对照，两相呼应，气象恢宏，意境深邃，一气呵成，一气贯通，诚为佳作也。《玉珠清香》（125cm×124cm）则秀丽雅致，清新迷人，藤蔓纤细柔软，纠缠着一串串嫩绿的葡萄，显得清新俊美。如果说，《醉金秋》是北方的雄健的大丈夫；那么，《玉珠清香》则是江南美女了。《田园秋趣》用浓墨写出的粗黑的叶子，与藤蔓上垂吊的三根绿色的丝瓜，粗狂与细腻相互映衬，极为美艳。

　　（五）方凤富的第六本画册是2012年天津杨柳青画社出版的《中国当代名家精品丛书——方凤富花鸟作品精选》。这是4开的大型画册，选了38张画。这些画大多为2007年开始"七十变法"探索大写意画法之后的新作，显示了方凤富70岁以后还焕发了艺术青春！

　　该画册前有曾任天津美术学院副院长、绘画系与工艺系主任、天津市书法家协会副主席、中国美术家协会理事、中国书法家协会理事、天津美术学院终身教授、天津市美术家协会名誉主席，享受国务院政府特殊津贴的孙其峰先生的序言《西南画派又一高峰——赏方凤富的花鸟画》：

　　我们的美术史上从来就有"借古以开今"的这样一条发展的脉络，这一点从方凤富先生的艺术发展轨迹中有着清晰的体现。他承花鸟画传统之意蕴，以画葡萄图而闻名，他的墨彩葡萄图，追求一种非常富丽明亮而又纯澈生动的境界，他的那种非常清透的笔墨，都来自这样一种精神。

　　笔墨紧随时代，如何在师承的基础上独辟蹊径，形成自己的风格，这是方先生一直认真思考和执着探索的问题。师承于我国著名葡萄画大师苏葆桢先生，方先生的作品具有坚实的传统基础，不乏鲜活的现代气息，经过长期的参悟，他大胆创新，从表现技法和风格表现上进行着自己的思考。他以西方的写实绘画的技巧及素描关系为我运用，在工笔的细致中赋予了作品以国画的写意性，以及自己对造化的感悟，逐步形成独具特色的国画风格。他笔下的葡萄，晶莹剔透，呼之欲出，摇曳生姿，生动逸脱的笔墨，布局灵变的造型，清新俊俏的色彩，富有一种当代的文人雅趣，彰显着一种精巧夺目、优雅动人、通透可感的内在生命力。他所画的白葡萄和白藤花，将写意、勾勒、染色相结合，力创新意，传神感人。

如若要做得精到传神、感染观者之画，须得在"气韵"二字上颇下一番功夫。方先生笔下的墨彩葡萄图，妍丽细致，气韵迭出，虚实相生，美不胜收，纯乎本质。一串串葡萄压在枝头，清甜可人，一枝一叶，相互映衬，恍若流光溢彩的梦影，时有鸟儿相伴，天趣横生，其笔触间释放着那般明净而灵动的气质，非常具有感染力。颇为可贵的是，先生的作品在富丽堂皇中，还流动着一种绝于尘俗的清气。一方面绝于尘俗，一方面又能雅俗共赏，这样的匠心独运，如此的大家手笔，非一朝一夕所得。

"清"是一种境界，是一种精神，一个"清"字，表达了一个人精神境界的追求，是一个清静的灵魂赋予了作品以"清"的特质。"胸中无尘滓，下笔如有神"，源于自然的作品以清灵之底气营造出了一种超越自然的人格之美。这样的作品，雅俗共赏，百看不厌。时至今日，方先生固然已取得了可贵的成绩，然而中国画之路，漫长而修远。方先生发展的空间无限宽广，我们希望他一方面能固守住自己的笔墨底气，同时能够随着时代的发展，不断超越自我，开拓新篇，留下更多的葡萄美图，经典之作！方凤富正在以沉潜的心情，辛勤地创作，为中国画的繁荣贡献自己的力量。

2012年1月5日

画册收入方凤富2005年以后所画的一些大写意的葡萄精品，如《异彩明珠花更艳》（2005），《春风迎客来》（2007），《醉秋》（2007）

《秋风送果香》（2007），《苍藤缀明珠》（2003），《金秋》（2007）《醉金秋》（2010）《鸟鸣惊秋》（2006）《秋香醉人》（2011），《晨露》（2003）等，都是狂放恣肆的大写意，标志着方凤富的绘画第三阶段已取得重大突破。

（六）方凤富出版的第七本画册是《葡萄熟了——方凤富法国巴黎作品展专集》。这是2014年3月为"方凤富法国巴黎作品展"在巴黎开展而专门由中国少数民族文化艺术基金会与巴黎中国文化中心合编印制送巴黎观众的。所以印制特别精美。

画集选入方凤富70余幅精品佳作——

《硕果累累》《期待》《秋香》《梦忆》《鲜花盛开硕果飘香》《玉珠清香》《紫玉流香》《春晓》《异域明珠惹人醉》《笔走龙蛇果飘香》《深秋时节》《藤上明珠滴香露》《明珠清香》《香荔红欲燃》《鲜花盛开硕果丰盈》《色染秋风果醉实》《不知果实是酸甜》《明珠醉秋》《秋光》《春花秋实》《汗水换来硕果香》《明珠醉秋》《秋风戏明珠》《硕果丰盈》《玉珠垂露》《秋韵》《醉秋》《异彩芬芳》《明珠清香》《硕果清香》《秋韵》《硕果》《秋韵》《秋香》《玉珠飘香》《醉秋》《秋韵》《明珠飘香》《新秀》《凝香》《凝香》《晓月》《林中情趣》《春趣》《春暖》《春意》《秋实》《秋光》《夏韵》《月光影下鸟相聚》《清晨》《山涧鸣声》《南国风韵》《醉秋》《松鹤延年》《小憩》《鹤舞》《朝阳》《兰香》《寒冬犹有绿竹翠》《春暖》《山花》《月夜山花红似火》《馨香》《雨林风光》《秋色烂漫》《亭亭玉立满塘欢》《晨雾》等。

该画集前有中央美术学院教授、博导，中国美术家协会理论委员会名誉主席、中国画院美术研究院院长邵大箴的序《生灵脉动葡萄家园——方凤富的葡萄画》和孙其峰的序《西南画派又一高峰——赏方凤富的花鸟画》。孙其峰之文前已介绍，此处从略。邵大箴的序曰：

作为一名生活在当代的艺术家，其成功的一个重要标志是他能够处理好传承与创新的关系，他能很好地将传统的东西延续下来，发扬光大，并最终能创造出自己独特的艺术风格。

首先，从方凤富先生的作品，可以感受到先生对于传统艺术的尊敬和爱戴，方先生是我国著名画家苏葆桢的入门弟子，先生十分重视中国绘画的审美传统，画技炉火纯青，很见深厚的传统绘画功底。其次，他并没有被传统水墨所束缚，而是笔墨紧随时代，从表现技法和风格表现上进行着自己的思考，成果斐然。

中国画之用笔，神乎其技，而技法终究是为我服务，方凤富先生技艺上的变法，绝不是简单的改弦更法，而是为了更好地表现韵味，表达境界。他画的白葡萄可谓另辟蹊径，画面既可见淋漓畅快的写意神韵，也可感光鲜细腻的写实意趣，将写意、工笔、勾勒、晕染融为一体，可看到下了不少苦心，一串串晶莹剔透的白葡萄，半工半写，勾勒而成，悬挂在上，通透饱满，健康雅致，富有光泽，似乎要滴出水来；叶子晕染的墨色和葡萄相映成趣，枝叶和葡萄的过渡中很有层次感，在一种灵动的渐变中升腾出一种动人的光泽，焕发出一种清新别致的味道，美得通透，巧得夺目，流淌出一种和谐生动的旋律。

"造化钟神秀"，先生注重师法自然，积累素材，积极探索，在写生中寻求天人合一的精神，在创作中融会个人心性，且用文人的眼光赋予了身边平凡的事物以雅致气息。一枝一叶，一颗一粒，流淌出不俗的性灵。方凤富先生源于自然的作品营造出了一种超越自然的人格之美。他的花鸟画，可以说既登得上高雅殿堂，又可自由穿梭于寻常百姓家，让人感受到一种纯净、生动的笔墨意趣。无疑，这样的画家也是富有一颗珍贵的爱心和善心的。

如此平易近人、雅俗共赏的作品，自然得到了社会的广泛认可，为画家赢来了多方赞誉。而这一点又给我们提供了这样一个思考：如何使高雅艺术成为大众需求？让大俗和大雅之间如同水乳交融般没有了距离，又需怎样的先天才情和后天修炼才足以造就？

方凤富先生已入古稀之年，这是一个"人书具老"的境界，对于中国   173

画家来说，就意味着其人生历练、生命体验的丰富，标志着他的艺术达到了成熟且向高处攀登的阶段，而通过方先生的作品，也可以看出他对自然生机的感悟、对笔墨意境语言的积累，把握到了一定的高度。而方先生依旧笔耕不辍，沉潜于无止境的艺术探索之中，期待方凤富先生能在今后的艺术创作中尽情挥洒！祝愿先生在中国画的发展之路上筚路蓝缕，将"葡萄画"玩味出更多的时代气息，一方面迎来自己艺术上的自由王国，一方面为中国画的发展做出更大的贡献！

（七）方凤富的第八部画册为2015年由杭州中国美术学院出版社出版的大型画册《中国当代名家画集——方凤富》。

该画集分量很重，策划独具风格，设计新颖高雅，收入了方凤富从1972年至2014年40多年间创作的花卉翎毛、植物瓜果等画作200余幅，全面展示了他的艺术历程和艺术成就；尤以葡萄画最具代表性，继承与创新交融，彰显时代新彩。画册中不但收录了他为人民大会堂、全国人大会议中心、中南海紫光阁、钓鱼台国宾馆、天安门城楼、毛主席纪念堂等首都重要场所陈列收藏的大幅佳作，还精选了在北京中国美术馆、泰国曼谷泰中文化艺术交流中心和法国巴黎法中文化交流中心举办个人画展的精品力作及获奖作品。画集特别收入方凤富为家乡忠县创作的10米长的葡萄巨制《玉润珠圆献瑞气　良辰美景乐丰年》（1000cm×145cm）和捐赠给母校西南大学的8米长的大型花鸟画《百鹤朝阳》（800cm×200cm）以及长3米多的《玉羽迎春》等大画。画册中，《玉珠垂露》《秋酣》，色彩特别的新绿鲜嫩，夺人眼目；《期待》一画中，葡萄果实形态特异，藤蔓交叉纵横，色彩奇丽，标题更孕育着众多的深刻含意，令人玩味不尽；《秋酣》《秋韵浓》色彩都特别鲜艳；《秋香醉人》《秋韵》《硕果香》都极其新鲜，美艳之极！《紫气东来》大幅紫藤，丰满动人。

另外，作品集分专页展示了方凤富艺术活动掠影照60余帧和获奖证书、收藏证书、拍卖证书、捐赠证书、聘书等。

　　画册收录了十余篇评论文章。这些文章，从各个方面、各个角度论述了他的艺术特点及艺术成就和艺术高度。现选录如下：

（1）中国艺术研究院美术研究员、博士后指导并兼任文化部造型艺术成就奖评委，现任河北大学艺术理论研究中心主任郎绍君先生撰写的文章《硕果枝头俏 墨遣万里香》：

莹莹若珠玉，沉沉压卷头。展开方凤富先生的画作，顿觉眼前流光溢彩，喉间馋涎作梗。他画的葡萄，或串串悬坠于枝头，或堆堆充盈于篮中，晶莹若珍珠，剔透如寒露，颗颗鲜翠欲滴，粒粒吹弹可破，无愧于"葡萄王"之美誉。

中国的绘画艺术博大精深，流派众多，而花鸟画更是以其悠久的历史和卓著的成就成为国画艺术的重要分支。古往今来，众多艺术家都在这一领域开拓了自己的一片疆土，拥有着自己最擅长的表现对象和艺术语言，如唐代边鸾的孔雀，五代郭乾晖的鹰，北宋崔白的雀，南宋李迪的禽，元代王冕的梅，明代徐渭的墨花，清代朱耷的鱼，近代吴昌硕的花卉等。勇于创新，独树一帜，方成大家之道。在这一点上，方凤富先生是幸运的，初入画坛，他便得到了素有"苏葡萄"之称的苏保桢老师的悉心指导，从此进入了葡萄画那玲珑剔透的精彩世界。在构图和色彩上，他都得到了恩师的真传，将图画法演绎得出神入化，更是将西画的巧妙构图和明暗对比运用得恰到好处。尽管已达到如此成就，方老师却远远不甘于浅尝辄止，在对前人的继承上，他还取法乎上，追溯国画之渊源，认真研习任伯年、张书旗等大师的作品，终融会贯通于一体，形成了独具一家之风格却又不乏厚重之功底的自家特色。

从传统中走出去，从生活中走出来，这是蕴涵于各种艺术门类中亘古不变的真知灼见。传统与现实是艺术的双翼，任何一个画家想要有所成就，必须融二者于一体，平衡两翼，才能"海阔凭鱼跃，天高任鸟飞"。艺术源于生活，贵在一个"真"字，方能有打动人心的力量。方老师的葡萄画作虽看起来富丽堂皇，却分明又朴实亲切，藤蔓间或葡萄下的鸟雀更是活灵活现，仿佛喧闹于耳边，整体看来不乏师法于造化的灵性与真诚，175

又充满传统写意花鸟画的闲情与意趣。

此外，方老师不仅虚心研习前人成果，更注重自身创新。他将西画的结构、空间感等造型因素融入中国画独特的勾勒、晕染等笔墨写意精神之中，他的葡萄在视觉上不仅达到了栩栩如生的真实感，还实现了硕果累累的厚重感，突破了传统中国画的二维效果，营造出立体生动的质感和量感；同时他还在画中点缀以鸟雀松鼠，或吵闹于藤蔓之间，或翘首于珠宝之下，乍一看去，妙趣横生。由此不难发现，方老师追求的是一种抓住传统花鸟画的精髓却又独具现代性，超越了传统写实主义的大写意精神。

"老当益壮，宁移白首之心；穷且益坚，不坠青云之志。"年逾古稀的方老仍壮心不已，提出"70变法"，决心开拓自己葡萄画为主体的花鸟画大写意领域，颠覆此前图式的单一性，进一步探索葡萄图像的内在结构，将葡萄的自然形态向绘画表现形式进行全方位转换，真正找到葡萄绘画的现代表现空间。

我们钦佩方老的胆识和魄力的同时，对他寄予了更大的期望，祝愿他在创作中描绘累累硕果的同时收获更多的喜悦和成就。也希望青年画家能学习方老不畏艰难、勇于创新的精神，将国画艺术推向更高更远的世界艺术殿堂！

2011年11月10日

（2）著名文艺评论家沙雁先生著文《凤彩映龙光　富丽亦堂皇——简论方凤富教授花鸟画之成就》。（前已刊载，此处从略）

（3）田旭中文《画苑珍果谁家好　唯重方君白葡萄》。（前已刊载，此处从略）

（4）中央美术学院教授、中国美术史学家、著名美术评论家、中国美术家协会书记处书记、《美术》杂志主编邵大箴著文《生灵脉动葡萄家园——方凤富的葡萄画》。（前已刊载，此处从略）

（5）泰国美术评论家郑燕燕写了《葡萄盛宴域外香》一文：

平心而论，定居泰国几十年，观画展无数，逢大家几多？虽有名流大腕莅临，使旅泰华人面鲜颜光。但像方凤富教授这种德艺双馨的艺术家却不多见。方教授已然硕果累累，所画葡萄被誉为中国的"葡萄王"。盛名之下，方教授仍能淡泊名利，不懈地追求"天人合一"的崇高艺术境界，并始终保持着一种中国古代文人一直所仰慕的感悟人生、弘扬自我的情操。

在方教授的作品画面上，我们可以清楚地看到南宋时期花鸟画清秀明丽的绘画风格。在其笔下，无论是晶莹剔透的葡萄，还是饱经沧桑的枯藤；无论是挥墨水晕的荷塘，还是精工细笔的兰花，都早已超出了外表的形似，是画家的个人品格赋予画笔下各类物象特有的灵魂和生命。当然，在画中准确的形象勾勒也弥漫着画家的独特个性。静观方教授的画作，气氛意境性格鲜明，强烈的个性和深层的情感，决定了作品的格调和趣味、境界和品格，构成其画作的内在精神美感。

葡萄是方教授的传神之作，也是其最具代表性的表现物，画家在继承传统的同时，大胆创新，在古老的水墨技法中，运用了现代光感和物体间的相互映照，以中国画特有的淡墨、淡色，湿润出朦胧幽深的气象，在整体画面上，加以渲染、点洒，用新技法烘托古老的线描技法。纵观其作，既可以看到丰富的墨韵、流畅的笔触、严谨的布局、合理的章法、新艳的色彩、奇妙的技法，又可以看到婀娜多姿、摇曳生辉、光彩夺目的各类物象：鲜果令人垂涎欲滴，彩竹令人肃立遐想，松鹤祝君昌龄益寿，荷花让君宁静致远……画作中的水色淋漓、造型丰满、动静相间、阴阳和谐，无不让人感受到作者所追求的"真善美"和崇高的艺术境界，这种超越自然的审美内涵无不贯穿着画家锲而不舍的追求、坚韧不拔的努力，无不被画家的人格力量所慑服，所照亮。今天看到方教授的画作，却有一种人在画中走、神在仙境游之感。尽其画作余韵未了，可体会到画家能静观默察自然，"妙悟"自然，最后超脱自然，以求"心源"与"造化"的统一。

其实，中国花鸟画给人一种陶醉：在平静、无尘、恬淡、自然的意境中忘我，这本是人间的本色，一种应有的本色，这种绝于尘俗的清净是人性的最终向往，也是艺术的最高境界。在方凤富教授的画作中，已经让我 177

感受到了这种脱尘清净的世界。这正是中国花鸟画的精神所在，也是中国花鸟画的生命源泉。

2013年8月11日写于曼谷

（6）毕业于山西师大美术学院和中国艺术研究院高研班的中国美术家协会会员、山西师大书画艺术研究所客座教授石林先生的《聆听这清音》一文：

站在方凤富教授的画前，徜徉于一幅幅国画作品之间，扑面而来的是中国传统画扎实的创作和表现，题材采撷的是鲜明的巴蜀风土，是真实而亲切的人间烟火。

方凤富先生是西南大学美术学院教授。近年来看画展，对于那种在大学里一直担当教学工作的画家，我特别关注，每次总能从这些画家中间感受到绘画基本功千锤百炼的圆熟光润。方凤富的作品用的是中国画纯粹的传统技法，是那种用弦管丝竹演奏中国民族音乐、表现中国人心气平和的作品。

我喜爱的是方凤富先生那种对人间烟火的亲近和不厌其烦的表现，比如在画展中看到一幅《葱花》，就让人很感动。我短浅的观画经历中是第一次看到有人画它。他画的白菜，洋溢着喜悦，像一个菜农面对菜园的惬意。他画的芋头，那掩饰不了的写实，让人感到画家的憨厚。有人说他的画没有落入古人的清高寡淡，而热衷于渲染人间烟火的富足温暖。说得很准。有几幅花卉作品，山间野花，乱石夹杂，却很有生气。方先生说："这就是我们那儿的平常东西，山里的花。"

山里的花是画家心中的花。方凤富先生出身农家，对土地有着深厚的感情，是最容易对大地的回报表达感激与赞美的人。因此他的画中充满着喜悦、富足和珍惜、欣赏，是繁忙的生活中爽人身心的清音。

1998年12月

（7）"七十起步 破茧重生"——方凤富花鸟画作品研讨会纪要。

178 （前已刊载，此处从略）

（8）西南大学美术学院教授邱正伦先生著文《七十变法晚来风急——中国当代花鸟画大师方凤富作品解读》：

方凤富的花鸟画大致可以分为三个艺术阶段：一是从学音乐到转学美术，二是方家白葡萄，三是大写意与方葡萄70变法。

要探讨方凤富第一阶段的创作，就得从他学音乐到转学美术开始谈起。1956年，方凤富考入西南师范学院音乐系，翌年转入美术系。正是这一变化，成为方凤富人生的新起点。这期间，方凤富主攻花鸟画，又特别钟情于画葡萄。他师从著名画家苏葆桢、李际科、郭克教授，对任伯年、张书旗等大师的作品也有独到的研究，同时博采众家之长，最终自成一家。

方凤富第二阶段的创作以独树一帜的"方家白葡萄"饮誉于世。这期间方凤富的葡萄绘画，已经突破了"硕果累累"、或者"累累硕果"的"丰收型"图像样式，打破了此前以工笔为主、串串相叠的单一性技法，创造性地采取了兼工带写、半工半写、一工一写表现性勾勒法，做到了形神皆备，达到了艺术批评家沙雁所描绘的视觉景象状态："凤彩映龙光，富丽亦堂皇"。正是在这一阶段，形成了方凤富特定独到的葡萄画风格，并由此使"方葡萄"声名远播。

第三阶段，也就是方凤富70起步变法的阶段。这一阶段来之不易，它不仅是对艺术家才智、胆魄和心力的一种检验，同时也是对画家是否长寿的一种挑战。在我看来，国画家的"衰年变法"往往与画家的长寿有着不可剪断的纠葛。方凤富无疑是具备这种挑战的勇气的，他创作的艺术追求也似乎在预示着方凤富"70变法"成功的可能性。

必须说明，方凤富葡萄绘画的大写意探索，并非表现在简单地丢弃葡萄绘画的工笔技法，事实上，工笔技法永远是方凤富葡萄绘画的优势所在。其变法的根本动因始于对此前图像样式的单一性不满，需要在整体构图方面拓宽葡萄绘画的表现空间，另外进一步探索葡萄图像的内在结构，将葡萄的自然形态向绘画表现形态进行全方位转换，真正找到葡萄绘画的现代表现空间，告别此前单一的、静态的、平面的描绘模式。也就是使画 179

家笔下的葡萄从圆润透明的珍珠型向轮廓分明的钻石型转换，使葡萄对纸张产生压力感、空间感、体积感、重量感，不再无尽地扩大光与色彩的神话，而是用这个夸张、变幻的神话重新构造出一个有着内在紧密结构的钻石体系。对方凤富而言，这种花鸟画大写意创作不再是一种习惯意义上年轻人的艺术尝试，或者说是年轻人对某种艺术时尚的简单追求，而是画家年迈70开始变法的艺术旨归。

（9）孙其峰先生著文《西南画派又一高峰——赏方凤富的花鸟画》（前已刊载，此处从略）。

（10）重庆画坛的一段"和平"佳话（于舟子《重庆日报》2013年12月26日15版）。

（八）方凤富出版的第九本画册是《春华秋实——方凤富教授从艺六十周年暨八十华诞作品展》。

2017年是方凤富80寿诞，方凤富的子女和学生热情地为他搞了一个画展，并出版了这部画集《春华秋实——方凤富教授从艺六十周年暨八十华诞作品展》。中国作家协会会员、中国电影家协会理事、中国文艺评论家协会会员、重庆市文联党组副主席杨矿为之作序《老骥伏枥 风华正茂》：

说到方凤富的艺术人生，颇有一点传奇色彩。1937年出生于重庆忠县的他，本是一个与艺术八竿子打不着的贫寒农村家庭的孩子，从小喜欢涂涂画画但不知道艺术为何物的他在迎来翻身解放后，考入了他过去想都不敢想的西南师范学院音乐系学习声乐，一只脚似乎已经迈入了歌唱家的行列。一年后，因为嗓子变声，学校建议他改学美术，这恰好歪打正着地了却了他一直以来的心愿。进入美术系学习后，方凤富如沐春风、如鱼得水，真正找到了人生的方向和位置，尤其对花鸟画大师苏葆桢的作品产生了浓厚的兴趣。在恩师苏葆桢的教诲和熏陶下，他与艺术私订终身，立志和绘画结伴而行。在那个风云变幻莫测的年代，他避开狂热的喧嚣和盲目的纷争，独自躲进小楼，闹中求静，忙里偷闲，不分严冬酷暑、白天黑夜，如饥似渴、废寝忘食地研习绘画，为日后的成功打下了坚实的基础。

1976年10月，伴随着中国拨乱反正大幕的开启，方凤富也迎来了他艺术生命的春天，正式走上三尺教坛，开始了他梦寐以求的艺术教学生涯，并将自己的艺术创作一步步推向了极致，历练成为中国当代屈指可数的葡萄画名家。功成名就之后，声名鹊起的方凤富不忘初心，真诚回馈社会，他几十年来以雷锋同志的精神为榜样，无私培育传人，捐资扶助贫困学生，热心支持教育事业，并常年开办公益的艺术培训。方凤富的绘画，以花鸟见长、葡萄著称。他注重广泛吸收各大流派、诸多名家之所长，在继承传统的基础上注入新的理解和思考，将写意、勾勒、晕染等技法运用得挥洒自如、妙趣天成，彰显出鲜明的艺术特色和独有的艺术气质。葡萄入画历史悠久，自古就是中国文人画家们吟咏歌颂的对象，很多画家都喜欢画葡萄。明代的徐渭，清代的八大山人、吴昌硕，近现代的齐白石、王雪涛、李苦禅等，都曾有过数量不菲的作品传世。更有像苏葆桢这样以咬定青山不放松的精神，终生厮守、乐此不疲、精耕细作且成就卓著的葡萄绘画大家，为后学者树立了标杆和榜样。在大师们的带动和影响下，当代中国画坛活跃着一批专注于葡萄绘画的后来者。他们高擎起传承文化的火炬，用手中神奇的画笔，描绘出了满园的春色和无尽的芬芳。在这批人中，方凤富无疑应该是一位深得真传的佼佼者。

一个人，除了要有一颗勇敢的心，还要有一颗善良的心。只有这样，才能够坚强地面对困难，真诚地对待生活。一个艺术家，除了要有一颗大美之心，还要有一颗大爱之心。因为唯有大美之心，才能发现美、认识美、创造美；唯有大爱之心，才能爱得真、爱得深、爱得久。大爱滋养大美，大美催生大爱。从这个意义上，我们就不难理解年届七旬的方凤富笔下为什么能够持续不断创造出那么多栩栩如生、惟妙惟肖、美轮美奂的艺术形象，给我们带来美的体验和爱的感受。

老骥伏枥，风华正茂。今年是方凤富从艺六十周年，作为一名德艺双馨的艺术家，我们衷心祝愿他百尺竿头更进一步，生命之树长青、艺术之树常绿，为这个伟大的时代奉献更多更好的艺术精品。

2016年8月31日

在方凤富的个人画册中，还有好几本是中国几所著名美术院校为他编辑出版的范画作品集。这种画册应该说反映了画家的艺术水平和技法技艺之高！因为，一个大学，尤其是重点大学对选教材、选范画，都应该是很重视的。他们绝对不可能选没有水平的画家的作品来作为范画的，这说明方凤富的花鸟画尤其是葡萄画，是全国一流的。而这方面的画册，仅方凤富最近找出来给我看的，就有这么几部——

（一）中央美术学院出版社2013年3月出版"范本传真"——《中国高等艺术院校教学范本——方凤富花鸟绘画》。该画册8开大，选方凤富精品佳作20幅，没有装订，每幅均单独用最好的纸张单面印制，十分精美，便于学生学习临摹。中央美术学院是中国高等美术院校的首屈一指的学校。他的出版社用方凤富的花鸟画作为全国高等院校的教学范画范本，说明了方凤富的花鸟画在全国的地位和影响。

（二）江苏凤凰美术出版社2017年出版的《方凤富作品精选——中国高等美术院校教学范本精选》。该社2019年8月又再次出版此画册。画册60页，单面印刷，没有装订，便于学生临摹。

（三）清华大学美术学院2018年出版《名师教学讲堂鉴藏——方凤富花鸟作品精选》。该画册在方凤富简介之后，有孙其峰先生序《西南画派又一高峰——赏方凤富的花鸟画》和邵大箴序言《生灵脉动葡萄家园——方凤富的葡萄画》。该画册精选花鸟画、葡萄画30张，以2017年以来的新作为主，色彩非常鲜艳夺目，构图更加清爽清新，令人一看就着迷，爱不释手。

与知名画家联合出版画集

　　从20世纪80年代末至21世纪20年代末，方凤富由地方到首都，由中国到泰国，到法国，一跨一大步，使人钦佩，令人震撼。他的作品集中亮相，给美术界吹来清新之风。由此，方凤富的知名度、美誉度和影响力与日俱增。人民出版社、中国美术出版社、人民日报出版社、中国文联出版社，香港文汇报、环球时报，中国国家画院、荣宝斋、杨柳青画社等全国40余家国家重点出版社、新闻单位和艺术机构，先后为方凤富出版了《中国国家美术》《中国当代美术名家》《新世纪中国画经典作品》《当代国画大师经典作品集》等百余部各具风采的画册、画集、作品集、纪念集。

　　由于方凤富的花鸟画，尤其是葡萄画的影响越来越大，不少出版社都来联系为他出个人画集，出两人画集、三人画集。方凤富考虑到自己的作品很多人都看不到，不了解，也愿意以多种方式向社会和美术界介绍自己，于是方凤富在出版多部个人画集的同时，也接受了不少出版社的约请，为之编辑出版了很多部二人画册、三人画册、多人画册，以及很多版本的画册、画史。最近，方凤富为配合我写传记，把自己的画册搜集了一下，捧出来给我观赏，竟然有近百部之多。此处摘其重点介绍：

（一）方凤富与知名画家出版的两人画册

2006年，中国时代出版社出版《中华之辉》画册。该画册艺术顾问为方凤富、吴冠中、钟鸣天、罗天来、周孝国、冯增仁、赵子立。方凤富作品排在画册前几页，并配发沙雁论文《凤彩映龙光 富丽亦堂皇》。画册出版时，中华名人协会于2006年4月19日还给方凤富传真来画坛名家对他的点评。吴冠中点评：画家写心画文、图新变道，写民族生生不息之心，画民族生生不息之文。沈鹏点评：自然畅达、墨趣横生、气韵生动、意想联翩。刘艺点评：笔墨潇洒、清新流畅。李铎点评：沉稳刚毅、体备法严，绝无飘浮轻佻之态，笔力到家。

2008年，北京工艺美术出版社出版《二十一世纪当代书画名家》，收入当代著名画家吴冠中与方凤富二人画作各15页。封面是二人画作。

2009年，人民美术出版社出版《中国当代美术名家》，入选靳尚谊、方凤富二人画作各10页，封面二人作品各一幅。

2009年，艺术典藏杂志社出版《中国画名家作品集》，收入方凤富、何家英二人作品各10页。

2011年，荣宝斋出版《当代艺术大家》，选黄永玉、方凤富二人画作各十来页，封面二人作品各1幅。

2011年，荣宝斋出版《当代艺术风云》，选范曾、方凤富二人画作各十来页，封面二人作品各1幅。

（二）方凤富与多位中国著名画家出版的画册

1997年，入选香港华人出版社出版之《世界华人书画作品选集》，该画册纪念香港回归祖国，收入方凤富两页作品。

2008年，北京时代文化艺术出版社出版《当代名家艺术研究》，选龙瑞、贾又福、范曾、方凤富四人作品各10页。

2008年，北京时代文化艺术出版社出版《当代中国水墨名家》，收入王西京（西安美协主席）、方凤富、刘文西（西安美院名誉院长）、杨之光（广州美院院长）四人作品各10页。

2008年，《21世纪画坛名匠》，选娄师白（齐白石关门弟子、北京画院一级美术师）、吴冠中、喻继高、方凤富四人的画作。

2009年，陕西美术出版社出版《画坛名家》，收入刘文西、方凤富、霍春阳三人精品画作各10多页。

2009年，中国文联出版社出版《六十年六十强》，分山水篇上下、人物篇上下、花鸟篇上下，方凤富作品收入花鸟篇上518~528页。

2009年，人民日报出版社出版《中国画名家经典集萃》，收入方凤富等40多位画家作品，方凤富作品收入167~175页。

2009年，中国文联出版社出版《点将·提名·书画大家作品集》，收入方凤富等30多位画家作品，方凤富作品收入184~194页。

2010年，人民出版社出版《盛世收藏》，收入杜显清、郭克、冯远、龚柯及方凤富等43位著名画家之精品各数页。

2010年，中国文史出版社《艺术大师三人行》，选赵无极、方凤富等画作各12页。

2010年，岭南美术出版社出版《中国画二十家》，选入中国当代画家20位，每人10页，方凤富在151~160页。

2011年，方凤富的画作入选中国美术学院出版社出版的《东方红——纪念中国共产党九十周年中国书画名家作品选集》。

2011年，山东美术出版社出版《近现代中国书画精选集》（1911~2011），收入近代、现代、当代30位书画家每位8页书画精品。方凤富作品收入463~470页。中国美术馆理论批评家刘曦林在序言《民族艺术的世纪丰碑》中说："百年中国书画的历史，是与整个中华民族艰辛奋进的历程同步的历史……回顾、审视中国书画业已走过的百年历程，总结历史的经验教训和艺术规律，开创中国书画崭新的局面，为弘扬民族艺术做出新的贡献，为百年中国书画出版的初衷，也是整个书画界的使命。在21世纪的今天，蓦然回首百年中国书画那座多彩的丰碑，展望它的前程，既充满信心，也面临着未尽的课题。东方既白，大行健，君子以自强不息！"

2012年，福建美术出版社出版的《中国当代书画卷》，收入孙其峰、黄永玉、方凤富、张立辰、卢禹舜等人画作。

2012年，为了弘扬主旋律，提高书画艺术创作和欣赏的文化品位，在绘画界形成一个重文化、重学术、重修养的良好社会风气，北京长城出版社编辑出版画集《经典风范·花鸟卷》《经典风范·山水卷》《经典风范·人物卷》。其《经典风范·花鸟卷》收入喻继高、方凤富、张立辰、方楚雄四人画作各10余页。

2012年，高等教育出版社出版的《中国近现当代画家》，选了近现代画家吴昌硕、齐白石、潘天寿、张大千、傅抱石，当代画家叶浅予、孙齐峰、黄永玉、孙仲起、方凤富、刘文西、杨之光等人画作。每人15页。

2013年，中国美术出版社出版的《当代中国美术全集》，收入黄永玉、韩美林、刘文西、方凤富等三十余位画家名作各数页。

2013年，中国美术出版社出版的《中国美术家精选》，选方凤富等数十位画家作品各数页，方凤富作品收入第97~104页。

2013年，中国文联出版公司出版的《国画经典——近现代国画经典作品集》收入黄宾虹、潘天寿、李苦禅等二十位画家精品，方凤富作品收入第141~152页。

2013年，入选中国文联出版社出版的《近现代国画经典作品集》，该画册收入齐白石、张大千、李苦禅、李可染、陆俨少、黄永玉、喻继高、王子武、方凤富、吴山明、贾又福、何家英等20位著名书画大家作品各10页。

2013年，入选人民日报出版社出版的《中国画名家大典》。该史典上卷收入魏晋至晚清历史时期有代表性的画家800名；下卷收入近现代暨当代有代表性的优秀艺术家220余名；方凤富有简介暨两幅作品《香荔红欲燃》《秋来硕果观丰年》入选。

2013年，入选中国文联出版社出版的《国画经典近现代国画精选作品集》。

2014年，福建美术出版社出版《丹青中国》，该书系喻继高、方凤富、张立辰、方楚雄、郭怡宗五人画册。

2014年，入选中国文联出版社出版的《百年丹青》，该画册收入吴昌硕、齐白石、黄宾虹、潘天寿、张大千、林风眠、蒋兆和、傅抱石、李可染、孙其峰、方增先、喻继高、刘文西、方凤富、贾又福、龙瑞、霍春阳、陈记铿、何家英等20位著名书画大家作品各十余页。

2014年，中共中央党校出版社出版《丹青颂，中国梦》（上下册），该画册下卷收入方凤富10页作品。

2015年，方凤富七幅作品入选中国文联出版社出版的《百年典藏》。

2015年，中国文联出版社出版的《中国美术家作品集》，选方凤富等24位画家精品，方凤富作品收入第31~41页。

2015年，中国文联出版社出版的《中国画派——当代著名书画家作品精选集》，选入何家英、刘文西、王子武、方凤富等十八位书画名家作品各10页，方凤富作品收入第61~73页。

2016年，方凤富入选《纪念抗日战争胜利七十周年——中国书画名家精品集》，方凤富作品收入第71~81页。

2016年中国美术出版社出版《光辉岁月——纪念红军长征胜利80周年》大型画册，选入方凤富等30名画家作品各10页。

2017年，入选中国文联出版社出版的《画史——中国近现代书画精品藏书》，该书收入齐白石、张大千、李苦禅、李可染、陆俨少、黄永玉、喻继高、王子武、方凤富、吴山明、贾又福、何家英等20位书画大家作品各10多页。

2018年人民日报出版社出版《纪念周恩来诞辰120周年——近现代艺术名家精品藏书》。收入吴昌硕、齐白石、黄宾虹、关山月、黄永玉、孙其峰、方凤富、龙瑞、何家英等画家精品各10页，方凤富作品收入第141~152页。

2018年，入选中国文联出版社出版的《丹青墨韵——中国书画名家精品藏书》，该书收入任伯年、吴昌硕、齐白石、张大千、黄永玉、喻继高、方凤富、贾又福、何家英等20位著名书画大家的个人介绍和作品10多页。

2018年，天津人民出版社出版的《中国画名家精品集》，收入齐白石、徐悲鸿、陈之佛及方凤富等多位艺术家精品，每人几页画作。

2018年，入选天津美术出版社出版之《华夏千家书画集》，该书收入齐白石、张大千、黄永玉、喻继高、王子武、方凤富、何家英等20位著名书画大家人物介绍和作品10多页。

2019年，中国文联出版社出版的《大美中国》，为张善平、喻继高、方争先、刘文西、方凤富五人选集，每人各10多页画作。

（三）方凤富被多家杂志、报刊、媒体介绍

2013年，《人民书画家》杂志以较大篇幅介绍方凤富的艺术人生及大量画作。

2014年，中国新闻社主办之《中国新闻》2014年6期全本杂志推出"中国画'葡萄王'、德艺双馨艺术家、西南大学美术学院教授方凤富报道专辑"。整本杂志载有孙其峰之论文《西南画派又一高峰》，邵大箴之论文《生脉灵动葡萄家园》，沙雁之论文《凤彩映龙光　富丽亦堂皇》，田旭中之论文《画苑珍果谁家好　唯重方君白葡萄》，丘正伦之论文《70变法，晚来风急》，对方凤富作全面介绍。刊物中选发了方凤富数十张画作。

2018年第10期《美术》杂志以众多篇幅介绍方凤富的美术作品，前置孙其峰之论文《西南画派又一高峰》对其进行了介绍。

方凤富艺术交流展

（一）沈阳艺术交流展

2009年6月21日，当时的联合国美术家协会、联合国艺术保真认证协会和北京成举国际公司联合在沈阳隆中天大酒店举办了"世界国际美术大师方凤富艺术交流展"。

时任联合国美术家协会主席李成举、联合国艺术保真认证协会总经理张全忠到重庆拜会方凤富，提出在沈阳为方凤富搞一次隆重的艺术宣传交流活动。他们谈好了送去的葡萄画的价格。

6月20日方凤富刚下飞机，机场上联合国美术家协会保真艺术馆张全忠总经理率领一个团队的人举着鲜花，拉着大横幅："热烈欢迎世界艺术大师、中华葡萄王方凤富教授莅临沈阳"。下了飞机，领导迎接，保镖紧随，鲜花簇拥，场面壮观。五部车把方凤富等人拉到了沈阳市宾馆。

21日早上，联合国美术家协会保真艺术馆张全忠总经理和两位保安来接方凤富到现场贵宾厅休息。联合国美术家协会会长李成举到贵宾厅迎接方凤富，热情交流。10时许，方凤富在李成举会长陪同下去到展览馆现场。

进场前，工作人员给方凤富戴上花环，送上鲜花。只见展馆前参观的、买画的，好几百人，排成长队，迎候方凤富。展厅里方凤富送去的20

幅画全都装框后挂在墙上，每一张都用红红的绸子包裹起来，等到开幕才能打开。

开幕吉时到了，由专业人员像掀开新娘子的红盖头一样徐徐揭开画作的红绸面纱！那一瞬间，在场顿时一阵惊呼！每个人都露出惊喜、赞叹、敬佩的眼神！

方凤富致辞：

各位领导、各位来宾、媒体的朋友：大家好！

非常高兴来到沈阳与大家见面，感谢联合国艺术品保真认证协会，感谢成举国际公司！自古以来，书画艺术品市场都是赝品充斥，泥沙俱下，我们作为书画艺术创作者，非常痛恨赝品，但是又无能为力。联合国艺术品保真工程对于我们创作者是真正的知识产权保护工程，对于收藏家是福音工程，所以，我作为一个书画艺术创作者，全力以赴支持保真工程，这次艺术交流会我带来了自己精心创作的一些作品，希望大家能够喜欢。谢谢！

认购活动一开始，收藏家们蜂拥而上，把20幅作品全都抢光了！没有抢到画的收藏家扭着方凤富要想再买。

展览期间，买画的，要求方凤富签字的，排着长长的队伍！方凤富硬是收款、签字都忙不过来！没有买到画、签到字的追着问：啥时候能再开画展，啥时才能买到方老师的画？

22日做认证、照相和签字。收藏家们全都排着队等候方凤富为他们签字、照相合影。收藏家们都以得到方凤富的一张画为荣。

中央和当地媒体进行了报道。

（二）鞍山艺术交流展

8月14日6点多，联合国美术家协会、联合国艺术保真认证协会的总经理就把方凤富接到重庆飞机场，当天下午2点多钟飞到达沈阳机场，又是鲜花、横幅和大群人热情迎接方凤富到成举国际公司，方凤富与李成举选定了30张画作。然后驱车赶往鞍山，住进鞍山环球大酒店。

　　第二天一早，赶到开会场地。会议方让方凤富戴上花环。在人们的簇拥之下，进入交流会场。会场挤满了数百位收藏家和书画家。方凤富和李成举发表简短讲话后，收藏家对方凤富的作品十分青睐！他们又一次把方凤富带去的画一购而光！有一位女收藏家没有买到画，缠了方凤富很好久，才收藏到方凤富的一幅画作。

　　下午又开始认证签名照相。收藏家们拿着刚刚买到的方凤富的画，排着长列，等待着方凤富签字、拍照，等待着方凤富助手王玉莲在收藏证上盖章并为他们同方凤富合影拍照。

　　方凤富在鞍山的展览轰动了鞍山。

方凤富参加的拍卖活动

　　2005年1月9日的《珠海特区报》以"2005年珠海书画'第一拍'昨举行，神秘女士8万元买走'一串葡萄'"为题，报道了方凤富的《硕果清香》葡萄画在珠海书画展上以8万元拍得最高价的新闻。报道说，2005年1月9日，沉寂了十余年的珠海拍卖市场迎来了第一波复苏的暖流。拍卖会上，16幅作品拍出178300元的成交价，让主办方舒了一口气。而且会后还拍出了四幅作品。而在成交的多幅作品中，身价最为昂贵的是被称为"中华葡萄王"的重庆国画大师方凤富的葡萄作品《硕果清香》。据主办方介绍，方凤富的《硕果清香》其实有两幅，两者只有细微差别，均作于1993年。一幅当时被紫光阁收藏，另一幅则是此次拍出的作品。这幅作品被一位拒绝透露身份的紫衣女人以起拍价8万元买走。从而创造了珠海书画"第一拍"。珠海市拍卖行艺术总监何伟才表示："社会的经济越来越好，社会对藏品的热爱与关注也越来越高，珠海市的艺术品拍卖市场正在升温，只要我们坚持，相信经过几年，珠海的拍卖市场与收藏都会有一个长足的进步。"

　　2009年9月27日，北京东方索富比拍卖有限公司于北京东方索富比拍卖广场举行的"庆祝建国60周年当代实力派画家专场拍卖会"上，方凤富以饱含激情的笔墨创作的一幅大型中国葡萄画佳作《硕果飘香》

（96cm×176cm）起拍价300000元，经过轮番角逐，落锤价达到880000元。从而创下他在国内单幅画拍卖价的最高纪录。

《不知果实是酸甜》（68cm×68cm）在2011年9月20日北京翰海拍卖有限公司"2011秋季拍卖会"上以人民币168000元成交。

《硕果飘香》（138cm×68cm）在2011年12月17日北京翰海拍卖公司"2011四季拍卖会"上以人民币460000元成交。

《硕果飘香》（69cm×69cm）在2012年4月22日北京保利国际拍卖有限公司"18期精品拍卖会"上以人民币207000元成交。

《秋香》（96cm×90cm）于2013年3月23日北京翰海拍卖公司在"80期精品拍卖会"上以人民币1012000元成交。

《硕果飘香》（68cm×68cm）在2015年8月12日北京保利国际拍卖有限公司"31期精品拍卖会"上以人民币345000元成交。

《硕果清香》（68cm×68cm）在香港CERTIFICAE拍卖公司拍卖会上以138万港币成交。

《醉秋》（136cm×68cm）在2014年8月23日北京翰海拍卖有限公司"北京翰海85期精品拍卖会"以人民币1380000元成交。

《硕果飘香》（68cm×68cm）在2015年8月12日北京保利国际拍卖有限公司"31期精品拍卖会"上以人民币365000元成交。

方凤富助手王玉莲告诉我，方凤富的画在北京、广州很出名，中国女排就有好几位队员是方凤富的粉丝。方凤富去到香港后，香港富商热情接待两名女排队员和方凤富，出高价收藏了方凤富多幅葡萄画、花鸟画。

王玉莲还告诉我，2009年广州展销会期间，方老师应邀参加了艺术博览会，他的画受到热捧，从早上起床开始，买画人的电话就响个不停。带到广州的画很快就卖完了。方凤富不得不让方师母从重庆家里往广州住的宾馆快递，后来快递都等不及了，师母只得叫人直接坐飞机把画从重庆送到广州！从那以后，从2010至2013年，方凤富的画在广州、北京的市场效果都非常好，卖画十分火爆。

走进中央电视台《乡约》栏目

　　《乡约》栏目是中央电视台七频道推出的大型户外访谈节目。《乡约》围绕"精彩人生，快乐访谈"这一栏目定位，邀请拥有传奇人生经历与非凡生活体验的人士做客节目。由于方凤富有不同于他人的传奇人生，有五十年如一日，向雷锋学习，崇德尚艺，教书育人，创办"雷锋班"免费教人画画，传递社会正能量的故事，因而被电视台选中，走进了《乡约》。

　　2013年12月28日，"《乡约》走进了忠县"，制作了50分钟的电视栏目。电视主持人是央视名嘴肖东坡。下面是《乡约》的选播：

　　主持人：忠县的父老乡亲你们好吗？展水土神韵，秀百姓风采。这里是央视《乡约》栏目，我是主持人肖东坡，我现在是在重庆市忠县，首先请忠县县长熊世明为我们推荐家乡！掌声有请！

　　县长熊世明上场。

　　主持人：熊县长，来到忠县，有什么家乡的名片要给我们推荐？

　　熊县长：我要介绍的第一张家乡名片是我们这里的一个盆景。这个盆景您可不能把它放在家里，就是放在院子里也不行，您得放到我们长江上去欣赏它。这个特殊的盆景就是我们这里的一处景观"石宝寨"，它是古

194

代和现代建筑、自然与人工景观完美结合的典范。它的塔楼群坐落于一座拔地而起的孤峰上。三峡库区建成后，水面漫至石宝寨城楼。为保护这座世界建筑文化瑰宝，当地在石宝寨外围筑起一堵围坝，把石宝寨围起来，这座围坝经过精心设计，看起来就像是石宝寨的一个底座，而石宝寨在三峡工程蓄水后没有被淹的部分，有塔、有山、有松，远看过去就像江上的一个盆景，它也因此被喻为世界上最大的"盆景"。

我要介绍的第二张家乡名片就是我们这里的农业奇观——花果同树的柑橘。一般的的植物都是一季花期一季果，但是在我们忠县，您可以在一棵柑橘上看到"花果同树、三代同堂"的景观。为了发展柑橘产业，我们已投入6000多万元打造集农业、旅游、休闲为一体的"中国柑橘城"，希望结合忠县本身的风光展现"半城风光半城橘"的景象。

我要介绍的第三张家乡名片是我们忠县特有的一种文化现象——"忠"文化。我们这个县，是中国历史上从古至今唯一以"忠"命名的州县。唐太宗在唐贞观八年，命名此处为"忠州"。早在三国时期，巴郡太守、临江县老将严颜"宁做断头将军、不做投降将军"，反映出对信念的忠。在抗日战争期间，共有1345名忠州儿女血洒抗日救国战场。在当代，1.8万忠县人舍小家、为大家，外迁他乡，体现了忠心为国的三峡移民精神。我们忠县人一定会把这种精神发扬光大。

主持人：介绍完了忠县的家乡名片，能不能给我们介绍介绍忠县人？

熊世明：忠县人杰地灵，今天我要给你介绍一位受人尊重、极具传奇色彩的忠县人。他出身农家，后来考上西南师范学院学习画画。1963年3月5日，毛主席号召全国人民"向雷锋同志学习"。当时26岁在校任教的他深受鼓舞，他响应了毛主席那句话："一个人做一件好事并不难，难的是一辈子做好事。"他把这件好事坚持做了五十年。下面，我们就请这位传奇人物方凤富上场和您谈谈！

方凤富上场。

主持人：1963年3月5日毛主席号召全国人民"向雷锋同志学习"的时　195

候，你在做什么？当时你在哪里工作？学院里当时学雷锋是什么样？

方凤富：毛主席发出"向雷锋同志学习"的号召后，学校组织开大会，各个系科马上组织学习讨论，出板报、墙报、壁报，很快成立了勤工俭学组、理发组、洗衣组等，都是不收钱的。我们学生也都做好事，比如搬煤、搞生产劳动等很多工作，反正见到什么好事都做。每个人都要抢着做好事，我当然也要做好事。

主持人：作为优秀学生留校任教的你，学习雷锋当然会让你热血沸腾。可是干好事有很多种，你方凤富要干啥呢？办雷锋班？免费？有人找你学吗？

方凤富：我学习的是画画，那么我就成立了一个学习雷锋的学习班。从六月初开始，这雷锋班就是校外的一些青年，找我学习，学画画。他们来找我，我就免费教。第一个学生是冯德骥，他是中文系一年级学生。我一直把他教到毕业。那时候是每周星期天学半天。先画竹子，竹子它体现了人的品格。我第一步教他画杆子，第二步就是画节疤，第三步就画芽苞，第四步就画叶子，然后我们再来画枝子，叶子和枝子就接起来了。这个同志现在已经是画家了，他现在在成都，今年75岁。

主持人：免费招收学生，会不会一传十十传百越来越多？在哪教？你家多大面积？一次能来多少人？

方凤富：后来就是越来越多了，再多我也收，多的时候多达100多人，我家里当时只有20个平方米，最多坐40个人。这样我家里就坐不下了。后来，由于我那种精神，感动了我们北碚区环卫所的那个领导，他就把他的会议室让出来给我办学。外地有很多请我讲学。比如说四川的彭水县，我曾三次在那里讲学。

四川省彭水县教育局罗运生上场。

主持人：（向罗运生）当时您写信给方老师之前认识他吗？

罗运生：我是彭水县教育局教研室负责人，第一次应该是1978年吧。我当时负责全县的教师培训，听说方老师在办雷锋班，我就大起胆子给方老师写了一封信，邀请他到我们县里来培训全县的美术老师。当时，我心里这样想："不给钱方老师能来吗？"方老师一周就给我回信了。我们那个地方当时交通挺难的，来一次差不多要一周左右吧，还要转船、转车。当时，预计是一个班50人，结果因为不收钱，除去我们全县的美术老师和幼儿教师之外，还来了不少农民、居民。其中最让我感动的有一家，一个农民带着三个孩子，背着一个，牵着两个来参加培训。当时，最大学员有七十几岁的，还有夫妻来学习的，当时都是方老师的学员。我们前后办了四期，总共四百多学生。方老师不但不要钱，还把他带的纸、笔、墨，提供给农村来的这些学员。

主持人：方凤富开办"雷锋班"免费教人画画，学生越来越多，人越来越忙。自己也有老婆孩子，没有任何业余时间，免费不算还往里搭钱，家里受不了，他方凤富也快受不了了！听说雷锋班办着办着，你跟媳妇吵了架？还曾经想自杀？

方凤富：这个事情，有这么一个过程。因为我一出去讲学，很多时间都不在家里，家里的子女都得不到照顾，我爱人又在另外一个地方工作。我爱人就对我很不满，就说："你一天都往外面跑，屋里你什么都不管！"她就很不开心，就跟我吵，我跟他解释，她也不听，所以说我有两次很想自杀。我想不通，我都在做好事，但家里人却不支持我，我心里很难受。老大出生时我没有在家。那时候家里很不宽裕，两个小娃又在读小学。

方凤富女儿方翼碧上场。

主持人：是老方的女儿吧？雷锋班就开在你家里，有什么记忆深刻的事儿？

方翼碧：记得，当时食油是限量供应，每个人每个月只有二两。有时候炒菜就是滴儿滴，很多时候都没有放油，就白水煮着菜吃。有一次，我爸在家里，教雷锋班的学生上课，中午的时候就请他们吃面条，就把我妈攒了大半年的，就那么一小罐油，还有几斤面条，全部吃完了。结果，我们一个月都没有油吃了，我妈回来之后非常生气，她都哭了。她发脾气之 197

后，一气之下，就带着我们去她的单位去住了。

主持人：你办雷锋班免费教课还往里搭钱，自己的母亲都没钱治病是吗？母亲去世的时候你在哪里？多少人等着上课？

方凤富：母亲身上的皮肤病非常严重，我现在都感到很惭愧、很内疚，我没有很好地把母亲的病治好。1987年7月6日早上，家里弟弟打来电话，说母亲去世了。这一天，恰巧我到贵州凤冈县讲学，这个时候，我火车票也买了，我怎么办？我当时心里斗争非常激烈，到底我是回去安排母亲后事还是去凤冈县？那里还有一两百个学生等着我！最后我终于坚定了，我觉得雷锋同志毫不利己专门利人，我应该向他学习，我相信母亲一定会理解我，理解我当儿子的，尽管没孝敬到她老人家，但是儿子将情义给了学生。那些天我白天上课，晚上流泪。我白天装得很镇静的给学员上课，但是我晚上回忆着我母亲过去的苦，没有享受到我们当儿女的一点福，我就整夜整夜地想。直到最后走的头一天，我才告诉学员们，我来的那天就是我母亲去世的那一天。那些学生非常受感动。我第二天走的时候，180多个学生坐着四辆卡车，把我从凤冈送到遵义火车站。他们全部来送我，依依不舍，在火车站，那些学生几乎都哭了！

主持人：听说有个15岁的女孩子背着米走了两天来找你，让你觉着这份责任卸不下来了？哪里的女孩子？结果呢？

方凤富：这个是1981年，在四川射洪县办学习班的时候，有一个初一的女学生，她在县城读初中。正在她放假的时候，她看到文化馆的一个广告，西南师范学院方凤富老师来这里免费讲学。她一看到广告，很高兴，因为她喜欢画画。她马上就跑回家里，把这个情况介绍给她母亲，就说那儿上课不要钱，她一定要去学习，她妈一直说你不要去，家里没有钱，你下学期的学费都没有。但是这个学生非要去，所以她一直在那哭，求她母亲。最后她母亲终于答应了。于是她就背了18斤米，走了将近两天才到达射洪县。她自己背米连夜走到县城里。当时我一看，我就马上和我的主办方说，我们干脆把她的米买了，让她跟我们一块吃。不要让她去换饭，如果她要去馆子里拿米换饭，是要被克扣的，我们自己吃就实惠了，这样就把她吃饭的问题解决了。当时有四个教室，我拿一个教室来让她们几个女孩晚上住，这样就解决了住处问题。几天后，发现有四十多个学生，都是背米来换饭吃，他们都是外地的，没地方住，结果都想法给他们解决了。在2009年，我专门到贵州的那个赫章县去讲学，那个学校是中学，我就发现很多学生中午一个人就拿两个洋芋，就在坝子周围捡些柴来烧着吃，我看他们那个可能都没烧熟。我看到这种情况后，我就把带来的六幅画，全部捐给学校，请学校领导，把六幅画想办法卖了，把这个钱拿来解决他们的生活问题。1999年，我回去看到我家乡村里面的学校，原来那个学校是在山下，后来不知怎么回事，那个学校搬到山顶上去了，就是用几块石头，砌了一间屋子。我看到这种情况后，就马上和村里联系，并和我们的范校长说把这个学校搬下来，我负责出钱重新修。

主持人：家乡学校的校长今天也来了？是方老师提出学校要重建的是吗？到现在为止捐了多少钱了？

重庆忠县官坝小学原校长范忠民上场。

范忠民：他两次出资，大约五万元，应该说修这个村小，他出了大半的钱。这几年，他为官坝小学，包括他的鲤鱼村小，出了大约七十几万元的现金。还赠送了一些书画和画册，大约近两百万元资金。

主持人：听说你进行一种绘画与音乐融合的探索？你现场能否给我们表演一下？

（方凤富表演他独创的绘画与音乐融合的艺术，在现场音乐旋律中纵情挥洒，创作了一幅大画。）

方凤富：这也是我研究艺术的另外一个课题。我们的绘画是凝固的音乐，音乐是流动的绘画，所以我们的绘画尽管看起来没有音乐，实际上在里面是有的，画看起来是有音乐感的，是有节奏感的，有旋律感的。

主持人：好人终有好报。也许，诲人不倦教人画画的过程对自己是一种最好的修炼吧。开办雷锋班的过程中，方凤富的画法日渐精进，逐渐自成一派，被《人民日报》誉为"中华葡萄王"。而很多普普通通的农家孩子，因为雷锋班改变了自己的命运。您很多学生是不是也来到了现场，我来见见他们。

方凤富学生王玉莲上场。

王玉莲：我叫王玉莲，来自一个土家族的大山里面。认识方老师的时候我在一个餐厅里面做服务员，偶然碰到了方老师，也看到了方老师的画，我惊奇得不得了，怎么会画得这么好。因为我从小就非常非常喜欢画画，但是从来没见过老师画，我就抱着试一试的心态去看一看。我就打听，结果去报名时真的不收费。我大约学了有十多年了吧，学了几年以后，我的画差不多就可以卖了。斗方的话，卖画廊差不多是六七千元，四尺整张的，能卖到一万元到几万元都不等。方老师彻底改变了我的命运。

主持人：方老师，您今年多大了？现在还在开办雷锋班吗？

方凤富：我今年七十七。现在还在办，办了五十年了。那是2009年我们忠县的中国柑橘节。节日的时候，我献给我们忠县人民一幅长十米的大葡萄画。

主持人：谢谢方老，谢谢您，感谢您和我们一起分享您的人生经历。

《乡约》播出后，受到了观众的热烈欢迎，感动了忠县的广大群众和西南大学的众多师生。西南大学一位著名学者和作家邓力先生认为自己已经过了很难被感动的年龄，看了《乡约》之后，居然还是被感动了！不但被感动了，而且还产生了要把这个节目做成画册的冲动。于是他编了一本生动的、精美的画册《方凤富：走进乡约》，送给方老师留作永久的纪念。

泰国画展，高奏国歌

20世纪80年代后期，方凤富以其花鸟画、葡萄画逐步崭露头角，参加了许多海内外的书画艺术交流等活动。

1992年8月，随中国艺术团赴香港参加"中国百家书画家画展"活动。

2001年8月在北京参加中国艺术博览会。

2002年3月在广东佛山市参加石景宜先生艺术馆召开的"中国著名书画家雅集暨中国书画发展走向学术研讨会"。

2002年10月在北京钓鱼台参加相约北京知名人士"中国当代书画艺术笔会"。

2002年12月，随中国书法家协会主席沈鹏和中国美术家协会主席靳尚谊率领的中国艺术家代表团（一行230人），赴澳门和泰国举办画展并进行艺术交流活动。

2003年，参加由日中文化协会、中国驻日大使馆文化处等主办的中国艺术代表团赴日本名古屋"中国书法美术作品展"，并进行艺术交流和讲学。

2003年12月15日，参加由刘永胜主任带队，有著名画家阿老、陈大璋、张世简、白启哲等参加的在清华大学美术学院举行的笔会。

2003年12月在广州参加国际艺术博览会。

201

2004年，方凤富赴新加坡、马来西亚参加画展。

2005年5月31日，赴台湾新竹市参加中国书画名家真迹展。

2009年，参加由邵大箴为团长的中国文化艺术大使代表团（一行11人），赴马来西亚吉隆坡和新加坡举办展览和艺术交流。

2011年7月8日，方凤富随中国艺术家代表团赴法国参加"第十一届中国文化艺术交流展览"。此行还去了德国、意大利、奥地利、荷兰、梵蒂冈、瑞士、阿联酋等11个国家进行文化交流活动。方凤富获"2011法中文化艺术交流中心"授予的"中欧文化艺术特使"称号。

为增进中泰人民的友谊，促进文化艺术交流，应泰中文化艺术交流中心邀请，由文化部少数民族文化艺术基金会主办的"果香万里——方凤富画展"于2013年8月6日—10日，在曼谷泰中文化艺术交流中心展览大厅举行隆重开幕仪式。此展是庆祝中泰两国建交38周年的系列活动之一，展览规格高，嘉宾云集，开幕式上破例奏响中泰两国国歌。

泰国首都曼谷，被称为天使之城，是东南亚第二大城市，位于昭披河东岸，南临暹罗湾。金碧辉煌的大王宫，镶金镂玉的玉佛寺，庄严肃穆的金佛寺和笑容可掬的四面佛，吸引着来自世界各国的旅游者和朝拜者。

2013年8月初，方凤富一行由北京飞往泰国首都机场，泰中文化交流协会的王慧已率众在机场拉起了横幅"热烈欢迎国画大师方凤富莅泰巡展"，接着献上花环，把他们接到曼谷泰中文化艺术交流中心。

方凤富教授作品展于2013年8月6日上午11时在曼谷泰中文化艺术交流中心隆重举行剪彩仪式。该画展由中国少数民族文化艺术基金会、泰王国泰中文化艺术交流中心共同主办，泰国华人青年商会、泰中艺术家联合会、泰国云南商会协办，北京朗坤国际商务咨询有限公司、太和艺境文化传播有限公司承办。出席剪彩的长官，侨社团首长，书画爱好者，新闻媒体等各界人士共约有三百人，场面热烈，亲切愉悦。

让方凤富最感欣慰和骄傲的是，画展得到了泰国王室特别的重视，给予了国宾般的待遇——开幕式在泰中两国国歌声中拉开帷幕！泰国国王因病不能出席开幕式，特别派遣他的侍卫长、国家海洋和港务委员会主席革滴萨·达玛朋海军上将代他出席开幕式。中国西南大学美术学院教授方凤富，文化部中国少数民族文化艺术基金会理事长谷长江，泰国中华总商会副会长，泰国华人青年商会会长李桂雄，泰中艺术联合会会长蔡义批，泰国云南商会会长杨源辉，泰中文化艺术交流协会董事长王慧联合主持剪彩仪式。

在剪彩仪式上，泰国革滴萨·达玛朋海军上将，中国少数民族文化艺术基金会理事长谷长江，泰国中华总商会副会长、泰国华人青年商会会长李桂雄先后致辞。在致辞中他们热烈欢迎并衷心感谢中泰艺术家和观众出席画展剪彩，并表示：中泰两国地缘相近，人文相亲，是友好邻邦。此次展览希望能为中泰两国的文化艺术交流做出积极的贡献，让泰国人民能更进一步了解中国的绘画艺术和中国文化，促进中泰两国在更多领域合作交流，祝愿方凤富画展取得圆满成功。

开幕式上，破例奏响中泰两国国歌，显示了中泰两国人民的深厚情谊。方凤富听着激昂的国歌，心中豪情澎湃，心里无比激动！他没想到泰国王室给予了自己这么隆重的、特殊的礼遇，自己作为一个农民的儿子，终于能够走上国际舞台，与外国朋友进行文化交流，展示中华民族的艺术成就，受到外国领导的高度重视，为我们中华文化添砖加瓦，为伟大祖国增光添彩，为中外文化交流作了贡献，他感到无比的骄傲和自豪！

写到这里，笔者不禁想起扬名四海的中国女排名将郎平说的一句话：我们打球，就是为了在世界上升五星红旗，奏中国国歌，骄傲我是中国人！方凤富能以自己的艺术展览，在异国首都，由异国领导人主持开幕式，奏响中华人民共和国国歌，他怎能不感到由衷的骄傲和自豪啊！

开幕式上，方凤富发表了热情友好的致谢辞：

尊敬的各位嘉宾，女士们、先生们：

书画传情，翰墨飘香。应泰中文化艺术交流中心邀请，由中国文化部少数民族文化艺术基金会主办的"艺苑同耕——方凤富泰国画展"，今天   203

在曼谷泰中文化艺术交流中心迎宾厅举行隆重开幕仪式。炎炎夏日，承蒙大家前来参观。首先，我谨向莅临开幕仪式的各位官员、各位嘉宾、各位侨胞和书画界、新闻界的朋友们表示热烈欢迎和衷心感谢！

"艺苑同耕——方凤富画展"是一次策划已久的对外文化交流项目。主办方和承办方对本次画展的各项宣传、出版、布展、开幕式及相关接待工作做了周密仔细的筹备，并且付出了艰辛的劳动和辛勤的汗水。在此，我向你们表示谢意和感谢！

中泰两国地缘相近，人文相亲，是友好邻邦。中泰两国有着悠久的传统友谊，"中泰一家亲"的观念已经深入两国人民心中。我作为中国西南大学美术学院教授，长期从事中国写意花鸟画教学、创作与研究，曾多次出访亚欧10多个国家和地区，进行艺术交流和学术讲座。本次展览，我极为重视，并带来了自己近几年来，尤其是今年上半年以来倾情创作的70余帧翎毛花卉作品，其中尤以葡萄题材的画作为主。这些作品具有鲜明的中国巴渝地域特色，不少画是第一次与中外观众见面，其中有《硕果累累》《秋风戏明珠》《笔走龙蛇果飘香》等葡萄画鸿篇佳作。我想通过"艺苑同耕——方凤富画展"的展出，能够让泰国观众近距离观赏和了解中国西南画派画家腕底的无穷魅力。

艺术是无国界的，展览定将给曼谷观众带去清新的巴渝之风，为中泰人民之间的友谊，为不断促进中国画域外交流与发展添砖加瓦。

最后，恭祝各位嘉宾参观愉快，祝中泰两国艺术之花四季常青！

谢谢大家！

在开幕仪式举办之前，王室代表、国王侍卫长革滴萨·达玛朋海军上将代表国王收藏了方凤富教授的作品，并授予方凤富教授收藏证书。

画展展出了方凤富倾情创作的70余帧翎毛花卉精品。这些作品，具有鲜明的山城地域特色，不少画作是第一次与观众见面，给曼谷观众和侨胞带去一场艺术的盛宴，一股清新的巴渝之风。

在画展开幕式当日下午，方凤富画展代表团一行到泰国总理府拜会国会主席。国会主席在会议室接见了方凤富。国会主席说，他在国会会议室接见外国人这还是第一次，说明他们对方凤富的尊重和对中泰友谊的重视。方凤富向他赠了画。他当场亲笔签了收藏证书颁给方凤富，同时，他代表泰国国王向方凤富赠送了珍贵的礼品（泰国国王亲自设计的、正在建设中的泰国国会大厦银模）。

接着，方凤富画展代表团一行应邀参访泰国国会上议院，受到上议院议长尼空·瓦拉帕尼的接见并进行了亲切的交谈。尼空对代表团的到来表示热烈欢迎。尼空议长说，在上议院接待来自中国的艺术家还是第一次，这说明了我们泰中之间的友好联系是越来越多，已涉及了各方面各层次，尤其是泰中之间的文化交流与往来得到了越来越广泛的发展。尼空议长还说，近年来泰中各领域的合作取得很大发展，在泰国有着庞大数字的华裔人口，对泰国的经济和文化等各方面的推动和发展起着举足轻重的作用，泰中一家亲已深入人心，我本人还是厦门华侨大学的名誉教授，我还有幸到了中国广东的揭阳去寻宗，那里是我的故乡！我会用我的心来帮助你们，我会用我的热情帮助你们！

尼空议长最后说，我一直在关注着中国整个的政策和发展大方向，我相信在新一届领导人习近平主席的领导下，中国一定会成为世界强国。方凤富感到特别高兴的是，尼空议长在说"中国一定会成为世界强国"的这句话时，声音特别高，特别洪亮！

谷长江和方凤富代表艺术交流团向泰国上议院赠送方凤富教授的绘画作品和具有中国特色的冷瓷礼品；尼空代表泰国上议院收藏了方凤富教授的作品并在收藏证书上亲笔签名。尼空代表泰国上议院赠送了方凤富珍贵的礼物。

接着，代表团一行还应邀参访泰国总理府，受到泰国前国务院事务部长、现泰国总理顾问陈伟侨博士的接见并举行亲切的会谈。同时泰国总理顾问收藏了方凤富教授的作品，并在收藏证书上亲笔签字。

代表团一行还应泰中艺术家联合会会长、泰中文化艺术交流中心董事局主席蔡义批邀请，拜会了泰王国相关艺术家和著名人士，在场欢迎的有泰中艺术家联合会顾问主席初洁上将、泰国艺术学院院长顾问望坤、蔡义批会长、钱丰副会长、王慧副会长、陈子震副会长以及助理关骞，特邀嘉宾有中国大使馆秦裕森参赞以及秘书陈淑杰、新华社驻泰国分社社长明大军及毕尚宏总经理。大家欢聚一堂，愉快交谈。在会上泰中艺术家联合会会长、泰中文化艺术交流中心董事局主席蔡义批特别聘请方凤富为泰中艺术家联合会顾问，并亲自给他颁发了证书。会后，泰中艺术家联合会在"红头船"餐馆设宴席欢迎方凤富一行。中国驻泰国大使馆文化参赞秦裕森、一秘陈淑杰及新华社驻曼谷分社社长明大军、总经理毕尚宏等一起应邀出席欢迎宴会。席间一片欢声笑语，欢乐之情溢于言表。欢迎宴会直到晚上9点后才结束。

方凤富的泰国画展，泰国《世界日报》《星日报》等多家华文报刊和电视台都给予报道。

这次域外艺术交流展览取得了巨大的成绩，圆满的成功！

回国后，文化部中国少数民族文化艺术基金会理事长谷长江还撰写了《关于著名国画家方凤富作品在泰国圆满展出的报告》，详细介绍和高度评价了方凤富这次画展在泰国所受到的欢迎和重视情况，以及为中泰文化艺术交流所作出的重要贡献。

法国画展，轰动巴黎

　　高耸云天的埃菲尔铁塔，雄伟凝重的凯旋门，美如绿缎般的塞纳河。2014年3月，风情万种的世界艺术圣地巴黎，张开热情的臂膀，欢迎"葡萄熟了——方凤富巴黎作品展"的到来。

　　其实，早在2011年8月，方凤富就随中国艺术家代表团赴法国参展，到过巴黎。那是他参加在巴黎戴高乐图书馆举办的"第十一届中国文化艺术交流展"，他的国画精品《硕果飘香》荣获金奖，同时他还荣获"中国文化艺术交流突出贡献奖"，并被授予"当代杰出艺术家"称号。巴黎展览期间，方凤富在法国友人和华侨朋友陪同下，专程到法国葡萄之乡波尔多农庄果园参观采风，他不顾年事已高，每天起早贪黑，到葡萄园细心观察不同类别的法国葡萄，拍摄了几十张当地种植的各类葡萄的照片；画了数十幅法国葡萄的速写，记录了上万字的笔记。他发现，法国葡萄比中国葡萄皮厚，枝叶的色彩更艳丽。回到重庆，他潜心研究从异国他乡采集来的各种资料，大胆创新，将东方艺术创作思维与西方绘画方式恰到好处地结合在一起，在表现风格、表现技法上中西结合，融会贯通，将写意、勾勒、晕染融为一体，互相补充，相映成趣，创作了一批法国葡萄画。他将大写意手法运用在花鸟画上，开创了中西结合的创作新理念，逐渐形成了 207

一种独特的艺术风格。其中，他以在法国所见的葡萄为题材创作的国画《秋香》在北京举行的翰海精品拍卖会上，以人民币102.1万元落锤，创造了方凤富单幅作品的最高成交价。

2014年3月，时值中法建交50周年，文化部在研究中法文化交流活动时，想到了方凤富——他在泰国的画展非常成功，他又对法国葡萄作了采访写生并画出了一批融入东方韵味的法国葡萄画，派他去最合适。相信他一定能为国争光，为中法艺术交流增光添彩。

于是，应法中文化交流协会之邀，由中国少数民族文化艺术基金会、巴黎中国文化中心主办的《葡萄熟了——方凤富巴黎作品展》3月6日—15日在位于塞纳河畔的国际浪漫之都巴黎中国文化交流中心开展。此展作为中国民间对外文化交流项目，展出方凤富教授新近创作的花卉翎毛画40幅，其中，以融入中法题材的葡萄画为主。

3月6日晚，初春的巴黎一片祥和景象。巴黎中国文化中心春意盎然，嘉宾如云。《葡萄熟了——方凤富巴黎作品展》开幕式隆重举行！中国驻法国大使馆邓励代办，金旭东参赞、于澄涛参赞，中国少数民族文化艺术基金会会长谷长江，法国戴高乐基金会主任盖斯莱将军，法兰西艺术院通讯院士高立昂，巴黎高等装饰学院教授特诺先生与百余名法国观众和中国艺术爱好者齐聚巴黎中国文化交流中心，出席画展开幕式，观看方凤富笔下美轮美奂的葡萄画。

巴黎中国文化中心主任殷福代表主办方致辞，方凤富教授发表了热情洋溢的讲话。此外，驻法使馆邓励公使夫妇在开幕式前参观了本次活动预展。本次《葡萄熟了——方凤富巴黎作品展》画集首发式同时举行。法国巴黎的报社，《人民日报》、中央电视台等报社电视台记者都来了，摄影的摄影，采访的采访，现场一派热闹景象。

巴黎中国文化中心主任殷福主任主持开幕式并致辞：

方先生主要以花鸟，特别是葡萄为创作题材，表达他对自然、对人生的观察、思考和热情赞美。他的创作手法既传统又现代；既写意，又写实；构图新颖，色彩明快透彻，追求中西结合，雅俗共赏，得到艺术界和广大艺术爱好者的一致好评。方先生年届七十有七，却精神矍铄，精力旺盛，创作充满激情，对中国当代花鸟画的发展做出了杰出贡献。

方凤富教授在法国巴黎画展上致辞：

尊敬的各位嘉宾，女士们、先生们：

公元2014年是中国农历马年，且时逢中法两国建交50周年。为庆祝这一造福两国人民的美好节日，应法中文化交流协会盛情邀请，由中国文化部少数民族基金会等单位主办的"葡萄熟了——方凤富花鸟画展"，今天在国际时尚之都巴黎中国文化交流中心隆重开幕了。在此，我对前来出席画展开幕式的各位官员、各位艺术家、各位旅法侨胞和中外嘉宾表示诚挚欢迎和衷心感谢！

今天是我第二次踏上浪漫之都法国巴黎这一美丽、时尚的城市，我对巴黎和巴黎市民充满着敬意和热爱。本次画展是中国民间对外文化交流项目，我带来了近两年倾情创作的花卉翎毛画40余幅，参加这次十分有意义的域外个人画展，其中尤以融入中法题材的葡萄画为主题。并将中国花鸟写意画独特的精神韵致带进世界时尚之都；这不仅弘扬、传递了中国文化精神的浩然正气，更为国际友人带去一种如沐春风般的清新温暖。我认为，中西艺术尽管表达形式迥异，但溯其本质，都是艺术家个人至情至性的有感而发，都是其聆听自然、贴近生活、感悟人生的真情流露。

春光播福，和气致祥。为庆祝中法建交50周年和中法两国人民的深厚友谊，我深情绘制了一幅大型花果图《鲜花盛开 硕果飘香》（247cm×124cm）的中国画，作为巴黎画展镇展巨献。国之交，在于民相亲；民相亲，在于常交往。我是中国西南大学美术学院教授，今年已77岁，是一位从事艺术创作60年的花鸟画家。2011年8月，我随中国艺术家代表团出访过法国，并在法国葡萄之乡的波尔多农庄果园参观采风，亦拍摄了不少当地种植的各类葡萄，同时，我还深入葡萄庄园，画了不少法国题材的葡萄画速写。回国后，潜心研究，经过近两年探索，创作了不少融入东西方韵味的葡萄画佳作，不少作品，其表现形式，可以说是首创。现呈现在中外观众面前，欢迎各位方家赐教！请市民品评！

"葡萄熟了——方凤富花鸟画展"最大亮点就在于：我将异国种植的葡萄品种，经艺术加工，引入自己的绘画艺术创作之中，并融入中西绘画手法，创造出一种崭新的葡萄画画法，随类赋彩，果香万里。为了让更多的法国朋友了解欣赏东方艺术，展出作品大多可以出售。这次展览定会给异域市民和美术爱好者带去清新的巴渝之风和视觉浪潮。这就是我在法国办画展的文化意义。

谢谢各位光临！祝大家参观愉快！祝中法两国人民的友谊万古长青！

方凤富2014年3月6日于巴黎

中国文化部少数民族文化艺术基金会会长谷长江在法国巴黎中国文化中心的画展上，对方凤富教授给予高度的评价：

方凤富老师是中国"第二代葡萄王"。本次画展起名"葡萄熟了"有双重含义，一个是象征着丰收；一个是象征着他的绘画艺术走向了成熟。

大约十年前，我们给方老师一起做了一些活动，包括中国美术馆办展览，还有丹麦王子访华，当时丹麦王子代表王室收藏了方老师的作品，方老师还参加了2008年"5·12大地震"的慈善拍卖活动。去年2013年8月6日，我们在泰国给方老师办展览，在泰国引起了轰动，泰国的议长当时发表讲话，接见我们，说这是泰中建交38年来我接见的中国第一个艺术家代表团，泰中一家亲。讲得非常感动人。泰国的王室代表革滴萨海军上将代表王室参加了开幕式，而且王室收藏了方老师的作品。特别特殊的是，可能任何一个画家没有享受过的殊荣，方老师展览开幕式上奏了泰中两国国歌。所以方老师，他不光是在绘画界有影响，是一位著名的画家，而且为中外文化交流他也作出了很大的贡献。方老师除了是一位艺术家，还是一位艺术教育家。他培养了很多很多的学生。现在分布在我们国内很多省份，在各个不同的领域发挥他们的作用，发扬他的绘画艺术。同时，方老师还是一个慈善家，这么多年以来，在他成名之后，他不忘回馈社会，他做了很多公益事业，资助困难地区的孩子们上学，资助困难群体，还有资助一些特殊的事件，比如说刚才我讲的"5·12大地震"。所以方老师既是一个艺术家，又是关心社会发展的一个慈善家。所以这次到法国办展览，我们是希望把方老师他的艺术带到法国，促进中法两国人民的交流和友谊，为"2014中法文化年"添彩。

为配合画展，让更多的法国观众了解中国画的创作过程及艺术特质，开幕式上首先播放了张艺谋的高足王导精心拍摄的八分钟的《方凤富绘画中的音乐与旋律》法语专题片，配合着经典的《梁祝》伴奏和艳丽的色彩，详细介绍了方凤富的创作技巧和独特画法。方凤富在音乐声中倾情作画，将现场观众带入无尽美好的中国画创作的意境之中：方凤富随着悠扬的乐曲挥毫泼墨，他一会儿表情沉着，一会儿欢呼雀跃，情感随着音乐的节拍激荡；画笔在宣纸上游龙走凤，若影若幻，如情似梦，变化莫测；方凤富表现出的创作激情和力量，让观者看得热血沸腾，惊叹不已；有的观众简直是吼起来，跳起来！

开幕式后，观众高兴地观看方凤富的葡萄画，感到非常兴奋和惊讶！他们对方凤富笔下的融汇了中西技法的葡萄画作十分欣赏。观众们看完展览，意犹未尽，久久不愿离去，争相围着方凤富称赞、询问、讨论。法兰西学院通讯院高立昂院士说，方凤富教授不仅是一位画家、色彩大师，更像是一名舞者和乐队指挥家。方凤富充满激情的创作，以法国葡萄、紫藤为主题，在宣纸上自由挥洒，舞出了民族的精气神，也宣扬了中法友谊。

为庆祝中法建交50周年和中法两国人民的友谊，方凤富倾情绘制了一幅大型花果图《鲜花盛开硕果飘香》（247cm×124cm）的中国画，作为镇展巨献。此画美得通透，巧得夺目。《葡萄熟了——方凤富巴黎作品展》最大亮点就在于方凤富将异国种植的葡萄品种，经艺术加工，引入自己的绘画艺术创作之中，并融合中西绘画手法，创造出一种崭新的葡萄画画法，给人耳目一新之感。法国出版的《欧洲时报》华人艺苑栏目，为画展和座谈会给予全方位报道，同时配发多幅图片。此展给异域市民和美术爱好者带去清新的巴渝之风和视觉浪潮。特别是当展览快结束时，巴黎中国文化中心主任提出想全部收藏方凤富展出的40多幅作品。方凤富经慎重考虑后未同意，方凤富委婉地告诉他们：你们要收藏我的画，我很高兴！但是，因为我还要到其他国家展出，都让你们收藏了，我到其他国家就没有展出的画了。

这次展览在世界艺术之都引起了极大的轰动！参观的人络绎不绝。展览馆的工作人员说，多年来到这儿展出的，好像都没有这样轰动，都没有这么多观众热情地前来参观！

当画展结束前一天，巴黎中国文化中心领导提出，你的展览很受法国观众欢迎，很多人要求前来参观。希望您能让画展延长展出5天，以便让更多的法国朋友能看到您的大作。这位领导还告诉方凤富，近年来，到法国展出的中国画家很多，但像您这样受到如此热烈欢迎的还不多！方凤富感到自己的画展能在巴黎艺术圣殿站稳脚跟，受到观众喜爱，就高兴地答应了。

3月7日晚，巴黎中国文化中心多功能厅内高朋满座，嘉宾如云。中国著名花鸟画家方凤富教授在此举办《葡萄熟了——方凤富巴黎作品展》研讨会。巴黎中国文化中心副主任魏军，法国文化部文学艺术骑士勋章获得者、著名艺术家高醇芳，著名鱼拓艺术家胡守庆等人莅临讲座现场，与近百名中法嘉宾、听众参加了这次独具中国巴渝之风特色的研讨会。研讨会由魏军副主任主持。魏军做过简短介绍后，再次播放了《方凤富绘画中的音乐与旋律》法语专题片，接着，方凤富带着浓重的四川口音，和因学习音乐而练就的洪亮嗓音，精神矍铄、精力旺盛地简要介绍了自己的创作历程和展出画作，并对听众的每一个问题都给予耐心和仔细的答复。座谈会气氛热烈，中外学者争先发言，学术氛围浓郁，大家对方凤富倾注了半个世纪情感与心血之作的葡萄、紫藤、荷花、小鸟都给予充分肯定和好评！

方凤富讲到，他画的葡萄紫中带红，红中有绿，饱含着情感，象征着212 富贵，而一串串的葡萄又融合了中国绘画的线性结构和抽象技巧。关于中西融合，方凤富表示，中法葡萄有很大的区别，色泽与外形均不相同，因此他画的葡萄既讲究中国画的水墨形神，又处处透露着西洋画所体现的质感、体感和光感。

听众中不乏中国画大家，所提问题也十分专业和高深。著名鱼拓艺术家胡守庆讲到，方先生的绘画虚实分明，构图精巧，颜色对比鲜明，静中有动，融合了中国国画和西方油画的优点，自成一派。有法国听众提问到，方先生的画作有"无心插柳柳成荫"的感觉，把大量的葡萄一颗颗地堆积在一起，构成了三角形等几何图形，画风极具现代性。更有听众情不自禁地感叹道，从方先生的画作中体现了中国功夫特色，看到了齐白石大师的影子，让人有种想触摸的感觉。有的还称赞方凤富的画有齐白石、吴昌硕的影响，有法国专家说方凤富的画有凡·高的影子。

对于大家的赞许之词，方凤富显得十分谦虚。他讲到，他对法国葡萄绘画的研究和探索还远远不足，并将倾尽余生去钻研如何更好地在绘画中表现法国葡萄。他这次展览的作品里兼有中法两国的葡萄，象征着中法友谊。

大家争相提问，你来我往，场面十分热烈。方凤富动情地表示，他师从中国著名花鸟画大师苏葆桢30余年，深得中国画的精髓。经过近12年来的探索，他对葡萄绘画进行革新，加入写意、勾勒和晕染等技法，坚持大写意的表现手法（葡萄藤写意，葡萄写实），尝试中西融合，加入法国葡萄所代表的豪迈、自由与浪漫精神，创造了法国葡萄的新画法。方凤富还表示，他将把葡萄绘画当作终生奋斗的目标。

研讨会开得非常成功，当主持人宣布结束时，很多人还意犹未尽，纷纷要求方凤富签名留念，并与方凤富合影留念。法中文化交流协会中心主任吴刚说，近年来，很少有如此成功的研讨会。因为法国是葡萄酒的产地，所以法国人对方老师的葡萄画作兴趣更浓。

展览中心的工作人员告诉方凤富和助手，这次方凤富画展较以前多次的美术展览都更受欢迎和重视。方凤富的画展还没开幕，正在挂画之时，就有一位法国珠宝设计大师来参观，她看了刚挂出的画，高兴得手舞 213

足蹈：哎呀，这些画从春天到秋天都表现出来了！让人觉得是走进了梦幻般的花园。还有一位法国画家，连续三天来看展览，他说，我从来看画展没这么认真过。这些画真是画得太好了！有一天，还没到画展开门时间，画展中心的工作人员就把展厅打开了，说是有一位吴天源女士上午要飞纽约，她想看了展览再走，希望早点进来参观。工作人员被她的精神感动，就提前开了门让她进来参观。她高兴地看完了全部展品，全部拍了视屏，才满意地离开。开幕式上，有几位名校的教授和院士赞不绝口，邀请方凤富去他们大学讲学。还有一些客人买了画。有一位法国大艺术家，在方凤富画展之前同中央美院工艺系的一位教授在文化中心联合办了画展，他来取画时看到了方凤富的画展，高兴极了，仔仔细细地看了每一幅画，并对这些画作了很高的评价。他的想象力使方凤富大受启发，使方凤富的思想开放了很多。比如，他说，你上面这些花代表女人，下面这些葡萄代表男人；你这三朵荷花，一朵表现了过去，一朵表现了现在，一朵表现了未来。

展览留言簿上写满了观众的留言和好评：

一场视觉的盛宴！

好样的，多美的展览！葡萄就像真的一样，给人想吃的感觉。

方凤富艺术家在音乐中的艺术创作，让我非常感兴趣。我父亲曾经是位玻璃彩画艺术家，若他在世，会同方先生有很多相同的感受。

非常美的艺术作品，一次对中国一位大艺术家的真正发现。

谢谢！很美的展览，感性的，诗意的，秀美的。

我们认识了一个大艺术家。

美，深入法国人心。

非常美的风格，浪漫而高雅的绘画思想，特别喜欢音乐的绘画。

多方面了解了你的画作。你又继续拉近了中法人民的友谊。

方凤富的巴黎画展，轰动巴黎，为国争光，为重庆争光！方凤富回到
214 重庆，受到重庆市文化艺术界的热烈欢迎和高度评价。重庆电视台即时将

张艺谋的高足为方凤富拍摄的8分钟的绘画专题片在重庆台多次播放。重庆市文联和北碚区文联共同主办了《葡萄熟了——方凤富巴黎作品展》情况介绍会。介绍会于4月30日在北碚海旭宾馆举行。方凤富详细介绍了这次应邀赴法国办画展的情况和社会影响。时任市文联副主席杨矿，副秘书长胡启华，北碚区委常委、宣传部部长王南，重庆美协副主席、西南大学美术学院院长陈航教授，重庆现当代美术研究所副所长、博士生导师邱正伦教授（带病杵着双拐参加会议），花鸟画家、西南大学美术学院绘画系主任黄静教授，西南大学美术学院雕塑系主任陈刚副教授，以及重庆市级媒体记者和嘉陵画院同仁40余人参加了通气会，对方凤富的法国画展给予了很高评价。

回到学校后，西南大学校长张卫国看了方凤富在法国播放的8分钟精彩短片，非常赞赏。他希望方凤富教授在西南大学112周年校庆时，一定给全校师生表演一次。校庆会演时，主办方音乐学院主持安排了表演，受到了全校师生的欢迎。

方凤富对我讲：如果说，到泰国展出，是我政治上的高峰——我得到了国宾级的待遇，泰国特使代表国王出席画展，奏中泰两国国歌；那么，法国画展，则是我艺术上的高峰——展出轰动巴黎，藏品希望全部收藏，画展延期五天，画展受到空前好评，研讨会开得极为成功；巴黎是世界艺术殿堂，我的艺术能在巴黎受到好评，受到重视，站稳脚跟，为中国艺术争了光，为中国艺术家争了光！

方凤富的成功让我想到：其实，很多人的人生和格局，很多人的成功和成就，往往来自他经历过的苦难和挫折给予他的磨难和历练。一个人只有忍受过别人忍受不了的痛苦和委屈，才能练就别人难于达到的坚韧和毅力，也才能取得一般人难以取得的成功和成就！

在巴黎展览期间，方凤富虚心学习，收获不小。一次，法国文化部邀请方凤富参观法国文化部一位领导和专家的画展。对他启发很大。方凤富仔细地看了这位艺术家的作品，发现这位西方艺术家用西画工具画中国画，他画的人物，他的勾线、敷色，完全是中国的写意方法，而且也是中国画的效果。这让方凤富看到了中国画对西方画家的启发和影响，也看到了中西绘画融合带来的创造性和创新性。方凤富由此想到，中法艺术家应该努力地去探索，去探讨，去进行艺术的融合和创造。这也许是当今世界艺术发展的一个方向。

方凤富还在展览期间看到了朱德群大师的一部大型画册，给他极大启发。朱德群1920年生于安徽萧县，1935年报考杭州国立艺专，1941年毕业于重庆国立艺专（是方凤富的老师李际科的校友和好友），后来成为法兰西学院艺术院第一位终身华裔院士。他在素描、油彩、水彩和中国传统水墨等方面都下过苦功。他融合东西方绘画之所长，创造了自己的艺术新境，创造了另一种幻觉的宇宙，引人向往，成为当今极负盛名的海外华人艺术家和享誉全球的艺术大师。方凤富到巴黎办展览时，听说朱德群大师生病住院，他很想去看望大师，但展览中心领导说大师已病入晚期，不能说话，不让探视，因此，方凤富未能去医院探望。朱德群于2014年3月26日，即方凤富巴黎画展刚刚结束几天之后去世。方凤富感到十分遗憾！就是在展览会期间，方凤富看到朱德群的画册，发现朱德群在油画创作中，把国画的一些技法也融进去了，在作品中把色彩美、节奏美、旋律美都很完美地体现出来。这给了方凤富强烈的启示：我今后也要走这条路，走中西结合，走"三美"的道路。

方凤富说，如何在我的葡萄画中体现出"色彩美，节奏美，旋律美"，是我83岁以后探索的一个方向和目标，是我人生追求的最终目标！

我为方凤富晚年还在艺术上不懈追求的精神感到钦佩，我衷心祝愿方老能以充沛的精力实现他"三美"的心愿。

方凤富美术馆亮相山城

新年伊始，以著名花鸟画家方凤富名字命名的"方凤富美术馆"开馆仪式暨画展，2016年1月5日上午10时，在江北区北滨路珠江国际隆重开幕。开馆庆典展，展示了方凤富近几年倾情创作的100余幅葡萄画作及花卉翎毛作品，吸引了众多嘉宾和美术爱好者前去观看，画展将持续向公众免费开放。同时首发《中国当代名家画集——方凤富晚来风急》。

重庆市委宣传部副部长张洪斌首先代表重庆市委宣传部部长燕平祝贺"方凤富美术馆"开馆，并预祝"方凤富美术馆"给大山大水的重庆城带来美好的艺术作品。中国民族文化艺术基金会理事长谷长江讲述了方凤富泰国美展受到的国宾级的待遇，警车开道，开幕式上奏响中泰两国国歌，泰国上议院议长尼空和泰国总理顾问亲切接见，享受了最高殊荣；方凤富到法国巴黎展览也轰动了巴黎，受到法国艺术家的热烈欢迎。他真诚祝愿方老师艺术长青，创作出更多的传世之作！

时任中国国际书画研究会副会长、党委书记赵树栋授予方凤富中国国际书画研究会艺术顾问名衔并颁发聘书；中国电视艺术家协会党委书记范晓伟聘请方凤富为该会顾问并颁发"2015年度杰出艺术家"证书。

当日下午，来自全国各地及市内嘉宾和书画家，齐聚"方凤富美术馆"，参加艺术研讨会。

方凤富在庆典仪式上致辞。

在谈及为何创办这所美术馆时，方凤富说："美术馆是做公益事业的载体，一方面是传承中国传统文化，让中国艺术走向世界；另一方面让更多绘画爱好者能够有机会学习和交流；再有就是，为了使我几十年来创作的艺术作品有一个归宿。"

他说：创建一个美术馆是一个画家一生中很大的成绩！美术馆有三点不会变：第一大搞公益性活动不会变；第二进行办展、讲座、学术交流不会变；第三、艺术品收藏、储藏不会变。创办方凤富美术馆，是符合时代要求的，道路是正确的，前途是光明的，是新生事物。

他接着说：今年我们有几大任务要完成。第一，纪念苏葆桢老师100周年诞辰。我们嘉陵画院要搞好这一活动，可以采用多种形式，同时进行，如展示学员作品、展示纪念物件、发表纪念文章，并邀请媒体进行报道、开研讨会等。说实在的，近年来我在色彩方面、在写生方面最佩服的就是苏老师，我们一定要记住这位伟大的画家。第二，今年10月，我们美术馆要搞一个以葡萄画为主题的画展。第三，举办公益性国画培训高研班。

方凤富美术馆成立前，重庆市的不少中小学教师、校长向方凤富提出，希望他能够为学校师生进行美术培训。方凤富觉得不能辜负老师和校长的心意，便于3月中旬给重庆的一些中小学校长发出通知，决定从3月26日开始，在方凤富美术馆举办为期5天的美术教师公益性国画培训高研班。本拟只办10多人的培训班，结果开课时来了30多名学员，大多数都是中小学美术老师，也有小学校长、美术学院的研究生和本科生。

方凤富把5天的教学安排得十分紧凑，上午、下午、晚上都有课，方凤富抓紧时间，把几十年的创作经验和教学体会都尽可能地传授给大家。学员们也很认真地学习，学员们都感悟到在知识、技法、画法以及精神方面有很大的提高，都感觉到一种前所未有的震撼，大有"跟师学五日，胜读十年书"的感慨。

在办班的过程中，方凤富的痛风病发作。但他仍然忍着病痛，坚持办完了这个学习班。

春华秋实——方凤富从艺60周年画展

　　2016年9月，是方凤富从艺60周年，又是方凤富80周岁生日，方凤富于9月9日举办了80华诞生日庆典，9月10日举办了从艺60周年画展。

　　在80华诞生日庆典上，方凤富的家人及家乡领导和画界朋友近百人前来祝贺。

　　西南大学校长张卫国专门送来亲笔书写的祝寿辞：

　　尊敬的方老：欣闻您老80寿诞，我代表全校师生并个人向方老致以衷心的祝福，祝方老身体健康、福如东海、寿比南山。

西南大学校长张卫国2016年9月9日

　　女儿方翼碧，老友毛大成、罗衡秋、向万鏖等写诗祝贺方凤富80岁生日。

　　在生日庆祝会上，方凤富发表了非常质朴的讲话：

尊敬的各位领导，各位朋友，亲爱的兄弟姐妹，学生们、弟子们，子女晚辈们，大家晚上好！

　　山城凉风送酷暑，两江盛情迎金秋。在这幸福吉祥、丰收喜悦的日子里，我们欢聚一堂共度"双九"；喜迎丰收，共庆"教师节"，我感到无比的高兴。我衷心地感谢你们的到来，感谢你们祝贺我从艺60周年！感谢你们祝贺我的80岁生日。

曾记得，1956年8月26日，年满19岁的我穿着一件破旧不堪的老式襟衫，一条遮不到膝盖的旧短裤，赤着双脚，经过长途跋涉来到重庆，走进了我人生的艺术殿堂——西南师范学院音乐系学习。一年后，因特殊原因，我又改学美术。从此，我踏上了一条充满艰辛、充满痛苦与喜悦，酸甜苦辣麻五味杂陈、丰富多彩而又硕果丰盈的艺术之路。曾记得：学艺时，我不分严寒与酷暑，排除干扰，战胜各种困难，变压力为动力，夜以继日，拼命学习，终于在继承和发扬中华民族传统花鸟画技法方面有所成就。有人曾评价我的画："气韵生动而幽远；立意阳光而健康；构图精美或磅礴；笔墨传统又时代；颜色丰富又多彩。一句话，雅俗共赏。"

曾记得，我从一个农村孩子发展到今天能有点成绩，除了父母的养育之恩、亲友们的鼓励支持之外，让我终生难忘的是从小学到大学的各位老师，特别是引领我走进绘画艺术殿堂的恩师——苏葆桢老师，我永远怀念他们的恩情。由于自己的经历，求学的不易，让我在学有所成后就暗下决心，要把自己的知识和技能传授给广大的美术爱好者。于是从毛主席提出"向雷锋同志学习"至今的50多年来，除了本职教学工作外，我还办起了"雷锋班"、短期培训班，足迹踏遍四川、贵州、云南、重庆等省市，免费培训业余爱好者。从教50余年，我感到自豪的是，我的学生的数量超过了孔老夫子，他才弟子三千，贤者80。据不完全统计，我亲自授课及培训的学员就达九千余人。他们中有很多人成了当代花鸟画的高手，有不少人还是当地美协主席、副主席，还有不少人担任了美术院校的校长、院长等职务。

"生命不息、奋斗不止"。我"七十起步、破茧重生"。我的20多幅作品挂到了天安门城楼、人民大会堂、中南海、国务院、钓鱼台国宾馆、毛主席纪念堂等中央各大机构、部门，这是我一生最大的荣幸。我的个人画展从重庆走到了北京中国美术馆；从国内走到了国外，享受国宾待遇，为祖国争了光！

回首往事，历历在目，让我激动，催我奋进！今天，我已80岁了，看到各位同志、学员的成长和才干，我无比欣慰和高兴。对之前的付出和奉献，我无怨无悔！来宾们、学员们，让我们谦虚谨慎，戒骄戒躁，携起手来，在这条光辉灿烂的艺术之路继续走下去，实现我们的梦想——为实现苏派艺术的发扬光大、开宗立派而努力奋斗！最后，我特别要代表我个人和我全家人向今晚为我举办80岁生日宴会的嘉陵画院的全体同志，表示最衷心的感谢！谢谢大家！

方凤富2016年9月9日

第二天，2016年9月10日，恰逢教师节，下午两点半，一场名为"春华秋实——方凤富从艺60周年画展"在重庆市文联美术馆开幕，展览集中展示了方凤富从艺60年来各阶段具有代表性的作品，其中包括跨时3年创作的鸿篇巨制《百鹤朝阳》（长8米，宽2米）和葡萄佳作《西域天赋》以及为自己八旬华诞倾情创作、颇有寓意的白紫藤的大型画作《紫气东来》等不少精品佳作。展览持续到9月21日结束。

此次展出的80幅作品，主要以花卉翎毛为主，其中尤以写实与写意葡萄画突显。特别是晚年创作的大写意葡萄和采用中西绘画元素绘制的法国品种葡萄画，让观众耳目一新，驻足观赏。

本次展览由重庆市文学艺术界联合会、中共重庆市北碚区委、中共重庆市忠县县委、西南大学共同主办。

重庆市人民政府原副秘书长涂经平，重庆市文明办副主任王茵，重庆市文联党组成员、副主席杨矿，北碚区委常委、宣传部部长江绪容，忠县县委常委、宣传部部长王建琼，重庆市美术家协会副主席徐亮、许世虎，重庆市美术家协会秘书长、市文艺家活动中心主任魏东，重庆市文艺评论家协会副主席邱正伦，方凤富的老师、92岁高龄的郭克教授，著名画家漆光静，作家郭久麟及观众数百人出席开幕仪式，并观看画展。

在开幕式上，西南大学美术学院副院长陈刚首先宣读了西南大学校长张卫国教授的贺信，并向出席画展开幕式的领导、嘉宾和观众介绍方凤富的从艺情况及取得的成就。之后，王建琼、江绪容、杨矿等主办单位领导分别致辞。最后方凤富先生发表了热情洋溢的讲话，并向市文联文艺家活动中心捐赠了一幅四尺整纸的《硕果累累》葡萄画。

西南大学校长张卫国致方凤富从艺60周年画展的贺信：

方凤富教授：欣闻"春华秋实——方凤富教授从艺60年画展"顺利举办，我满怀喜悦，虽不能亲往，但心向往之。在此，我谨代表学校全体师生员工并以个人名义向您表示衷心的祝贺！向您为学校做出的巨大贡献表示崇高的谢意！

早在20世纪60年代，您就留校任职于学校美术系，几十个春秋的辛勤耕耘，积淀了深厚的艺术修为，培育了大量优秀的人才，为学校艺术学科的发展和美术界国画繁荣作出了杰出的贡献。从艺60年来，您创作的大批精湛作品，如《秋色烂漫》《苍藤蔓架满缀明珠》《春暖》《硕果清香》等画作被人民大会堂、中南海、毛主席纪念堂、国务院紫光阁等收藏。您作为民族绘画的继承者和传播人，一步一个脚印，默默耕耘。特别是在晚年转变创作思维，潜心于大写意花鸟画的创作与研究，开辟了新的试验田，并提出"七十起步，破茧重生"的艺术主张。您为我们展现出一位艺术家和教育家不断求索、精益求精的品质。您的人格魅力令我们敬仰。立言立德，胸藏丘壑！我们唯有学习方老勇于开拓的进取意识，一丝不苟的敬业精神，无私奉献的大家风范，在学校的改革发展中不断前进！在生命的里程中扬帆远行！

泰山不老年年茂，福海无穷岁岁坚。获知您的80岁寿辰即将来临，在此，我代表学校全体师生员工，诚挚地祝贺您生日快乐，祝您福如东海，与天齐寿！

谨贺。

西南大学校长张卫国

重庆市文联党组成员、副主席杨矿发表讲话，题目是《老骥伏枥 风华正茂》。（略）

市政府原副秘书长涂经平为方老师画展发表藏头诗致贺：

年方十八葡萄甜，凤起惊艳百花园。

富藏佳作满堂炫，耕耘不辍美云天。

方凤富教授在"从艺60周年画展"开幕式上发表了激情洋溢的讲话：

尊敬的各位领导、各位嘉宾，女士们、先生们：大家下午好！

首先，我谨向在百忙中前来出席画展开幕式的各位领导、各位朋友们，表示热烈的欢迎和衷心的感谢！金秋时节，翰墨飘香。在重庆市文学艺术界联合会、北碚区人民政府、忠县人民政府、西南大学等单位和各级领导、各位朋友们的支持、帮助、关心下，历经半年的筹备，将我从艺60年来，不同时期的绘画作品，终于较为全面地展示出来，这既是接受人民的检阅，又是与同志们分享。

60年风雨兼程、60年弹指一挥间；60年坎坷与艰辛，60年上下而求索。求艺路上，快乐与痛苦伴行，技术与成果同辉。回想往事，历历在目。

我生于旧社会，成长于红旗下。1956年，带着儿时的梦想，赤脚走出大山，经科试选拔，逆长江而上，步入艺术的殿堂。出于自身的条件，时时刻刻不敢懈怠，寒来暑往，冬去春来，挥毫于笔墨之间。幸得苏葆桢先生的习作和传授，恰逢久旱之甘露，更是如饥似渴，手摹心追30余年，并上溯至张书旗、任伯年等前辈大师的艺术营养，兼收并蓄；于西洋画、中国画的广泛涉猎，博采众长，为己所用。辛勤的付出，迎来了花果的芬芳。我将所学音乐与绘画两种艺术有机地融合，轰动了巴黎；泰国画展开幕式上中华人民共和国国歌响起，作为一名中国公民倍感骄傲与自豪。为感谢苏葆桢教授的知遇之恩，我努力研习葡萄画技法，所画白葡萄、法国葡萄实属几十年来的心得与创新。特别是美丽的紫藤花，我是用生命的情结去表现它。七旬以后，受同行鼓舞和鞭策，又在大写意画技法上不断前行与探索，去寻找那凝固的音乐与流动的绘画之奥秘，因为这既是我进入艺术殿堂的起点，也是我毕生艺术追求的目标。

60年来，我笔耕不辍，奋斗不止。我的作品在国内外多次展出，受到好评。先后应中央各大单位邀请作画20多次，作品被中央各大单位收藏达三十多幅，其中人民大会堂中华厅的《秋色烂漫》、中南海紫光阁的《硕果清香》，意义深远，作用巨大；也有不少作品被好多国家政要、社会贤达收藏；同时，一些作品在翰海、保利、苏富比等公司的拍卖会上，受到藏家的青睐。真是天道酬勤，功夫不负有心人。60年来，我没有忘记作为一名教育工作者和一名艺术工作者的责任与义务；作为一名共产党员，也没有忘记党的恩情和感恩这个伟大的时代。1963年至今，我义务开办"雷锋班"，培养学生遍及西南各地达9000多人，有的已成为业界精英，有的成为画界名人，他们都在各自不同的岗位上，努力工作，奉献社会。这一事迹，2013年曾被中央电视台《乡约》栏目做了专题报道。我秉持"德耀中华、善行天下"的宗旨，在困难群众面前，在自然灾难到来时，倾其所有，鼎力相助。为此，2015年我获得了"感动重庆十大人物"的殊荣和"重庆道德模范"的称号。我热爱我的家乡，记着乡愁，在我病痛不便的情况下，将历时三周所创作的巨幅作品《盛世和谐、硕果飘香》献给了家乡忠县人民。我热爱我的母校，感恩引我入艺术道路的恩师们，我将历时三年画成的巨型作品《百鹤朝阳》图，无私捐献给了我的母校——西南大学！

最后，我要特别感谢60年前资助我走出大山的三汇中学严伯宜老师和杜永曾校长，让我绘画事业受益最大的苏葆桢教授、李际科教授、郭克教授等老师们。感谢60年来关心、支持、帮助我的同志们！感谢这个伟大的时代赋予我艺术创作的源泉，感谢这次画展的主办单位和承办单位！感谢为这次画展付出辛勤劳动的同志们！最后再次感谢莅临今天现场的各位同志们，谢谢大家！

2016年9月10日于东风阁

开幕仪式后，在重庆市文联文艺家活动中心会议室召开学术研讨会。这是一次开放、轻松的讨论，观点碰撞，评说纷呈。展览开幕式上同时发送方凤富新作《"春华秋实"——方凤富从艺60周年暨80华诞作品展（特辑）》。

创立重庆嘉陵画院

　　2003年，方凤富创办雷锋学习班已经40年。他考虑怎样把这个活动坚持下去，怎样把"方凤富学习雷锋美术班"继续办下去。这时他想到了多年来一直跟他学习花鸟画的高级工程师刘铁中。刘铁中1943年出生于四川云阳县（现属重庆市）的一个工人家庭，是重庆特殊钢厂的机械高级工程师，他从小喜欢画画，1986年认识方凤富以后，就拜方凤富为师，成为方凤富雷锋班的入室大弟子。而今年恰好他退休了。方凤富想到办一个书画组织，把学雷锋的活动继续下去。于是，他约刘铁中到他家中商量此事。他俩共同商定成立一个集绘画、书法、篆刻于一体的群众性的群众组织——重庆嘉陵画院（刚成立时取名嘉陵画苑），由方凤富作名誉院长，刘铁中为院长，聘请西南大学美术学院老教授傅易本、郭克作顾问，由朱渝生、唐进、金灿彪、谢泉、张小泉担任副院长、常务理事和秘书长。活动地址就在刘铁中女儿办的香积厨文化酒楼。

　　方凤富把嘉陵画院看成自己学雷锋的一个组织，热心扶持，全力资助嘉陵画院办班，开讲座、开会、出画册、办展览、做好事，让嘉陵画院越办越好！

　　嘉陵画院每月定期开展2至3次学术活动。

方凤富除自己给会员讲花鸟画技法，进行现场技法讲座外，还请了他自己的老师、西南大学美术学院教授傅易本、郭克做学术讲座，举办绘画技法讲座和会员作品观摩讲评，让学员在学习交流活动中相互学习，取长补短，既出作品，又出人才。

2004年，在嘉陵画院成立一周年时，方凤富大力支持嘉陵画院出了《重庆嘉陵画院》专刊。

2005年，在嘉陵画院成立两周年时，方凤富又资助嘉陵画院出版了会员画集《嘉陵书画集》。

2008年，方凤富资助嘉陵画院与丰都文化馆举办两江书画巡回展并出版画册。

2010年4月，方凤富和嘉陵画院同仁赴贵州省赫章达依中学进行支教活动。

2011年3月，方凤富同嘉陵画院刘铁中、李明菊、蔺学乡、朱渝生等书画家赴四川华蓥山广能集团绿水洞煤矿开展送文化到矿山活动。

2016年5月，方凤富率嘉陵画院20余名画家赴彭水县文化馆送文化大餐，方凤富给当地书画爱好者做了学术报告，并与同去画家为书画爱好者现场作画，还对彭水画家的创作进行了点评。

2018年6月，方凤富与嘉陵画院刘铁中院长、朱渝生秘书长等七位书画家到武警部队重庆复兴支队学习慰问，方凤富及同去画家为部队官兵现场创作了花鸟画及书法作品，赠送给部队官兵。

嘉陵画院建院15年

2018年3月5日，是毛泽东同志"向雷锋同志学习"题词发表55周年。同时，又是重庆嘉陵画院建院15周年。15年来，在方凤富关怀指导下，重庆嘉陵画院举办了多次送书画文化下乡、进厂、到学校、去军营、到社区的活动，举办了多次画展，出版了会员画集，取得了丰硕的成果，培育了众多的人才。

嘉陵画院于2003年成立。隶属于北碚区文联，是一个跨区域的、纯粹的艺术团体。倡导学术民主，实行开明办院原则。有一个团结、民主、向上、互助、勤勉的领导班子。

方凤富是重庆嘉陵画院名誉院长。画院成立15年来，他一直把自己的住宅和画室，作为画院的活动室和教室。每年，他都在家中为画院举办学术讲座、看稿会、作品赏析会。他还热情资助画院办展览和出画册等活动。

刘铁中院长对画院工作亲力亲为，任劳任怨。他老当益壮，热情勤恳，为嘉陵画院做了大量组织和日常事务性工作。

金灿彪副院长，是国务院特殊津贴获得者，对自己分管工作发挥了示范带头作用，克己奉公，廉洁自律，多有奉献。近两年来，金灿彪一直奔波于市内外区县，为国家扶贫攻坚贡献自己所学知识和聪明才智。

唐进副院长勤耕不辍，不断进取，他在重庆大学艺术学院攻读硕士研究生，并获得硕士学位。近年来，他在搞好本职工作的同时，每年都有国画、书法佳作参加市美协和市书协主办的展览。

秘书长朱渝生是一位作家，又是书法家，出版了《砚磨春秋》和《笺染墨香》两部著作，他热心画院工作，包揽了画院的宣传工作。

方凤富为嘉陵画院做了大量工作。

2015年6月，嘉陵画院在方凤富美术馆举办一次评奖书画展。方凤富先生从自己稿费中拿出2万元，画院配套1万元对获奖作品给予奖励并颁发荣誉证书。方凤富为嘉陵画院出资制作专题片《嘉陵江畔一颗璀璨的明珠》，并赠送每位会员专题片光碟作为纪念。

2019年，为了更好地继承、弘扬传统文化和苏派艺术，方凤富先生又创办了更高层次的3F画派先锋学习班。3F学习班涌现出一批专攻花鸟、擅画葡萄的从艺者。如北碚区的刘铁中、谢义泉，渝中区的刘宏，九龙坡区的李永强，渝北区的李金丘，石柱县的王玉莲，丰都县的谭和平，忠县的方清平，彭水县的蔡创英、杨广新，巫溪县的杨小平、韩明银，贵州毕节的林永刚、黄荣华、胡忠前，六盘水市的唐勇强等同志。

15年来，嘉陵画院培养和涌现了一批优秀的画家、书法家。他们以方凤富为榜样，在美术创作和学雷锋活动中做了大量工作。他们是冯清修、谢义泉、张小泉、唐朝良、蔺学乡、胡忠前、李金丘、李明菊、杨光宇、晏克强、任家勤、刘先银、雷春隆、刘德明、胥嘉寅、谭和平、余泽洋、范忠民、夏继勇、蔡畅英、甘信荣等。

为了办好嘉陵画院，方凤富不仅倾注大量时间、精力主持和指导嘉陵画院的各项工作，在自己家中和方凤富美术馆为学员上课、培训；而且还拿出自己的工资和稿费，资助画院出画册、办画展，奖励优秀学员，帮扶困难学员。多年来，他向困难学员李勇平、文玲、罗模书、刘德明、谭韵、刘宪法等捐款、赠送画册等学习资料。

他对张利的关心和爱护最为感人。

多年前，曾在方凤富门下学习花鸟画的学员张利，因患病生活困难，在2013年9月10日教师节，方凤富从自己当月工资中拿出4000元资助张利，并送给他一刀安徽红星宣纸及40余本画册、画集，让他克服困难，增强信心，继续学习。2018年，张利因患血液病病危住院。方凤富得知这一不幸消息后，立即电话委托在广安的会员冯清修代他给张利送去两万元慰问金和住院费。当时方凤富因患痛风，不能行走，但他担心张利病重，可能见不到他最后一面，晚上七点多钟了，方凤富不顾自己双脚疼痛，硬是坚持让画院唐进、王玉莲把他扶上车，驱车数百公里，从重庆市区赶往广安中医院探望慰问张利。当晚九点多钟赶到广安医院，见到了即将告别人世的张利，方凤富和随行的唐进、王玉莲、冯清修等当即为张利捐款。当方先生握着张利的手时，张利已经激动得说不出话了。师生的双手紧紧握在一起，给了张利以温暖和力量。非常遗憾和不幸的是，方凤富一行离开医院数小时后，张利的病情迅速恶化，凌晨两点心脏停止了跳动。仿佛心有灵犀，方凤富在逝者临终前几小时赶到病床前，见了他最后一面。从这一鲜活的事例中，可以感悟方先生的大爱之心。

孝顺父母，帮扶弟妹

"百善孝为先"。中华民族是礼仪之邦，自古即重孝道。方凤富对父母充满了爱心，从小就帮父母做家务，挑水、砍柴。稍大一点，他便下田干农活。12岁的小小年纪，就主动帮爸爸背军粮，从官坝到忠县，两三百里的山路，忍饥挨饿，他都不惧！他工作之后，几乎把工资大部分都交给父母，极大地改善了全家困窘的经济状况。

方凤富对弟妹热诚关爱。方家五兄妹，他是长子，又是家中的顶梁柱。五兄妹中，只有方凤富一人考上了大学，其他四兄妹都在乡下，三个弟弟现已年过六旬，且有两个弟弟身患残疾，有一个弟弟至今未婚。他们缺失劳动力，生活困难。尽管方凤富本人的负担也是挺重的，但是，在妻子和家人的理解、支持下，他还是省吃俭用，把自己辛勤耕耘得来的稿费帮助家人。方凤富在20多年前就出资为他的几兄弟修建了一楼一底的大房子。以后每年都要为两个残疾弟弟付上一笔不菲的生活费和医药费，对另外两个兄妹也多有帮扶。

方凤富老家在忠县宫坝镇鲤鱼村，鲤鱼村地处山区，多年来村民出行只有一条坑洼不平的泥土小路；车辆无法通行，遇到下雨天村民出行更不方便；交通困难极大地阻碍了村里的经济发展。2017年4月，方凤富先生

231

的四弟方凤周在自家二楼意外摔下，头部严重受伤，后送医抢救无效而身亡。终年69岁。由于方凤周是聋哑残疾人，终身未娶，没有子女。在整理其遗物时，发现他在银行存有11万元人民币。这些钱大多是方凤富多年来资助和帮扶方凤周的生活费及医疗费，而由方凤周省吃俭用积存下来的。事后，方凤富主持召开家庭会，一致决定把这笔费用全部无偿捐出，用来改造鲤鱼村的道路，修建一条水泥路。由于修路投资巨大，方凤富又从自己稿费中拿出30余万元投入此路的修建。今年年初，一条近1000米长的平坦的水泥公路建成，极大地方便了村民的出行和农产品、农用物资运输，有力地促进了村里的经济发展。村民们对方氏兄弟的善举纷纷点赞。

不忘师恩

中华民族历来极为重视教育，尊重教师，古代神位上写着"天地君亲师"，人们是把教师排在上天、大地、国君、父母亲之后。"尊师重教""一日为师，终身为父"成为中国人的信条。而"一日为师，终身为父"的古训，在方凤富身上尤为突显，特别令人感动。

方凤富感恩老师，给人们树立了很好的典范。

方凤富对小学、中学、大学的老师，都很尊敬。他对恩师苏葆桢崇敬、爱戴有加。苏葆桢生前，他经常为苏葆桢家担水。那时候西师经常停水。每次停水，方凤富担心苏老师家没有水用，都要主动去给他们家担水。苏葆桢去世时，他护送遗体到火葬场、守灵、接待前来吊唁的学生亲友，尽了最大的爱心。苏葆桢去世后到2006年的16年中，每年方凤富都数次看望师母，每次都给师母带去慰问金和礼品，坚持在苏老师的忌日或春节、清明节，率领众弟子带着鲜花和水果前往苏葆桢的墓前祭拜，向引领他进入葡萄画苑耕耘的恩师倾诉爱戴之意和怀念之情，有时讲到动情处还流下怀念和感恩的热泪。20多年来，他的祭拜活动从未间断。他对苏葆桢先生非常虔诚，情也真，意亦真。他常说，苏葆桢是他一生中最怀念、最敬重的老师之一。他时刻心怀感恩之情。他在画册序言和介绍中、在画展 233

开幕式中，都要提到苏葆桢老师对他的培育之恩。他认为，他对苏先生最好纪念，就是坚持传承和弘扬苏派艺术，让中国当代葡萄画、花鸟画走向更高的水平。

2013年6月，在嘉陵画院成立10周年之际，在进行了画院纪念活动之后，他就带着全体会员到苏葆桢墓前悼唁。以往每年他都会在墓前致辞。今年他又致了悼词：

尊敬的苏老师：

今天，您的学生方凤富怀着无比激动的心情，带领全体学员一道来看望您老人家！首先向您老人家鞠躬，祝您老人家在天国里愉快幸福！

苏老师，今天，您老人家和我们分别整23年了！我们每次来看望您时，心情都十分激动，思绪万千！我们每每回忆起您的一生。您的一生是非常艰苦磨炼的一生，是十分刻苦学习的一生。您老人家从没有好好休息过。不管在多么困难的时候，您始终想着您的艺术和您的学生……

我最记得，1973年7月20日中午，我得到四川美协的通知，说要我将我送去参加展出的一幅《战地花开》的作品请您重画一次，以便送去参展。您正在渝中区工艺美术公司作画。当时时间紧迫，我不顾炎热，立即从北碚乘车赶到您作画的地方。我看到您老人家住在公司顶楼用牛毛毡搭建的一间小小的房子里画画。房子里十分闷热，空气也不好。虽然有一把小电扇，根本起不了什么作用！看到您老人家不断用帕子擦汗水，不停地画画，我一下流出了眼泪！我说：老师，您太辛苦了！他们为什么一点不关心您老人家！可您却说：没啥，现在大家条件都差嘛！我看到您为了完成党交给您的任务，不惜牺牲自己的一切，在这样艰苦的条件下忘我地作画，我心里真是十分难过，又万分感动！真是热泪和汗水融化在一起了……

为了及时画好这幅画，您二话没说，拿起笔就画起来！为了尽快画好，苏老师您硬是忙了一个通宵。第二天晚上，当我去取画时，我应该让您好好休息，可是我竟那样不懂事，直到晚上12点多了，我还对您说：我

234

月季花始终画不好，想请您画几笔给我看看！您老人家一句话没说，马上拿起笔就画了两朵月季，两个月季花苞。我当时真是激情满怀，感动万分！真是太感激您老人家的恩德了！

尊敬的苏老师：

您老人家一生平易近人，诲人不倦，和蔼可亲，处处为着别人，想着别人；为后学者们留下了学习的榜样和楷模！

尊敬的苏老师：

您老人家对艺术的终生追求，值得我们学习！您老人家千锤百炼出来的、首创的中国葡萄的新画法、新技法，是举世无双的新成就！您是一位伟大的好老师，您走的是一条光辉的艺术之路，您是一位伟大的人民艺术家，是我们学生的永远学习的光辉榜样！您老人家的美名，将与日月同辉，流传千古！

方凤富在念祭文时，感情真挚强烈，念着念着，就哭了起来，泪水不断。嘉陵画院的画家们都忍不住流下眼泪！2019年12月，我在方凤富家中采访他时，他还专门找出了他珍藏的笔记本，并翻出苏老师为他画的两朵月季花的花朵，月季花旁还记着方凤富留下的记录。方凤富说：我真的不懂事，那么晚了，还请苏老师教我画月季花，为我画月季花！苏老师真是我们后辈从艺人永远学习的榜样！方凤富至今仍保留着当时的画本，珍藏着对恩师永恒的纪念和敬意！

方凤富对恩师李际科也非常尊敬和怀念。方凤富曾与李际科先生关系特别亲密、友好，是亦师亦友的忘年交，可以亲切交谈，可以开开玩笑。而且他同李际科的几个儿女的关系都十分亲密友好。

1979年夏，李际科先生母亲去世。方凤富闻讯立即赶来照应。李际科母亲的遗体要送到北碚梅花山火葬场火化。当时，学校派不出汽车，只能用板车拉到梅花山，距离有三公里以上，当时天气酷热，必须尽快将遗体送火葬场。这是个又劳累又有传染风险的事，谁也不愿干。李际科的几个儿女均不在身边，也无法及时赶回，李际科年高体弱，急得团团转。方凤富见235

状，毅然去租来板车，把李婆婆遗体抬到板车上，冒着酷热，顶着骄阳，硬是拉着板车，走了半个多小时，把遗体送到火葬场！方凤富对恩师的深情，令李际科和家人感激不已！

李际科的儿子李龙驹还告诉我，方凤富不仅为他婆婆送葬，美术学院李蜀光教授的儿子因病去世后，也是他拉着板车，走几公里的路，把李蜀光儿子的遗体送到火葬场。在我写方凤富传时，李际科的儿子李龙驹、女儿李龙燕都希望我把方凤富做的这些好事写出来。

李龙驹还说：方凤富是一位非常尊重老师的人。李际科去世后，其夫人傅本娴将他的骨灰盒一直留在家中。方凤富每个春节都要带上礼品，到师母家中祭拜，他每次都是虔诚的三鞠躬，并念悼词：李老师，学生方凤富来拜望您！

李际科去世两周年，方凤富作为西南师范大学美术系国画教研室主任，发起纪念李际科先生并举办遗作展。他带领教研室成联辉、李祯孝、王庆光、邓明秀、李白铃、黄静等到李际科家中，看望师母傅本娴，给李际科遗像三鞠躬，并发表深情而真切的祭文：

我以为，世上大凡工于书画者多矣，而画可品、人可风、德可师者却一如晨星，因其少而更夺其目，让世人高山仰止。李际科先生在我们这些后学眼里，就是这样一位画可品、德可师的教授。

认识先生是在60年代初。记得第一次上工笔花鸟课，一位瘦高的老师走进教室，我们知道他就是以画马名世的李际科先生。教室里寒意袭人，先生将他的工笔花鸟示范画——一幅工笔重彩牡丹往黑板上一挂，教室里也似乎明丽了许多。先生的示范画美轮美奂，超凡脱俗，富丽堂皇而又韵味十足，我们都被迷住了。大家屏声静气，在先生的指导下细细勾线赋色。怎知"牡丹"虽好，却非一日之功，艰涩的笔不听使唤，时间在分分秒秒地疾行，两节课就要过去了，懵懂间我依稀感到有人走到了我的身边。我抬起头，是意料中的先生，见他正专注于我笔下拙劣的线条，我为难极了。先生马上就发现了问题，一一给我指了出来，话不多，却实在。

下课铃响了，饥肠辘辘的我忙着收拾画具，先生却丝毫没有要下课的意思，他严肃地告诉我："没达到要求就不忙下课。"想着教师也同我一样忍受着饥饿的煎熬，我又重新静下心来，再画那一根根难缠的线条，直到先生说"你可以下课了"，我才走出教室，而他还没有离开教室。

第一次接触先生，感受的是"严格"。毕业以后，有了同先生更多的接触，尤其是从70年代后期开始，我有幸以助教的身份追随在先生左右，对先生的为学为艺有了更为深切的理解。

……

先生艺术生命常青，77岁之年，创作《九骏图》：九匹良马或卧或立，或静或动，或奔腾于莽原，或昂首向云天，是先生"老骥伏枥，志在千里"的情感外露么？人期永寿，天不假年。正当我们祈愿先生为祖国的艺术百花园奉献更多更好更精的作品的时候，先生却永远地离开了我们。一生爱马画马的李先生骑马远去，给大地留下一路艺术的芳菲。让我们永远怀念他。

李际科去世后，李际科夫人傅本娴约请李际科的同学、朋友、学生撰写回忆文章，编辑了《踏花归去马蹄香》。方凤富不仅赞助了此书出版，而且还为该书写了序言。以后，师母傅本娴出版画册《雪泥鸿爪》，也是方凤富出资印刷发行。

李际科去世后，方凤富依然尊重和爱戴李际科夫人傅本娴，每年几次带上丰厚的礼品，登门看望师母，汇报他近年的成绩，送上他新出的画册、年历。他在泰国、法国办画展以后，兴高采烈地向师母汇报展览的盛况，送上展览的光盘。他再三感谢李际科老师对他的指导和栽培。他每次到来，都令师母感动，也令李老师的子女感动。2018年12月，李际科夫人傅本娴去世，家里低调处理后事，没有通知任何亲戚朋友。在告别师母时，李际科儿女只请了方凤富一个人作为李际科的学生、同事和朋友的代表为师母送行。这就足以说明李际科家庭对方凤富的器重和抬爱。

方凤富对郭克老师也很敬重。郭克，字渭川，甘肃天水人，1925年生，1950年毕业于西南美术专科学校，1951年起到西南师范学院美术系任教，1987年聘为教授，系著名花鸟画家，硕士研究生导师。他的画构图严谨，用笔老辣，赋色鲜亮，清新细腻，气质高雅，素有"郭牵牛""郭紫藤"之誉。

方凤富在向苏葆桢和李际科学习花鸟画时，也向郭克老师学习、请教。方凤富也一辈子都尊重和敬爱郭克老师。尽管郭克先生在方凤富评教授时曾经持反对态度，但方凤富完全不计较此事，始终对郭克尊重有加。在谈到个人的成长时，总要提到郭克教授对自己的培养和帮助。尽管方凤富已退休20多年，但是，仍对郭克老师执弟子礼，每年他都会六七次的带上最好的烟茶酒等礼物，去看望郭老师。他知道郭克老师喜欢抽烟，抽好烟，每次去看望郭克老师时，都要买上一条贵重的中华烟送给郭克老师，表达自己的敬意。

2015年11月23日，是引领方凤富进入艺术殿堂的郭克先生的九秩大寿，方凤富不由回忆起从20世纪50年代起，在西南大学受郭克先生教育帮助的历历往事，撰写了《至乐桃林沾化雨 佳作偏映夕阳红——从一支铅笔引领我进入艺术殿堂的郭克先生》一文，纪念自己的恩师。

2020年6月2日，西南大学为郭克先生举办画展。可是，6月3日，郭克先生却不幸去世。6月4日，方凤富应郭克儿子的要求，在郭克先生告别仪式上发言。他在追悼会上，代表美术学院师生，向郭克老师倾诉了深切的怀念之情：

尊敬的郭克老师：

今天，我怀着无比悲痛的心情来为您老人家送别。昨天，当我听到您老人家仙逝的消息，犹如五雷轰顶，悲痛欲绝！我脑子里想起您几十年来对教育事业的呕心沥血，想起您多年来对我的教育帮助——真的是师恩难忘啊！

我是1957年下半年由西师音乐系转入美术系学习的。您是第一位教我素描课的老师。当时我的美术基础较差，您耐心细致地教我用笔，教我构图，给我改作业，让我做完作业，您的耐心辅导和指教，使我很快地赶上了同学们。

毕业后，我留校任教，我们又同在一个花鸟画教研室任教。您亲切地指导我如何备课，如何画范画，如何批改作业，使我从一名普通教员成长为一名教授。我的成长和进步，与您的教导密不可分！

亲爱的郭克老师，您虽然走了，但是，您谦虚礼让的优秀品德，您勤俭节约的朴实作风，却长久地留在我的心里！郭克老师，您对党和人民，无限忠诚；对教学工作，认真负责；对系上同事，团结友爱。在三年困难时期，您是美术系的工会主席，我是系上的保管员。当时，上级经常给系上发来一些生活物资，帮助老师们渡过难关。每次分发物资时，您不但从不利用你的职务，多吃多占，反而尽量少占少要甚至不要，都要我尽量发给大家，多照顾大家。记得有一次分发香烟，按上面发下来的香烟平均分配，每个老师只能分5支烟。您是很爱抽烟的，可是您却对我说：我不要烟，把我的这5支分给陆一禄老师吧，他烟瘾最大，照顾他！虽然只是几支烟，但在那个物资特别匮乏的年代，还是很珍贵的！您的谦让和奉赠，也是很难得的呀！

1988年11月中旬，我和您带学生去贵州铜仁梵净山一带写生。我们从铜仁到梵净山的路上，天就黑下来了。这时，四处没有人烟，大家也又累又饿，走不动了。这时，突然发现路边有一破烂的茅草棚，进去一看，里面什么也没有。我同您商量，决定不走了，就在这茅草棚内住一夜。天黑尽了，大家都饿了，又没有带干粮，怎么办呢？我们看到地里种的红苕，于是大家就到地里用手刨些红苕回来，再四处弄些树枝柴草点起火烧红苕吃。当晚天很冷，柴草又不够，结果红苕烧得半生不熟的，您却毫不计较，和同学们一起高兴地吃起来。您还很高兴地鼓励大家说：同学们，我们学的是老红军，走的是长征路。苦不苦，想想红军二万五；累不累，想想抗日游击队！您触景生情，深情地给大家讲起您年轻时从甘肃到重庆报考大学，在赶考路上没有饭吃，饿得不行，不得不一路要饭乞讨，终于坚持走到 239

重庆，考上了大学！同学们听了深受感动。就这样，您和同学们一起，就在茅草棚里坐了一个晚上，待天亮了，又带大家向梵净山走去……

尊敬的郭克老师啊！您教我上素描课，已经63年了！往事历历在目，难以一一述说。您老人家永远是我的好老师，是我学习的好榜样！我要化悲痛为力量，永远记住您的恩情，继承您的绘画艺术，让它发扬光大！

您的学生方凤富

2020年6月4日

忠县官坝小学退休教师谢必才，是方凤富的启蒙老师，方凤富上高小时，家里穷，交不起2角5分钱的学费，眼看要辍学。谢必才老师见状，十分同情，就爽快热心地对方凤富说：你是一个好学的人，你家里交不起学费，我给你交！你一定要把高小读完！

方凤富一直牢记着谢老师的恩情！从20世纪80年代以来，方凤富每次回到家乡，都要抽空去官坝小学看望谢老师，每次都给谢老师两三千元慰问金。2009年，方凤富回到官坝小学举行捐赠仪式，挤时间去看望谢老师，看到谢老师年近九旬高龄，年老体衰，患有多种疾病，为了报答老师的培育之恩，方凤富立即拿出1万元给谢老师，请谢老师和家人购买年货，购买营养品和药品，过一个愉快的春节。方凤富还诚恳地对谢老师及其家属说：重庆的医疗条件好一些，谢老师病重，最好到重庆去看。谢老师到重庆医院治病的所有的车船费、住院费和医药费，都由我来买单。但遗憾的是谢必才老师于2015年初，带着深深地眷念离开了他的亲人和学生。噩耗传来，方凤富无比感伤和悲痛。由于他当时人在外地，不能前往，特派专人悼念并送上花圈和慰问金。以后，他回忠县办事时，还专程到官坝谢老师墓上祭奠，寄托深深的怀念。

感恩母校

　　"做人不忘母爱，成才常忆师恩。"他不但不忘师恩，而且不忘母校。他对少年时求学的官坝镇鲤鱼村小学、官坝中心小学和三汇中学都给予了支持和赞助。

　　1999年11月，方凤富回老家探亲，去到他曾就读过的已从山下搬到山上的鲤鱼村小学。呈现在他眼前的是，几间用石头砌上的低矮房子，里面光线很暗，而且很潮湿。看到这里，方凤富心疼极了。回到重庆后经常梦见这种情景，所以他很想给予资助。方凤富回到家里，立即给鲤鱼村小学汇去了3万元，用于修缮教室。过了不久，他又给学校写信，建议进一步改善鲤鱼村小学的环境，着力将学校打造成"书香校园"，根据据学校自身的条件和优势，彰显农村小学的教育特色。校舍竣工后，方凤富又捐款1万元添置教学设备和办公用具。2003年，寒假快到了，方凤富又牵挂起家乡鲤鱼村小学那些留守孩子的学习、生活，向鲤鱼村小学寄去24000元钱。

　　从1999年之后，方凤富每年都给鲤鱼村小学一定资助。

　　方凤富对自己读高小的官坝中心小学资助更多。

　　1999年元月23日，方凤富回到了母校官坝镇中心小学。当他看到一个学生衣服单薄、破旧，心中过意不去，亲切地问这个孩子的情况，听说他家庭贫困，方凤富十分心痛，忙拿出50元钱给这个学生，让他买两件新衣裳。次日，他又专程去到这个孩子家，看望其父母，拿出200元给孩子父母，让他们给孩子作为下学期的学费。他还留下这位家长的通信地址和电话，一再嘱咐他们，有什么困难就和他联系。

2001年春天，受忠县教委领导委托，忠县官坝小学校长范忠明前往重庆拜访方凤富，并汇报了官坝小学建设"书香校园"情况。听了范忠明的汇报，方凤富非常高兴，大约一个月后，他不顾劳顿，专程到学校发放奖学金8万多元。

2003年9月27日，年逾古稀的方凤富教授，返回阔别多年的家乡官坝镇。当天，方教授为官坝镇中心小学捐赠了2万元现金，为村里贫困学生捐资4000元。

2009年5月29日，方凤富再次向忠县官坝小学捐款17万元，并现场作画捐献给学校，同时还在学校设立"凤富基金"，用于奖励优秀教师和优秀学生。这天，晴空万里，阳光灿烂。方凤富带着17万元现金，率领重庆嘉陵画院朱渝生、甘锡青、李明菊、王玉莲等书画家，专程驱车4小时，来到他的家乡忠县官坝镇中心小学。此时，学校大门前，百米长的校干道两旁，整齐站立着数百名少先队员，他们挥舞着手中的花束和花环，热情欢迎他们的荣誉校长方凤富爷爷的到来。校园里彩旗飘飘，鼓乐声声。当天上午9点半，全校师生和各界来宾在操场举行了隆重的"凤富园"揭碑仪式。少先队员给方爷爷戴上了红领巾，范忠民校长代表全校师生发表了热情的讲话。随后，忠县官坝镇中心小学在学校新落成的办公大楼多功能厅举行"方凤富教授捐赠、讲学暨文化互动会"。年已72岁高龄的方凤富先生精神抖擞地登上讲台，向全校师生代表和来宾讲述了自己当年艰辛的求学之路和奋斗成才的历程，并勉励小朋友们一定要艰苦求学，顽强拼搏，为国争光，奋斗终身！

陪同方凤富一同到校的忠县县委宣传部、县教委、县文广新局的领导先后发言，他们对方凤富教授热爱家乡、热爱家乡的教育事业，捐资助学、奉献爱心的善举和他的人格魅力及艺术成就给予了高度评价。这正是："德行天下，大美无言"。

在当天下午的文化互动活动中，方凤富教授非常兴奋，他倾情创作了一幅四尺"紫藤樱花"花鸟画作为六一儿童节的礼物，赠给忠县教育委员会。随同方先生一行去的几位重庆艺术家朱渝生、甘锡青、李明菊等也在现场挥毫泼墨，共创作书画作品60多幅，这些作品全部赠送给了忠县有关领导、来宾和学校老师。

很快，母校官坝小学修建一新。母校邀请方凤富回校出席新校竣工典礼，气氛隆重而热烈，母校领导和师生高度评价了他的资助。

从2011年起，方凤富每年都从自己稿费中拿出4万元作为奖学金，奖励官坝镇中心小学品学兼优的学生和优秀教师。

近十年，方凤富为家乡的学校累计捐赠了100多万元善款和多幅美术作品。

如今，忠县官坝小学的教学条件得到极大改善，师生们在舒适的环境中学习生活时，总是会说，他们"有个值得骄傲的校友、国画大师方凤富"。

方凤富对母校的帮助，受到重庆宣传部门重视。2009年6月，在重庆电视台"聚焦新重庆"栏目执行总监兼总策划朱渝生精心策划、主持下，对方凤富退休后热心教育、关爱母校并捐资助学的事迹进行了深入报道。摄制组一行3人，在忠县官坝镇中心小学范忠民校长陪同下，由重庆主城驱车来到官坝镇中心小学深入采访，拍摄制作了一期40分钟的专题节目："绿叶对根的情谊——来自忠县官坝镇中心小学校的报道"。这期富有书香韵味的节目在重庆电视台农村频道连续播出4次，受到忠县教育界好评，引起了良好的社会反响；方凤富的品德、学识，如春风化雨，默默地教化和影响着越来越多的人。

方凤富对母校忠县三汇中学深深怀念。他在三汇中学度过了难忘的三年初中生活。三汇中学是一块基石，奠定了他求学、求知、求索之路，三汇中学也是他艺术之梦启航的地方。在这里他树立了正确的人生观和远大

243

理想。他对那里的小拱桥、土墙房、操场边的黄葛树等仍记忆犹新，多次向他的学生讲起那段难忘的时光，他曾多次为母校赠送国画，以表示对母校的感激之情。

2011年4月，方凤富应忠县人民政府邀请，到忠县体育馆举办个人画展，并捐赠忠县大画《盛世和谐 硕果飘香》。展出结束后，他不顾疲倦，又风尘仆仆地到三汇中学看望母校的老师和学生。在忠县三汇中学，方凤富受到全校师生的热烈欢迎，当天，学校请他发表学术演讲，他以一口纯正的忠县话即兴演讲，紧扣"勤奋学习、心存感恩、报效祖国"主题，愉快地回忆起当年求学经历，也汇报了自己五十多年的奋斗历程。他以鲜活的事例诠释了一个艺术家的初心和使命，赢得了四千多名师生一次又一次经久不息的掌声。有人评价方凤富的演讲："既有教育家的视野，又有艺术家的风采，还有诗人般的情怀。"

报告会前，方凤富作为昔日母校的学子，特在镇上设宴，宴请全校200余位教职员工，并向学校赠送自己倾情绘制的国画佳作《硕果飘香》和大批书籍、画册，以报答母校的培育之恩。他表示将常回母校走一走、看一看，积极参与学校两个文明建设，出一份力，尽一点心。这不正是绿叶对根的情谊吗？根深，才能叶茂花更红。

2015年10月16日，菊花绽金，硕果飘香。78岁高龄的重庆嘉陵画院名誉院长方凤富，在画院副院长金灿彪、唐进等艺术家陪同下，再次专程驱车回到60多年前曾经就读的母校——忠县三汇中学看望师生。

三汇中学，依山而建，错落有致，满园春光。方凤富教授一到母校，就带着家人和朋友寻觅当年读书的足迹，并向大家讲述自己在此刻苦求学、勤于练声的一些往事。当天下午两点，方凤富教授在三汇中学新落成的报告厅，为师生们做了一场别开生面、寓教于乐的报告。他在讲台上一直站着，用纯正的家乡口音，向与会师生详细讲述了自己曾于20世纪50年代初中期，在母校艰苦的办学条件下，努力求学的相关情况。同时，用生动、具体的事例，谈了自己从一名偏远乡村的穷学生，经过勤奋、刻苦学习，最后成长为一名艺坛园丁和感动重庆的爱心艺术家的鲜活事例。以此鼓励同学们，从小树立远大理想，崇德向上，志存高远，脚踏实地，永攀知识和科学高峰。在讲座中他殷切希望同学们学成后不忘师恩，服务社会，报效国家。在两小时讲座快结束时，方凤富以一个老校友的身份，向三汇中学捐赠了一幅新近创作的葡萄画佳作《硕果清香》及由北京人民美术出版社、中国美术学院出版社推出的中国当代名家画集《方凤富晚来风急》《方凤富花鸟画集》等10部画册、画集和作品集，以此感谢学校的培育之恩。

此次随方凤富同行的几位艺术家也向三汇中学捐赠了《静水深流润物无声》《秋韵》《月色如画江流有声》《果香飘万里》等8幅书画作品。

讲座结束后，方凤富一行参观了学校高考美术班的现场教学并在美术创作室展纸挥毫，留下了"学海无涯""学而思思而进"题词，也留下了一位老校友对母校年轻校友的深切希望。

方凤富不仅关怀自己的母校，还关心家乡的教育事业。他经常应忠县中学、拔山中学、忠县实验小学等学校邀请去为师生作励志讲座和美术培训。每当接到邀请，他都在所不辞，每到一处，他不仅以自己的奋斗故事勉励大家成人成才成功，还把自己的绘画技艺毫不保留地传授给学校师生。若有人邀请他现场作画，他都会欣然挥毫，全然不知疲倦。其高尚品德和感恩情怀，给家乡人民留下了深刻的印象，也为后辈树立了优良的典范。

他的好友、重庆忠县官坝小学原校长范忠明评价他说："方教授不仅是一位出彩的教育家，也是著名的国画家，还是一位永恒的慈善家。"

大作《百鹤朝阳》捐赠西南大学

作为西南大学校友和教师，方凤富对母校西南大学怀着儿子对母亲般的感恩之情和爱戴之心。他时时以赤子之心关爱着母校，并以实际行动，为母校作出贡献。

2014年"七一"前夕，西南大学党委召开全校表彰大会，授予方凤富优秀共产党员称号。

2016年4月适逢西南大学组建10周年暨办学110周年纪念日。为感恩母校的培育，祝贺母校生日，方凤富先生把寄托深情厚谊的心血之作、大型花鸟画《百鹤朝阳》，捐献给母校收藏。

《百鹤朝阳》系方凤富先生退休之后的匠心之作。此画长8米，宽2米。画面壮阔优美：松鹤交叠，绝壁磐石，苍松挺拔，云浪翻涌，上百仙鹤，引吭高歌；整个画面，云彩与仙鹤齐飞，朝阳与苍松辉映，十分壮丽，无与伦比；120只仙鹤刻画得栩栩如生，千姿百态；其景取"松鹤延年"之意，百鹤与千松相配，鹤与松是画中主体，一动一静，意境深邃。画家立意高远，以恢宏的画面，彰显人与鹤、鹤与大自然之生态和谐。该画用笔潇洒、劲健，且富于变化；画面富有节奏感、韵律感，具有磅礴的气势，洋溢着诗情画意。

关于《百鹤朝阳》的大画还有一段鲜为人知的故事。2008年8月27日至9月6日，方凤富先生在北京中国美术馆举办个人画展时，这幅《百鹤朝阳》一亮相展厅就受到首都观众青睐。特别是开幕仪式结束后，北京的一位大企业家来到《百鹤朝阳》画作前驻足审视良久。然后这位企业家通过服务员找到方凤富，向他提出愿出资3000万元购买此画。然而，方凤富舍不得这幅大画，就推说此画花了几年的心血，不愿割爱。正当他们热议价格时，恰遇中国美术馆馆长范迪安教授来到现场，他得知企业家想买此画，就告诉方凤富："这次展出的40余幅画，全是我在你送审的100多幅画作中精选出的精品，希望你一幅都不要卖；特别是《百鹤朝阳》，构思宏大，立意高远，气魄雄健，气象万千，是一幅艺术精品，我们中国美术馆很想收藏此画，并颁发证书和一笔不菲的收藏费。所以，请你千万不要卖《百鹤朝阳》。"当展览结束时，范馆长再次提出收藏《百鹤朝阳》之事。方凤富觉得，自己今后还要到各地办展览，如中国美术馆收藏了《百鹤朝阳》，要展出就不方便了。范馆长说可以随时来借。方凤富觉得太麻烦，就没有把《百鹤朝阳》捐赠给中国美术馆。

2016年4月，适逢西南大学组建10周年暨办学110周年纪念日。为感恩母校的培育之恩，祝贺母校生日，方凤富先生将这幅寄托深情厚谊的心血之作，捐献给了母校收藏。此画与其他老师和校友捐赠的200多幅书画作品，于2016年4月16日上午在新落成的西南大学博物馆展出（西南师范大学出版社出版了精装捐赠作品集）。方凤富应邀出席了书画展开幕式，并深情地表示：母校才是《百鹤朝阳》的最好归宿。此话颇有含金量和温度，饱含了方凤富对母校的深情和美好祝愿。

回馈家乡葡萄画巨著

俗话说："野人怀土，小草恋山。"方凤富非常有情重义，崇尚感恩，对故乡感情极深，他热爱家乡，时刻不忘报答父老乡亲。离开家乡六十多年了，他仍保持一口纯正的忠县话，乡音不改，乡情不泯，这缘于他对故土的一片深情。

几十年来，很多他根本不认识的家乡人，慕名找上门去，他都要热情接待。老乡求他帮忙，只要合情合理，能办到，他都热心帮助。有时，家人也不太理解，他时常对他的家人说："人家找到我，一是出于对我的信任，二是确实有困难，谁愿意无缘无故向人求情哟？"家乡人对他的印象是："对人友好，没有一点架子，乐于助人！"

2008年10月6日，方凤富教授学术汇报会，在风景旖旎的忠县白公祠隆重举行。应县文物局之邀，方教授现场为正在修建的县博物馆作画留念。

方凤富还应忠县不少学校邀请，去做报告，并现场挥毫作画，送给学校师生。

2011年，忠县计划在4月举行"忠县柑橘文化旅游节"，希望方凤富举办画展，捐赠画作。

2月25日，方凤富受家乡忠县党政领导邀请，去忠县参加了忠县柑橘节准备会。2月26日，忠县文化旅游局任局长向方凤富报告了忠县政府的打算：忠县政府第二届柑橘文化节开幕式后，将举办中央电视台"星光大道"历届冠军忠州行，举办中美巴三国柑橘国际高峰论坛，重庆忠县忠文化论坛，还将举办忠县当代名人（马识途、方凤富）书画展活动。希望方凤富在开幕式上向县政府捐赠画作。

方凤富激动地表示：对故乡的这一活动，我一定全力支持！我方凤富能有今天，离不开家乡的父老乡亲！我也始终想着我的家乡。回想我这一生，能走到今天，确实不易。我这一生，辛苦几十年，奋斗几十年，贡献不少，得到的也不少！我感谢家乡人民，也一定要支持家乡人民！

28日，方凤富在县政府领导陪同下，到县政府察看了适合挂画的廊墙，其长13.6米，高2米，那画得画10米长，1.2米高。方凤富还没有画过这么大的画。但是，方凤富表示一定在4月23日柑橘节前完成，不负乡亲期待。

可是，回到重庆不久，方凤富的痛风症犯了，脚肿得厉害。每天疼痛难忍，呻吟不止，晚上难以入睡，白天根本无法走动！但是，方凤富还是坚持克服病痛，每天坚持画这幅大画。他忍着疼痛，画出了10米长卷的小样画。然后叫助手准备纸，为他研墨。第二天，方凤富的脚还是肿得透亮，但他坚持开始画十米长卷了！方师母这些天都在给他抓中药熬水喝，熬水洗，但是还没有见效，脚还是肿得透亮，就劝他暂时别画，等脚病好些了再画不迟。可是方凤富坚持要画。他对师母说：乡亲们邀请我画张大画，用来装扮我的家乡，我怎么能懈怠！没有家乡人民对我的哺育和厚爱，哪有我的今天！我一定要好好完成这幅大画，报答家乡父老乡亲的养育之恩！

方凤富天天忍着病痛，坚持画这幅大画。他依旧早上6点起床，中午也很少休息，忍着剧疼坚持作画！半个多月里，他满怀激情，运用全部的爱心，闭门谢客，排除一切干扰，胸无杂念，提起画笔，饱蘸智慧和心血，在宣纸上奋笔挥洒，任情涂抹，终于绘制出皇皇巨作。它是方凤富从艺数十年的爱心的凝聚，智慧的结晶，艺术的超越，大爱的奉献！它是画家的原创，也是时代的产物，它充满着画家的激情，洋溢着画家的心声。当全画最后一笔完成后，方凤富提笔落款，并盖上那枚标志性的鲜红印章。此时，方凤富才真正松了一口气，走到阳台上，沐浴初春的朝阳，眺望嘉陵江，心潮起伏，并长长地、舒心地抽了一支烟，独自享受水墨流淌和色彩点染的快乐。

此画是方凤富毕生最大一幅葡萄题材的画作（1095cm×145cm），具有强烈的视觉冲击力和心灵震撼力。斑斓画卷，笔墨潇洒，意境深邃，硕果丰盈，苍藤垂珠，竹篮献瑞，物呈异彩，展现出广阔天地色染秋枫、果实累累的丰收美景。画图具有音乐的旋律感与奔放的笔墨感，可谓葡萄画中的扛鼎之作！

2011年4月23日，方凤富将自己花费了近3周时间，抱病为家乡精心创作的葡萄画《盛世和谐 硕果飘香》，无偿捐赠给故乡，由家乡忠县人民政府永久珍藏。此画原件写真布置于忠县行政中心大厅。捐赠前，该画在县体育馆展出，这是方凤富送给家乡的一份厚礼，凝聚着他的爱心、智慧和心血。

2011年4月，中共忠县县委、忠县人民政府举办"2011重庆·忠县中国柑橘文化旅游节"。著名作家马识途、著名画家方凤富两位大家应邀回到故里，并举办了个人书画展，作为"2011重庆·忠县中国柑橘文化旅游节"的一项重要活动，在橘香四溢的时节里向全县人民献上了一道丰盛的文化大餐。此次展出的107幅书画作品（马识途37件，方凤富70件），都是他们艺术道路达到炉火纯青的状态下创作的巅峰之作，作品写心写意，自然天成。两位大家书画合璧，熠熠生辉，作品折射出丰厚的艺术底蕴和人格魅力，同时凝聚着两位大家对家乡的一片拳拳之心和关爱之情，是忠县人民不可多得的精神瑰宝。

文化旅游节这几天，忠县张灯结彩，欢腾喜庆，一派节日景象。滨江路的晚会会场，更是人山人海，热闹非凡！时任忠县委书记朱希颜、县长刘贵忠及忠县四大班子领导出席了开幕式剪彩活动，并观看了马识途、方凤富书画展。之后，书记朱希颜欣然在展览大厅挥毫题词："凤富识途百姓康"。参观画展者极为踊跃。家乡人民尊敬和热爱从家乡土地上走出的享誉全国的大画家，并且钦佩他成功不忘家乡的高尚品德，都以请他签名、与他合影为荣，因此，无数乡亲围着他，请他签名，与他合影，场面热烈而壮观。要求签名合影的人太多，午饭时间只好一拖再拖，但因下午还有活动，工作人员只好强行把方凤富"劫走"。下午，工作人员把捐赠的十米长大画从展览馆拆移到当晚捐赠现场。晚上，方凤富赶到忠县滨江路柑橘节大会捐赠现场，车子都开不进去。大家只好下车，由金灿彪等把方凤富护送到主席台。

大会开始。领导们讲话后，就是马识途和方凤富的捐赠仪式。

马识途捐赠后，方凤富登台。当方凤富把10米长的画卷徐徐打开后，全场掌声雷动，经久不息。这样精美绝伦、气势磅礴、深情凝聚的鸿幅巨制是画家在痛风的剧痛中坚持不懈地画出来的！巨画展开之时，屏幕上放出了方凤富的讲话，方凤富讲话的慷慨声音与巨幅大画的精彩画面交相融合，相互激荡，更把全场欢乐气氛推到了顶点。

方凤富将自己心爱之杰作《盛世和谐硕果飘香》无偿捐赠家乡人民的义举，显示出高尚的文化理念和人格魅力，受到文化界、艺术界、教育界和家乡父老乡亲的赞誉。全国多家媒体，报纸、杂志、电视及网络等，对此都给予充分报道，盛赞方凤富的精湛技艺和高尚品格。忠县文化馆谢波还主编了2011重庆忠县中国柑橘文化旅游节活动纪实暨"名人书画展"《马识途卷》《方凤富卷》书画作品集精装本出版。

回顾这幅大作的产生，方凤富兴奋地说：我从来没有想到晚年还会创作出这么大的葡萄画，是家乡人民给了我信心和力量！

学习雷锋，一辈子做好事

方凤富有大美之心，还有大爱之心。他不仅坚持办雷锋班，孝顺父母，扶持弟妹，捐资母校，而且一辈子学习雷锋关爱残疾人，扶持弱势群体，为家乡修公路等，做了大量好事。

2012年10月18日，方凤富听说北碚区有一位身患残疾的大学生杜沁峰毕业一年后选择走自主创业之路，在北碚图书馆创办了一所文化微企——丰海书画艺术学校，感到非常高兴。由于该校处于初创之期，缺少经验，举步维艰，在办学过程中遇到不少坎坷和困难。为了有效地帮助这个由残疾人创办的特殊学校，他以自己的行动助推其教学工作有序开展。2012年10月19日上午，方凤富专程来到北碚丰海书画艺术学校，将天津美术出版社、四川美术出版社、西南师范大学出版社等全国20多家出版社为他出版的《方凤富精品画集》《方凤富写意花鸟画技法》《怎样画紫藤》等40余本（部）画册、画集、画谱、作品集送给丰海书画艺术学校；同时，他还在留言簿上挥毫题写了"伟大出自平凡"的题词，用以鼓励和鞭策创业者，并与创业者杜沁峰亲切合影留念，赞扬他为弘扬祖国传统文化，走自主创业之路。同时殷切勉励他克服困难，自强不息，奋发进取。方凤富说：学校如果在办学过程中有何困难，他将伸以援手，免费授课，示范创作。为表达他的心愿和支持，方凤富教授特将一场有50余人参加的教育学术活动，安排在丰海书画艺术学校举行，让大家了解，让同行知道，以便提升该校的知名度，让爱心薪火相传。在方凤富行为的感召下，北碚区美术书法协会常务副主席甘锡青、八旬高龄的国画家晏克强、老书法家邹立书、中年书家陈永年等，也将自己精心创作的书画佳作无偿捐献丰海书画艺术学校，以实际行动支持其办学。

2013年春节期间，方凤富在家看报时，看到1月31日出刊的《重庆晨报》报道北碚江北中学高一年级的江雪同学为了给身患癌症的爷爷和爸爸治病筹钱，利用假期打工赚钱补贴家用的故事。方凤富看了这篇报道后，很受感动，马上打电话给嘉陵画院秘书长朱渝生，要他当晚赶到自己家中商议救助江雪这个可爱的孩子和他不幸的家庭。第二天一早，他就在北碚区文联秘书长万娜和朱渝生的陪同下，专程驱车去到江雪家中看望、慰问这个困难家庭，向他们送去温暖。他从自己稿费中拿出2万元资助这个特困家庭，另送上年货和他刚出版的画册、台历，鼓励他们全家克服困难，渡过难关。《重庆晨报》记者听说这件事情后，再次在2013年2月2日《重庆晨报》上报道方凤富的善举，并呼吁更多的爱心人士向江雪一家伸以援手，让爱延续。

榜样的力量是无穷的。在方凤富的感召下，不少爱心人士纷纷解囊，伸以援手。江雪同学所在学校——重庆江北中学的校长、班主任、老师和同学们也积极行动起来。2月25日，江北中学全体教职员工和同学们在开学典礼上举行了向江雪同学家庭奉献爱心的捐款活动。全校师生共捐款近11万元。校领导将这笔凝聚全校师生爱心的善款转交江雪父母，让两位身患癌症的病人安下心来，积极配合医生治疗，争取早日康复。社会是一个温暖、充满爱的大家庭，一家有难，大家相助。江雪父亲江智勇为回报、感恩社会，与北碚红十字会签订协议，决定死后把自己的遗体捐出来，供医学解剖，并将自己有用的器官捐献出来救助其他的病人，以发挥自己最后一点作用。从方凤富捐款到嘉陵画院同仁捐款，到受赠病人捐出自己有用的器官救助其他的病人，显示了我们中华大地上爱的延伸和传递！

2017年冬，方凤富助手王玉莲在交谈时告诉了方凤富一件事情：她老家石柱县临溪镇黎家村有一户特别困难的家庭，户主谭干红，今年37岁，患脑肿瘤开刀后留下痴呆后遗症，妻子陈琼36岁，患晚期肺癌在重庆肿瘤医院接受放射治疗，用去一大笔治疗费和药费，家里还有两个幼小的孩子和年迈的公婆。困难多多，难以克服。说者无心，听者动情，方凤富听后，非常同情这户土家族同胞的境遇，就与老伴商量，决定从自己退休金中拿出1万元资助这个因病致贫的家庭，希望他增强信心，早日康复。2018年1月5日嘉陵画院召开年会。会上，会员们得知这一情况，在方凤富的感召下，大家积极伸出援手，捐助善款，用以帮助这户不幸的家庭。目前，据不完全统计，方凤富和嘉陵画院及3F学习班部分成员，向陈琼家庭共捐款32536元。这其中还有许多感人至深的小故事：今年刚进入嘉陵画院的新会员李志国，听说这一情况后，当即慷慨捐款1000元；重庆晚报记者采访时受到感染也主动捐款。

方凤富给我讲述的他30多年前在火车上帮助几位妇女和孩子的故事，让我深深感动。1986年5月，方凤富和美术系另外一位老师去上海看美展。返回重庆时，火车上十分拥挤，不少人连站立的空间都没有。但方凤富和同事因从上海出发，是有座位的。经过鹰潭站时，方凤富发现车站上有两个妇女带了3个小孩，两大包行李，挤不上车，服务员也不同意她们上车。方凤富看到这种情况，十分同情，就给服务员做工作，请服务员让她们上车。方凤富说：你也是女同志嘛！看到这么两个妇女带着孙儿，拖着行李，上不了车，她们怎么办呢？你让她们上车吧！经反复劝说，方凤富终于把这位服务员说通了，服务员终于给她们开了车门。方凤富见这两位妇女拖儿带女，上车困难，赶快跳下车帮她们抱孩子、拿行李，把她们扶上车。然后，他不但把自己的座位让给她们，自己站着，还给旅客们做工作，请大家发挥一点爱心，互相挤一挤，给她们留出座位。由于车上本来就很拥挤，方凤富就安排两个大娃儿睡在凳子下面，两个大人抱小娃娃坐在他本人的椅子上，两大包东西放在过道处。安排好几位之后，他见妇女和孩子都没吃饭，又没有钱买饭，就又挤过3节车厢，到餐车上去给她们5个人买来盒饭。当时拎着几盒盒饭，挤过人群拥挤的车厢，的确是非常辛苦，非常麻烦。但方凤富毫不在意。看到大人孩子香甜地吃着盒饭，方凤富感到了心灵的满足。方凤富的座位让给老人和孩子，他就只能挤在过道边站着，而且因为站的人太多，方凤富身体都无法站直。从鹰潭到重庆，整整十多个小时，他一直坚持站到了重庆。

50多年来，方凤富就是这样，始终牢记着毛主席说的：一个人做点好事不难，难的是一辈子做好事。他不是做一件两件好事，做一年两年好事，而是坚持长年累月做好事，坚持50年做好事，一辈子做好事！

西南大学教授、著名书法家秦效侃教授为方凤富70寿诞所题匾额"艺德风范"，正确地概括了他的一生。

荣获"感动重庆十大人物"称号

2015年，方凤富荣幸地获得"感动重庆十大人物"称号。在这前后，方凤富因其学雷锋、做好事而荣获多项荣誉：

2014年，方凤富在重庆市委宣传部、市精神文明办举办的"推荐我身边的好人"活动中，被评为"重庆好人"。

2014年，方凤富获评"感动北碚十大人物"。

2016年，方凤富在重庆市委宣传部、组织部、文明办、民政局等九单位举办的"推选志愿服务先进典型"活动中被推选为"重庆最美志愿者"。

2017年，方凤富被重庆市精神文明办公室、民政局等单位评选为"五星级志愿者"。

"感动重庆十大人物"评选活动是由重庆广播电视集团（总台）、《重庆日报》报业集团主办的推选城市"平民英雄"的一个盛举。每年评选10位百姓身边的道德模范人物。自2006年举办以来，已举办了10次。随着评选活动的深入，"感动重庆十大人物"的评选引起了社会各界的广泛关注。2015年的"感动重庆十大人物"按照感人第一、体现时代精神元素、同类型优中选优等原则，经过两轮评选，最终确定了向社会公示的20

位提名人选，方凤富名列其中。从2015年11月开始，全市各媒体重点报道他们的感人事迹。最后，再经过群众、专家评选，选出10位"感动重庆十大人物"，方凤富再次上榜，获得"感动重庆十大人物"称号。

2016年1月11日下午，重庆市委领导接见了方凤富等2015年度"感动重庆十大人物"。

2016年1月11日晚上，举办了颁奖典礼。一个个草根英雄走向台前，展示了巴渝儿女的时代风采，传递着光荣的重庆精神。

方凤富带着朴实、谦逊的本色，带着令人动容的故事，来到了大家的面前，向群众鞠躬致敬。

主持人宣读了评委会给方凤富的颁奖词：

东风洒雨露，汇入天地春。

50年笔墨丹青，雷锋精神的感召润物无声：善小、常为；帮扶、乐为。

从贫苦农家到大学校园，从青发少年到银发老者，你的人生信念坚定如初，你的善行义举昭其馨香。

在颁奖盛典现场，方凤富将自己精心创作的一帧中国画精品《明珠飘香》捐献给组委会，拍卖经费用于帮助困难群众。其义举再次感动了现场及电视机前的观众，赢得热烈掌声。

12日上午，方凤富作为"2015年度重庆市道德模范"代表，还参加了重庆市道德模范与身边好人现场访谈活动，与现场近千名观众分享了自己的故事。

12日下午，由重庆市委宣传部、市文明办主办，九龙坡区委宣传部、区文明办协办的重庆市道德模范与身边好人现场访谈暨重庆银行"爱心公益基金"捐赠活动在九龙坡区举行。5名"2015年度重庆市道德模范"走上舞台，与现场近千名观众分享了他们的故事。方凤富首先登场讲述他办"雷锋班"、助人为乐、帮扶贫困者的故事。他一辈子都无法忘记帮助过自己的亲人。出于感恩，也为了响应毛主席"向雷锋同志学习"的号召，他开办了"雷锋班"，义务教书画爱好者画国画。在助人为乐的路上，方 257

凤富一走就是50余年。几十年来，他开办的"雷锋班"义务培养了上万名学生。遇到经济困难的学员，他更会拿出钱来资助。不仅如此，20世纪90年代，方凤富捐款4万元迁建忠县官坝镇鲤鱼村小学，后来又向忠县官坝镇中心小学捐款60多万元修建校舍、设立奖学金。方凤富每次回到老家鲤鱼村都去看望困难群众并向他们发放慰问金、过节费以及学习用具。学生家长和乡亲们亲切地称他为"重庆好人"。

最后，方凤富说："我这一生遇见了许多好人，得到了很多帮助，所以我更要向雷锋学习！学了50多年，但我觉得自己还是学得不够。"

台下的观众都被他的精神感动，现场爆发出阵阵掌声。

走进中央电视台《老故事》频道

　　2017年3月22日至27日，中央电视台《老故事》频道魅力人物栏目一行7人经与西南大学党委联系后，专程来渝采访拍摄方凤富专题片。22日晚6时，摄制组一行人下机后直赴江北区滨江路珠江国际"方凤富美术馆"，连夜召开"方凤富：晚来风急的艺术生涯"专题片拍摄座谈会，共同制定了详细的拍摄方案。

　　23日，摄制组先后来到北碚区澄江小学"方凤富爱心书画学校"、北温泉街道华光社区"方凤富雷锋班"及方凤富曾就读和工作过的西南大学音乐学院、美术学院等地拍摄。

　　25日，方凤富和摄制组一行赶到忠县鲤鱼村小学，在校园内外寻访当年读书的足迹，并向大家讲述自己在此刻苦求学、勤于练声和绘画的一些往事，并到学校美术室看望了正积极备考的高三美术考生。下午，方凤富先生在学校会议室与全校的音乐、美术等艺术爱好者面对面进行交流，介绍了自己的求学历程和创作成就。同时，就音乐与绘画的技术进行辅导，并解答师生们的绘画疑难，鼓励同学们从小树立远大理想，崇德向上，志存高远，永攀知识和科学高峰，希望同学们学成后不忘师恩，服务社会，报效国家。最后挥毫题写"凤富园""凤富艺苑"赠母校留念。

25日晚7时，方凤富在母校三汇中学开展一场别开生面的成果汇报和才艺展示——"方凤富音乐与绘画"的精彩展演。方凤富选了三支曲：梁祝，浏阳河，舞曲。一曲曲优美的旋律，伴随着方凤富先生那支如椽大笔，墨与彩不停地在宣纸上绽放。随着音乐节奏的快慢，画中表现有轻有重，挥写线条有浓有淡，整个画面张弛有度。画家通过在舞台上的表演，向观众传递出一种独特而别致的绘画理念：在静止的画面里可寻找到音乐的节奏与旋律。静中有动，动中有静，彰显生命的张力。三汇中学组织了3000余名师生及忠县200余位书画爱好者进行观摩，让山区的孩子们和艺术爱好者近距离感受到艺术家的多姿多彩及音乐与绘画的无穷魅力，让观者的心灵受到艺术的熏陶。这是《方凤富：晚来风急的艺术生涯》专题片的一场重头戏，亦是一场双重艺术的精神享受，具有听觉艺术的感染力和视觉艺术的冲击力。忠县县委常委、宣传部部长王建琼看望慰问了摄制组一行，重庆市文联党组成员、副主席杨矿欣然接受央视记者视频采访，他对方凤富先生50年如一日，用恒心和毅力做好一件事给予了赞扬。

《方凤富：画笔写意跌宕人生》专题片于2017年8月25、26日在央视《老故事》频道分6次播出，每次15分钟。专题片真实而又艺术地展示了方凤富的艺术人生及其在美术创作上取得的成就，给观众以艺术的熏陶和心灵的启迪。方凤富大学的同班同学黄志福在上海观看了方凤富的这个专题节目，抚今追昔，感慨不已，赋诗一首祝贺方凤富荣登中央电视台老故事频道：

晶莹葡萄老树桩，阳光雨露润群芳，

一生坎坷迎难上，苦水浇灌藤蔓苍。

甲子艺龄笔尚健，熔古铸今参西洋，

央视荧屏几度上，德艺双馨振家邦。

葡萄美酒暖民心

    2019年春节前几天，方凤富突然产生了一个念头，想画一幅画，赞美习近平总书记爱民之心。他想到，习近平提出2020年要全国实现脱贫，这是一个多么了不起的事情！但是，怎么来表现这个内容呢？就在他思考的时候，1月25日凌晨，他突然做了一个梦，梦中出现了一个构图：用鲜花、葡萄、美酒、烧白（重庆美食的代表，又有画面感），来表现中国人民的美好生活！这个灵感使他非常兴奋，起床后，他就在思索着怎么把这幅作品画出来！就在这时，他的好友、中国文联的一位领导发来了一封快件。他拆开一看，惊喜不已，高兴万分！——原来这位非常理解和欣赏他的画作的领导寄来的是习近平总书记刚刚题写并钤印的"福"字！信上说，这是习近平今年1月份题写的"福"字，有关领导决定高仿200份送给老同志、老革命、专家、艺术家，以示祝福。这位好朋友也为他这位老艺术家、学雷锋的标兵送来一张，希望他好好珍藏！

    细细观察"福"字，采用传统红色宣纸，黑字书写。作为中国人民领袖的习近平书写的"福"字，蕴含着党和国家领导人对全国军民的深情祝福和深切关怀，诠释着习近平总书记为民谋福，福泽天下的大爱情怀！

    捧着这幅珍品，方凤富心潮澎湃，激情奔涌，创作冲动油然而生！

当天凌晨的灵感中出现的鲜花、葡萄、美酒的图案又呈现在脑海！真是太好了，太妙了！他决定把习近平主席的"福"字放在画面上方，以"福"字为主题和基调，精心构思，倾情创作一幅艺术精品！他利用春节正月初一到初五的五天时间，待在家中，集中精力，投入感情，创作出了一幅独具鲜明地域特色，拥有超强视觉冲击力和感染力的中国画《葡萄美酒暖民心》。

整幅画主题鲜明，疏密有致，层次分明，独具匠心。方凤富将习近平题写的"福"字置于画面的高处；"福"字旁是一瓶烂漫的红梅和黄梅。"福"字正下方是一瓶盛开的菊花。菊花下面是一盘葡萄，而葡萄旁边是一瓶茅台酒和一盘烧白。烧白旁是几个酒杯和几双筷子。整幅画面把时间和空间凝聚在一幅静止的画面上，突出了祝福的主题，营造了浓郁的生活气息。

画面上方那红红火火的"福"字是按照中国民间习俗，在喜庆的日子里贴在墙面上的，它寄托着习近平总书记对人民的祝福，也凝聚着中国人民对幸福生活的向往和对美好未来的期盼。"福"字在画面上所占位置恰到好处，彰显了习近平总书记亲笔书写的"福"字的深刻含义，营造了其乐融融的氛围。

"福"字旁是梅花。花瓶造型简洁，笔锋新颖洒脱，墨法精微细腻，蓝色调的花瓶里插着的是红梅花和黄梅花两种，这"红、黄、蓝"三原色的巧妙运用，使梅花显得特别高雅鲜艳。梅花笔势舒展，笔法遒劲，造型逼真，极富韵味。梅花枝干劲挺，而枝头绽开的梅花，鲜活而亮丽，洋溢出浓浓的芬芳和生命的气息。方凤富首选梅花，认为它是百花中最有品格、最有灵魂、最有骨气、最有生命力的花！它象征着几千年来我们中华民族最有气节的英雄人物，他们不管历经多少磨难，不管受到怎样的欺凌，从来都是顶天立地，绽放出灵魂的芳香！

梅花旁是艳丽的"菊花"。方凤富以劲健优美的线条，生动地描绘出菊花清寒傲霜的品格和凌霜盛开的傲骨。方凤富知道古代神话传说中菊花还被赋予了吉祥、长寿的寓意，因此，他在菊花中寄寓了吉祥、长寿的寓意。

菊花的下方，画面的底部，是方凤富用独具特色的兼工带写的笔法和技法画出的两大盘晶莹饱满、通透的葡萄，象征着团结一心、蓬蓬勃勃、多子多福、春华秋实的众多意蕴。

方凤富还在鲜花盛开、果香扑鼻的画幅右下方，画了一瓶茅台酒和一碗烧白。中国风的青花瓷盘里的扣肉看起来肥而不腻、嫩滑爽口、香味扑鼻。方凤富以坚实雄劲的笔法、一丝不苟的功夫画出中国最好的茅台酒，在整个画面上只占一角，但让人思绪纷飞，感到醇厚浓郁的香气似乎扑鼻而来；让人情不自禁地进入画面的时空，忍不住坐到酒香甘醇的桌前，迫不及待想拿起筷子，端起酒杯，畅饮起来！

花香、果香、酒香、菜香，字更香。这幅画突显人民对美好生活的向往，深刻地反映了方凤富以人民为中心的创作理念，表达了画家对人民领袖的热爱，蕴含了丰富而深广的历史内涵。让我们看到83岁高龄的著名画家方凤富教授正在用实际行动诠释用文化塑魂、为人民创作、为时代放歌的精神风貌。

画完这幅画，方凤富还吟成了一首诗抒发了他为人民为时代描绘美好作品的心愿：

缙云山麓乐耕耘，笔歌墨舞画图新。

葡萄紫藤香万里，成果多彩献人民。

方凤富特别重视这幅画，这幅画也得到了专家的好评和群众的欢迎。

参加大连国际旅游文化博览会

2019年8月16日至20日，方凤富应邀参加了"中国大连国际文化旅游产业博览会"。这是国际文化旅游产业的一个盛会，其中有来自全国20多个省市的书画家和来自外国的30多位美术家参加，更有来自全国各个省份和世界30多个国家的工艺品参展，展场就有60个之多，展品极为丰富。

方凤富作为德高望重的老一辈艺术家，受到了大会盛情接待和热烈欢迎。他送去参展的葡萄和花鸟作品，受到观众和专家欢迎和高度评价。观众盛赞方凤富的画太好了，很多观众在他的画作前驻足停留，仔细观赏，交口称赞。特别是他那幅表现习近平主席题写"福"字的《葡萄美酒暖人心》，更是受到热烈追捧，有的观众甚至对这幅画顶礼膜拜，照相时有的还单膝跪下照相，西藏来的几位画家还为方凤富献上哈达，并同他一起合影、接福。大连大学老教授王德贵还专门为方凤富写了一首藏头诗：

十里长棚百日功，方君葡萄天下红。

众香国里鸟朝凤，富贵花开不老翁。

博览会组委会了解到方凤富的绘画与音乐结合的艺术成就很高，特别邀请他做了一场诗画结合的现场表演，并播放了他的表演录像。

为迎接这次画展，组委会出版了一本画册，方凤富的画赫然放在第一页。

会后，辽宁省经济文化促进会雷吉胜会长专门写了文章纪念：

7月18日，已入耄耋之年的著名国画家方凤富先生首次亮相大连，参加"中国大连国际文化旅游产业博览会"。方老带来的葡萄画作品在展览期间大放异彩，吸引了许多观众驻足观摩，社会各界予以极大关注。在盛大展会上，方老的葡萄画犹如一道美丽的风景线，亮的似珍珠，艳的似玛瑙，绿的似翡翠，红的似宝石，令人馋涎欲滴，爱不释手。一幅幅精美的葡萄画卷，在炎热的盛夏，带给人爽朗和清新，醇香和甘甜……

方老是我国现有的为数不多的大师级国画家，与他交往给我留下深刻印象的是本真，严谨，仁爱，谦逊！他的作品主题宽泛鲜明，内容丰富生动，用笔深卓灵活，特别是在中西画法运用与结合上独领风骚。

特别值得一提的是这次有幸见到方老在2019年春节期间创作的力作《葡萄美酒暖人心》，更是一幅画意深邃、影响深远的作品：《葡萄美酒暖人心》从画面布局与构图上看：葡萄、美酒、鲜花、花瓶、烧白，还有最重要的是左上方这幅习近平主席的新春"福"字！古人曰：葡萄美酒夜光杯。大师用笔最深刻的蕴意就是这幅习近平主席的福字！它高悬在月亮的位置，为民、为祖国祈福……愿百姓平平安安，生活美满吉祥。鲜花伴随着衬映着福字，暗含人民对习近平主席的热爱与敬意。颜色各异的葡萄熟了，烧白香气缭绕，茅台酒醇香四溢，生活如此醉人、暖心，感谢党的好领导！

这篇文章，用了一个长长的、鲜活的、醒目的标题："走进大家独到的创作世界，品读作者丰富的精神内涵"，表达了作者对方老的敬重和景仰。这也让我们看到了方老在外地艺术家眼中的崇高地位和他的作品在外地艺术家中的深远影响和长久魅力……

博览会后不久，方凤富又应邀去西安参加了由人民美术出版社和西安美术博物馆主办、著名评论家孙克策划的"高峰在望"学术论坛及大型画展。来自全国的美术名家龙瑞、何家英、范扬、喻继高、王西京、刘文西以及方凤富等40多位画家出席会议。画展展出了当代著名画家200多幅作品。展览会开幕式上发行了由《中国美术》杂志社和陕西省美术博物馆共同出版的《高峰在望》画册，方凤富的画作刊登在画册首页。在学术研讨会上，孙克先生强调：这次会议主题就是"高峰在望"，就是希望大家努力奋斗，去攀登艺术高峰，并希望培养新的更多的艺术人才！孙克还批评画坛的一些不正之风：现在很多人很浮躁，不踏实，怕深入生活，不愿扎实写生，对着照片来创作。

方凤富觉得参加这两次会议是很有收获的。一是会见了众多美术界名家，旧雨新朋，互相交流，扩大了眼界，开阔了视野，更加坚定了他推进"三美"（色彩美、节奏美、旋律美）艺术创作，攀登艺术高峰的决心！

重庆市领导看望慰问方凤富

2019年10月1日，是新中国70华诞。

在北京，习近平总书记为共和国英雄人物颁授"国家勋章"。

在重庆，市领导分别走访慰问本市先进模范代表，向他们致以崇高敬意，送上节日的祝福。

9月19日，身材修长、风度优雅、态度谦和的重庆市人大常委会主任张轩在重庆市委宣传部常务副部长薛竹、北碚区委书记周旭、北碚区人大常委会主任彭烨及西南大学校长张卫国等陪同下，走进位于学府小区六号楼的方凤富家中。方凤富早就接到通知，在家等候，见张轩进屋，赶快起身迎接。张轩看着满墙挂着的精美的葡萄、花鸟等画作，亲切地说："方老，我代表市委、市府、市人大来看望您！数十年来，您对国画艺术追求不懈、为学不懈、育人不倦，如今已是硕果累累。"

方凤富感谢市领导对自己的关怀，并向张轩主任汇报了自己几十年的经历和在绘画上的成就，特别是他无偿为中央各机关场所（人民大礼堂、钓鱼台国宾馆、天安门城楼、中南海、毛主席纪念堂）画画的情况，以及他在重庆三峡博物馆、在中国美术馆及在泰国和法国巴黎举办画展的情形和取得的成绩。张轩感谢方老为传承中华民族传统艺术作出的贡献，由衷希望他取得新的成就。

荣获"中国艺坛领军人物"称号

2019年9月，方凤富收到国际中国公益事业大典组委会送来的"2020国际中国公益事业大典暨我和我的祖国公益成果展演展播"邀请函，邀请函说：

在伟大祖国七十华诞之际，第七届国际中国公益事业大典将于2020年1月8日至9日在北京中央电视广播总台星光影视基地演播厅隆重举行。国际中国公益事业大典是由世纪采风与国内大众媒体联袂发起的，以"向公益践行者致敬"为主题的公益活动。中国世纪大采风是于2000年初在中央领导同志支持下，由中宣部和文化部指导，时任文化部常务副部长、中国文联党组书记高占祥部长及首都数百家媒体在人民大会堂正式发起，至今已成功举办了十九届。为更好落实采风精神，我们将对全国在公益领域取得突出成就的个人和单位给予表彰和宣传。

本届公益活动内容设置更加丰富，形式也更创新，力求打造成国际公益史上规模最大、最具有影响力的公益活动品牌。

鉴于方凤富先生在公益事业方面的先进事迹，艺术领域取得的突出贡献及卓越的成就，邀请方凤富作为"我和我的祖国"2019年度国际中国艺坛领军人物出席于2020年1月8日至9日，在中央电视台星光影视基地举办的

2020年国际中国公益事业大典。

中国公益事业大典组委会

2020年1月8日，中央电视广播总台星光影视基地演播厅气氛热烈隆重，大厅主席台上张挂着"2020年国际中国公益事业大典"的横幅，下方左侧是方凤富巨幅彩照，右侧是"中国美术家协会会员、西南大学美术学院教授方凤富"的介绍。

在方凤富的绘画音乐表演的视频播放中，主持人宣布："下面，进入会场的是中国美术家协会会员、西南大学美术学院教授方凤富，让我们热烈欢迎他的到来。"

在热烈的掌声中，方凤富先生穿着青色防寒大衣，披着红色围巾，健步走上讲台。他用洪亮的嗓音充满激情地说道：

在2020年开春之际，我能获得"中国艺坛领军人物"荣誉称号，感到非常高兴和荣幸！

1963年3月5日，毛主席发出"向雷锋同志学习"的题词之后，我当年就组织学习雷锋绘画学习班。离现在已整整56年了。56年来，我践行社会主义核心价值观，多年来，向希望工程、爱心学校捐款，捐资修建农村小学，修建乡村公路，向贫困群体、向地震灾区，先后捐款300多万，捐献绘画作品150幅，美术书籍1000余册；几十年来，我除了在学校教学之外，还在西南各地培训了一万余名美术学生。我被评为"北碚区十大感动人物""重庆市十大感动人物""重庆道德模范""五星级志愿者""重庆好人""优秀共产党员"。回想半个世纪以来的工作，我深感肩上责任重大。离我获得的荣誉，还有很大差距。我今年83岁了，但我还要继续努力探索、奋进！

主持人宣布：中共中央组织纪律检查委员会孙在军主任为方凤富先生颁奖。身材颀长、精神健旺的孙在军先生健步登上主席台，为方凤富先生颁发了"'我和我的祖国'2019年度国际中国艺坛领军人物奖"。

第二天，方凤富在中央电视广播总台星光影视基地演播厅接受了中央　269

电视广播总台记者的采访，畅谈获奖感言和内心感受。方凤富先生回顾了自己从艺经历和近十多年取得的成就。方凤富表示："只要我的心脏还在跳动，我就会一直为社会和人民奉献自己的微薄之力！"

战地黄花分外香

　　2020年新春，刚刚经过了中华人民共和国成立70周年大庆，正意气风发地前进在社会主义复兴大道上的中国人民，突然经历了一场巨大的、空前的疫情灾难！在党中央坚强领导下，中国人民展开了一场气壮山河、感天动地的抗疫斗争！武汉封城，湖北隔离，全国军民医护人员紧急驰援武汉，全国医疗、生活物资大量运往湖北。全国人民宅居家中，自我隔离。全国人民万众一心，众志成城，敢于奉献，勇于牺牲，充分表现出大国国民的勇气与担当，显示出令世人瞩目的民族凝聚力，展现出中华民族优秀的民族传统和高尚的民族精神！

　　在两个月同疫情恶魔的生死决战中，中国人民的表现震古烁今，震撼世界！多少感天动地的救援奇迹，多少慷慨悲壮的亲人送别，多少守望相助的感人故事……而这些伟大战斗和动人事迹，又激发出多少文艺工作者一往情深的诗歌、散文、音乐、绘画、雕塑，令人荡气回肠、意气风发、倍受鼓舞！

　　刚刚从北京参加国际中国公益事业大典并获得"中国艺坛领军人物"荣誉称号的方凤富自然不会缺席这场伟大的战斗！

　　疫情突发，作为一名画家，一个共产党员，他密切关注疫情的进展，并思考着应该为这次抗疫战斗做点什么。

方凤富首先想到要为舍生忘死、抛家别子、英勇鏖战在抗疫最前线的医务人员献上自己的一片爱心！他想到，自己年事已高，不能到抗疫前线去。自己是花鸟画家，应该画出自己最擅长的葡萄等花鸟画，敬献给救死扶伤的白衣战士。于是，春节期间，他画出了一张4尺大画：画面上，绿色、紫色、红色的葡萄晶莹剔透，珠圆玉润，光彩夺目，美不胜收，倾注着画家的浓浓深情，喻义抗疫英雄们都有一颗水晶般纯净的心灵：他们不顾个人安危，冲上抗疫第一线，无私奉献，英勇奋战，他们是时代的英雄，民族的栋梁！方凤富挥笔题写了"颗颗明珠献英雄"的标题。题款写道：众志成城战恶魔，爱心研墨硕果香，二〇二〇年春节初一。

他把画作传给了嘉陵画院秘书长朱渝生，朱渝生立即同有关媒体联系。很快，"忠县广播电视台手机台"率先以忠县籍画家方凤富"绘画赞英雄，卖画捐武汉"为题报道了他画画献给抗疫英雄的这一义举。几小时后，引来数万读者关注，特别是忠县读者纷纷点赞，他们为拥有这位德高望重的老乡、雷锋教授感到高兴和自豪！几小时后，《人民日报·海客新闻》全文转载，并配发相关图片。2月10日，《看万州》也作了报道；2月10日，《三峡都市报·微万州》以《大学教授创作4尺国画献英雄》为题，从方凤富作为一位优秀的"三峡之子"的角度进行了报道。很快，重庆网络广播电视台、《北碚报》也作了报道并配发图片。他的义举也引起了重庆电视台和《今日教育》杂志的关注。

西南大学校友会秘书长龚常智还热情写诗《题方凤富先生抗疫葡萄义卖画》：

庚子年里别样春，举国协力抗疫情。

捧得明珠千万颗，前行路上且作灯。

这以后，方凤富继续思考怎样表达他对抗疫英雄的感情。他每天看电视，为正在肆虐的疫情担心，更为战斗在抗疫第一线的白衣战士的英雄事迹深深感动！他苦苦地寻觅着创作的题材和契机。这一天，他突然从国歌中的一句话"把我们的血肉筑成我们新的长城"找到了创作灵感：这次疫情，是对我们的重大挑战！我们中华民族，必须万众一心，众志成城，把我们的血肉筑成我们新的长城！在党中央领导下，坚决打赢这场抗击疫情的战争！他想到：用千万朵战地黄花，组成一座蜿蜒坚固的万里长城，一条奔腾咆哮的万丈长龙！象征中华儿女团结一心、肝胆相照的豪迈气概和伟大精神，表达中华民族战胜病魔，一往无前的英雄胆略和坚定意志！于是，他兴奋地提起画笔，用数十朵、数百朵金黄色的、紫色的大小菊花（战地黄花），组成一条蜿蜒曲折雄浑磅礴的长龙，一座雄踞在万山之上的盘旋缠绕的万里长城！那巨龙，飞舞盘旋，直上云天；那长城，依山盘绕，巍峨雄浑，气势昂扬！为了衬托巨龙的雄姿，长城的巍峨，方凤富还想添一些乌云，他在灵感中提笔一挥，画出了活灵活现的、张牙舞爪的乌云，有力地反衬和烘托了昂扬飞舞的金色长龙的形象。画家以此表彰和歌颂在疫情第一线舍生忘死、朝气蓬勃、英勇奋战的白衣战士。这幅画构思新颖独特，气势磅礴，生动活泼，含意深远。嘉陵画院的书法家们看了都非常赞赏，大家为其取名"龙形菊腾跃中华"。

2020年3月5日，是毛泽东"向雷锋同志学习"题词57周年。这天，方凤富突然想到以毛泽东《采桑子·重阳》中的"神来之笔"——"战地黄花分外香"构图：数十朵金灿灿的菊花，绽放在画面之上，翠绿的枝叶衬托着它，画面下方的几砣黑色的石头反衬出战地黄花的灿烂光彩和傲然气概。画面洋溢着浓烈的诗意和艺术的魅力。画家精心画这幅画，每一朵菊花，每一片叶片，都仔细勾勒，精雕细刻，倾注了浓浓的感情，以此歌颂抗疫健儿们战斗豪情。随后方凤富题款："二○二○年三月五日为武汉抗击疫情的英雄们有感写于重庆西南大学　凤富"。

三月初，在党中央坚强领导下，经过全国人民的共同努力，中国的抗击疫情的战斗取得了可喜成绩。方凤富感到万分欣喜和自豪，他深知，胜利来之不易。它是我们社会主义制度优越性的体现，是我们民族凝聚力无摧不摧的表现，是党中央统一部署、精准施策、科学防疫取得的重大成绩，更是全国人民顽强奋战所取得的伟大成果。胜利值得珍惜，值得歌颂。怎样来歌唱这伟大的胜利？怎样来表现这巨大的欢欣？他辗转反侧，他绞尽脑汁，终于构思了《春天来了》：以烂漫的樱花，翩翩的飞鸟，表现中国人民抗疫斗争取得的可喜成绩，歌唱中国人民来之不易的重大胜利！

3月10日，方凤富又构思《春花怒放》，以精心描绘的春天盛开的紫藤，抒写全国人民抗击疫情取得丰硕成绩的欢畅心情。

3月15日，在党中央坚强领导下，经过全国人民的共同努力，中国的抗击疫情的战斗取得了可喜成绩。此时，他想起了毛主席的又一脍炙人口的诗句："待到山花烂漫时，她在丛中笑。"是的，看到满目的山花，英雄们应该欢笑，全国人民应该欢笑！他又想到了那山野间盛开的菊花。他兴奋地提起画笔，画出数十朵金黄的、紫色的、雪白的菊花；她又为菊花铺上了褐色的底色，更好地衬托出菊花的缤纷烂漫：她们铺天盖地，绽放于原野，散发出迷人的馨香，闪射着缤纷的色彩，洋溢着欢乐的、胜利的喜悦。方凤富兴奋地题上"二〇二〇年三月十五日为全国抗击疫情战斗取得可喜成绩有感写于重庆 凤富"。

4月8日，方凤富在湖北、武汉相继解除封城措施，全国抗疫战斗取得重大胜利的时候，又满怀激情，创作了一幅6尺整纸的国画《百燕欢舞》，歌颂中国人民抗击疫情取得的重大胜利，表达中国人民战胜疫情的欢欣情感。画面上，140只燕子聚成几个大的方阵，飞翔着，欢舞着，歌唱着，鸣叫着，交谈着，会聚着，欢呼雀跃，千姿百态，缤纷烂漫，一派欢欣鼓舞的场面，一片祥和温馨的氛围。画家用这140只飞燕，象征14亿中国人民，在经过艰辛繁忙的浴血奋战之后，在取得了抗疫胜利之后的欢欣鼓舞、乐观欢腾的场景和心境。而衬托百燕飞腾的金黄一片的菊花，则象征着中华大地疫情之后欣欣向荣、生机勃勃的热烈景象，显示出中华民族旺盛的生命力和顽强的战斗力！

就这样，从春节前后到4月上旬，两个多月时间里，方凤富天天在家中看电视，看新闻，关心着抗疫战斗的进展，与战地医生心心相连，息息相关，思考着怎样用手中的画笔，来为这场战斗出一份力，献一份心！尽管他经常因痛风症痛得钻心、痛得走不了路、直不起身，但是，一个共产党员画家的责任感和使命感，催促着他不停地构思、创作。在这近两个月时间里，他就画了八九张主题画。除前面介绍的几幅外，还有《寒冬过后是春天》《花香溢彩倍风流》《傲骨》等。

方凤富的这种精神也鼓舞和带动了他的众多学生和他领导的重庆嘉陵画院的书画家。他的学生们通过电话、短信、微信联系，相互鼓舞，努力创作，在抗击疫情的一个多月时间里，八仙过海，各显神通：有的作画、有的写书法、有的搞摄影、有的搞雕塑、有的进行音乐创作，各自倾注自己的爱心和激情，用自己的创作为这场没有硝烟的战争加油鼓劲，为夺取抗击疫情的伟大胜利注入精神力量。在这些创作中，人物画最为突出，可谓异彩纷呈。方凤富的学生、女画家唐韵创作的人物画姊妹篇《使命》《战役》为白衣天使、生命卫士造像，已同时入选中国美协《众志成城 抗击疫情——美术家在行动之中国画篇》和《战"疫"中国美术作品选》；作品已登上中国美协官网，并将由中国美协结集出版。方凤富的学生张小泉创作了《守护者》《危情之时》《争分夺秒》等人物画及《天使》《火神山工地建设者》《出击》等十多幅人物速写，他在第一时间将这些作品汇总命名为《众志成城共克时艰——张小泉抗疫绘画作品集》上传网络平台与读者交流分享；此外，方凤富的学生余泽洋、金丘创作了人物画《天使》（为钟南山造像）《最美逆行者》《重托》《奔奔赴抗疫前线》。唐进、夏继勇的山水画《驰援武汉》《社区防疫二月霜晨》，嘉陵画院院长刘铁中以及谢和平、谢义泉、杨小平、韩明银、王鸿晰、罗运生等书画家创作了花鸟画《紫气东来》《福寿春来》《春》《铁骨》《花果静待英雄归》《名花倾国两相欢》《佳果香草灭瘟疫》等。嘉陵画院秘书长朱渝生和忠县官坝小学校长范忠民及三峡学院宣传部章权分别创作了反映抗疫内容的书法作品、摄影作品和音乐作品，他们三人紧密合作，将方凤富及学生们的这些作品编辑起来，发在网上，产生了很大的反响。

　　方凤富不但满腔热情为抗疫战斗绘画歌颂英雄，鼓舞士气，并准备义卖画作支援抗疫战斗；而且作为一个共产党员，他还积极响应党的号召，为抗击疫情捐款。他看到习近平等中央领导同志带头向武汉疫情重灾区捐款，立即向他们学习，找到党小组长，主动捐款5000元。他向党小组长说：现在全国人民正在党中央坚强领导下全力抗击新冠肺炎，我作为一个老党员，积极主动交纳党费，支援抗疫战斗，这是我应尽的职责和义务，希望党组织收下！

　　4月10日，我应约到方凤富家拜访时，方凤富高兴地为我展示了这一幅幅凝聚着他的心血和情感的新作，让我不禁敬佩不已，感慨万端！是啊，一位80多岁的老人，一位身患痛风等多种疾病的老人，在居家隔离、躲避疫情的两个月时间里，不是休闲养身，治理疾病，而是以一个共产党员、一个艺术家的责任感和使命感，满怀激情，倾情以赴，忍着病痛，连续地创作出那么多张优秀的花鸟画佳作，歌颂奋战在第一线的抗疫战士和白衣天使，并把这些画义卖后所得项捐献给抗疫英雄。这是多么可贵的激情，多少崇高的感情啊！

　　我问方凤富，你为什么要这样做？是什么力量在支撑着你？

　　方凤富回答说：这段日子里，我待在家中，天天看新闻，与战地医生和战士们心心相系，息息相关，我看到他们那么年轻，义无反顾地告别亲人，奔赴前线，冒着生命危险，救治病人，他们是拿性命在拼搏，用他们的血肉之躯在拯救着病人，在与病魔抗争，换取了我们的健康和平安，夺取了抗疫的胜利，他们真的很了不起，他们是真正的英雄！我作为一个画家，怎能不拿起笔来，表达对他们的敬爱之情，为他们唱一曲颂歌！

　　我告辞时，方凤富诚恳地说："我虽然83岁了，但是我还要绘画，还要工作。只要我的心脏还在跳动，我就会一直为社会和人民奉献自己的微薄之力！"

方凤富画展走进重庆大学校园

2020年10月23日，《以美化人，以美育人，名家进校园——方凤富教授中国画展》在重庆大学虎溪校区人文艺术展厅隆重开幕。

下午3点，来自四川美术学院、重庆大学党委宣传部、重庆大学艺术学院、重庆师范大学美术学院、西南大学校友会、重庆市美协、沙坪坝文联等有关方面领导、专家学者、书画家，重庆大学师生和媒体记者参加了开幕式。重庆市美协副主席、重庆大学原院长、沙坪坝区文联主席许世虎等发表了热情洋溢的讲话，对方先生老当益壮、勤奋躬耕的精神表示钦佩，对画展的成功举办表示热情祝贺，祝愿方先生永葆艺术青春！

方凤富在开幕式上致辞《花香溢彩 笔墨风华》中说：

翰墨飘香，丹青溢彩。在这秋高气爽，硕果累累的季节，我怀着十分高兴的心情，应邀来到重庆大学虎溪校区进行一场别开生面的多元文化艺术交流，并在重庆大学高雅殿堂迎来我半个世纪以来教学、研究、创作的91帧花卉翎毛画作品的最新呈现。

首先，对各位领导、各位艺术家和各位观众朋友莅临画展开幕式，表示热烈欢迎和衷心感谢！

此时此刻，我首先要感谢主办方的盛情邀请和为此次展览付出辛勤奉献的前台、幕后的同志们。是你们精心策划，为深秋的重大校园增添了一抹色彩，为你我他送去一丝畅快！

今天，我带着一份自豪与宁静，将自己的情感汇入画笔：任水墨游走，随自然荡漾。多年来，我始终坚持培根铸魂、守正创新的创作理念，坚持艺术为人民，为大众服务的理念，不断深入生活，创作更多人们喜闻乐见、不愧时代的优秀作品，让艺术思想、艺术美学、艺术鉴赏及艺术作品走进校园，走进高校，让艺术融入社会，融入大家的生活和视野。

重庆大学与西南大学都是百年高校，且为西南地区著名的综合性大学，办学历史悠久，贵校前任领导张卫国教授，现任我所在的西南大学校长，所以两校关系紧密，多有合作和交流。

近10多年来，我曾在重庆中国三峡博物馆、北京中国美术馆举办个展。亦曾到港澳台地区，还走出国门赴日本、马来西亚、新加坡等国家进行书画展览、学术交流、讲学。特别是2013年赴泰国参加中泰建交38周年个人作品展，开幕式上奏响中泰两国国歌。2014年3月7日，应邀赴法国巴黎参加庆祝中法建交50周年"方凤富葡萄熟了"个人花鸟画作品展，还召开了学术研讨会，引起广泛好评，最后应主办方邀请延长展期5天，让浪漫之都的巴黎市民饱览东方艺术的无穷瑰丽。此展取得了诸多成绩，为祖国赢得了荣誉，同时，为传播中国优秀文化艺术做出了努力。另外，人民大会堂、中南海紫光阁、全国人大会议大厅、天安门城楼、毛主席纪念堂等重要场所收藏了我20多幅国画佳作，出版国画技法书、大型画集、画册数十本。特别是所画紫藤、葡萄及西双版纳热带植物等题材的作品，名播海内外，深受中外人士青睐。

坦诚地说：我已登耄耋之年，对名誉、虚名早已淡然。本次展览，我是带着虔诚之心而来，旨在兄弟院校进行一次艺术交流展览。感谢主办单位重庆大学党委宣传部、重庆大学虎溪校区管理委员会为我提供了一次难得的学习、交流平台。

艺术需要交流，观点更需碰撞。欢迎学术争鸣，真诚期盼专家学者和有识之士对本次展览提出宝贵意见，不吝赐教！谢谢各位！

开幕式后，观众们欣喜地走近方凤富丰富而精彩的艺术世界，饱览这位抒情画家笔下鸟语花香与硕果丰盈的田园美景。

展厅里众多幅佳作洋溢着这位84岁高龄画家真挚的童心和天趣，抒发了他对现实生活火一般的热爱。看他的画，就是在读一首抒情的诗。诗画交融，春满乾坤。

为配合名家进校园画展开幕迎宾，《重庆日报》集团的媒体刊发了方凤富画展开展的消息和方凤富先生的葡萄画代表作《西域天赋》。

拼搏奉献永无休

方凤富真正是做到了"只要我的心脏还在跳动，我就会一直为社会和人民奉献自己的微薄之力"！

中国的新冠疫情被控制住以后，逐步开始复工复产，经济渐渐复苏。方凤富也开始了他的创作和公益活动。

2021年6月，重庆市和北碚区宣传部门请他参与第六届"紫荆杯"两岸暨港澳青少年书画大赛（重庆赛区）活动，指导并参与重庆赛区作品评审工作。

评选活动结束后，8月22日，第六届"紫荆杯"两岸暨港澳青少年书画大赛（重庆赛区）"名家邀你上南山"暑期公益采风第三场活动在南山植物园登场。国画大师方凤富与30名第六届"紫荆杯"重庆赛区参赛选手一起，泼墨挥毫，现场作画，给孩子上了一堂别开生面的"画葡萄"国画课。

年过八旬的方凤富，精神矍铄，他让孩子们近距离站在他旁边，他一边亲笔示范，一边用浅显易懂的语言教孩子们画葡萄的技巧："小朋友，葡萄两笔就能画成，调好墨后把画笔调扁，先画一个小半圆，再画一个大半圆就行了。"孩子们看得目不转睛，听得津津有味，对这种简单的画法十分感兴趣。方凤富还与学生交流分享数十年绘画创作的心得体会，并以自己的亲身经历，鼓励孩子们要弘扬和继承中国传统文化，把中国画发扬光大。在学生自己创作的阶段，方凤富还走进了同学们中间，手把手指导同学们绘画："要用装菜的盘子来调墨，不然调不开……"令同学们惊喜的是，方凤富还给每一个孩子赠送了一本他所著的《写意花鸟画技法》，书中夹着精心准备的葡萄作品书签。为了让孩子们能近距离观察葡萄，主办方给每一个孩子的桌子上都放了一大盘葡萄。"我觉得方爷爷讲得很生动，两笔画葡萄我也能试一试。"南岸区学府路小学四年级的陈心怡说，她没有学过国画，听方老师讲课后，她立即试着画了画，还有点感觉。

"名家邀你上南山"暑期公益采风活动共在南山植物园举办了三场。每一场活动，同学们都在爱心卡片上写下对港澳小朋友的问候、祝福、邀请等话语。南山植物园也别出心裁，准备了一批荷花和紫荆种子送给香港和澳门的小朋友。

书画大赛结束后，组委会特意邀请表现出色的参赛选手，与名师大家一起，赴重庆边远区县，举行公益助农之旅活动。

9月18日，第六届"紫荆杯"两岸暨港澳青少年书画大赛（重庆赛区）"薰衣草有美·诗书画有爱"公益助农之旅活动，在美丽的石柱黄水镇紫絮柴门薰衣草庄园拉开帷幕。著名画家方凤富同重庆著名女诗人傅天琳两位名家同时出席活动，与20名黄水小学书画少年一起，吟诗、作画、晒风景，推介黄水的乡村旅游。

石柱县是"中国黄连之乡""中国辣椒之乡""全国最大的莼菜生产基地"，是世界经典民歌《太阳出来喜洋洋》和首批国家非物质文化遗产——土家"啰儿调"的发源地，先后荣获"中国天然氧吧""中国（重庆）气候旅游目的地""中国康养美食之乡"等称号。但石柱县也是国家级贫困县。黄水镇紫絮柴门薰衣草庄园，地处齐岳山巅，占地五百余亩，种植有花海两百余亩，空气清新，花香迷人。创始人为当地村民，因不善经营，且受疫情影响，亏损严重，难以为继。因此，第六届"紫荆杯"两岸暨港澳青少年书画大赛（重庆赛区）组委会特策划本次活动，公益助农，希望与当地农民朋友一起共度时艰，走出困境。

五年以前傅天琳来过石柱黄水，这是她第二次来黄水采风。在这充满鸟语花香和风声轻柔、近观星月的地方，傅天琳感觉心旷神怡。她深入浅出地给孩子们讲了一些诗歌创作的心得，让他们幼小的心灵对诗、对美好有一点体会。她说：诗歌不是高远的东西，它存在于每个人身上，孩子们从小在自己身上发现诗歌，发现美，长大以后就会内心充盈，做一个幸福的人。

画家方凤富来到这个庄园，感觉很新鲜，天气很凉爽。这里山林覆盖面积大，空气质量非常好，大面积的薰衣草带给人们视觉上的享受。他希望通过这次书画活动，不但教孩子们画画，还想把石柱黄水薰衣草庄园推广出去，让更多人知道它的美，也让更多的农民得到旅游的红利。方凤富老师运用深入浅出的方式，为20名学生传授画花鸟的技巧，带领孩子们走进大自然，画薰衣草庄园的风景。"同学们，你们看我们身边这么多牵牛花，我们就来画一画它的形态……"20名孩子将方凤富老师团团围住，细细聆听方老师的教学。孩子们不时连连点头，不时歪着小脑袋沉思，恨不得把每一个字都装进心里。随后，方凤富还带领孩子们走进薰衣草花海中写生，教孩子们如何观察花朵，如何勾勒花朵线条，如何构图。方凤富精神抖擞，耐心细致地教学生写生画画。了解到薰衣草庄园的困难后，方凤富还画了一幅牵牛花的大画送给庄园。方凤富说：牵牛花，又叫喇叭花，"喇叭声声迎客人来"，希望薰衣草庄园早日恢复生气，生意兴隆。

组委会相关负责人表示，希望通过各种途径，让重庆黄水的美丽风景传播到香港和澳门，把薰衣草庄园的美带出大山，让更多人到这里休闲、娱乐。"我们也为庄园的改进提出了建议，希望薰衣草庄园早日恢复生气，让周边老百姓继续能在家门口工作赚钱"。同时，石柱黄水小学的孩子们还把当地特产黄连和薰衣草寄给港澳地区的小朋友，让渝港澳的同学们通过这次书画大赛相识相知，心永远连在一起。

方凤富了解到，现在，已有越来越多中小学校正在逐步完善"艺术基础知识+基本技能+艺术审美体验+艺术专项特长"的教学模式，强调在学生掌握必要基础知识和基本技能的基础上，着力提升核心素养，帮助学生形成艺术专项特长并提高个人审美情趣。因此，他决心倾其所学、尽其所能，建立几所"方凤富青少年书画学校"，以学校为载体，以美育人、以美化人、以美培元，帮助更多的学校及更多青少年学生，学习中国传统文化，画好中国画。

10月18日，首个"方凤富青少年书画学校"授牌仪式在方凤富母校忠县官坝镇中心小学举行。

10月30日，第六届"紫荆杯"两岸暨港澳青少年书画大赛颁奖仪式（重庆赛区）在重庆市人民小学（重庆市最著名的小学，新中国成立后第一任校长是邓小平的夫人卓琳）举行，现场还举行了"方凤富青少年书画学校"授牌仪式，第二个"方凤富青少年书画学校"在重庆市人民小学正式设立。授牌结束后，方凤富在人民小学校园里，给孩子们上了一堂写生课。方教授精神矍铄，一边用清水调墨，一边给孩子们讲："中国画要注重墨水的浓淡，用笔要有力度，枝条弯曲程度很有讲究。"孩子们将他团团围住，全神贯注地听着。在他的手中，校园里的花朵、树叶，摇身一变，就成了一幅幅水墨丹青画。学生也学得仔细，画得认真。

"方爷爷能给我签个名吗？"写生课结束后，孩子们纷纷拿出刚画好的画纸，请方教授用毛笔签名。"可以啊，我很喜欢和你们这些小朋友在一起学习，感觉自己都年轻了好多岁。"方教授的话引得孩子们哈哈大笑。孩子们排起长队，方教授有求必应，耐心专注地一个接一个为孩子签名，孩子们拿到方爷爷的签名后开心离开。有的同学还自豪地向围观的家长和记者朋友们展示："看，这是我画的，漂亮吧？"

重庆市人民小学教育集团党委书记、校长杨浪浪对记者讲：艺术和美，能帮助我们的生命超脱出现实的桎梏，全面塑造一个人的性格和心灵；书画艺术便是艺术教育的一个重要载体。"方凤富青少年书画学校"的建立，将通过名家学者的榜样力量，引导学生培养、形成正确的社会价值观。当孩子们排着长队请方教授签名的时候，从他们的眼睛里分明能看 283

到，方爷爷就是他们崇拜的那颗最闪亮的星，这将对他们以后的艺术追求之路产生积极的影响。

12月22日，第三个"方凤富青少年书画学校"暨"方凤富青少年写生创作基地"分别在香溪小学和南山植物园挂牌。

在香溪小学挂牌现场，香溪小学的同学们带来合唱《我也有个中国梦》、长笛齐奏《故乡的原风景》、环保时尚秀等节目，以此表达对祖国的热爱。接着，是百名小学生手绘百米书画长卷。100名同学在百米书画长卷前就位，他们神情专注，经过两个多小时的努力，这幅承载着孩子们对祖国深切祝福的百米长卷终于完成。香溪小学校长陈代伟表示，这幅百米长卷将在学校展出，让孩子们学习党史，培养他们爱党爱国爱社会主义的情感。

重庆南山植物园党委书记时坚介绍说，作为国家重点公园、全国科普教育基地、全国文明单位，南山植物园在今年8月被正式授牌为第四批国家自然学校。"作为一所自然学校，我们希望立足现有资源，尽量满足同学们多样化的实践需求。"

在方凤富青少年写生基地授牌仪式现场，方凤富在致辞中表示，希望能以自己在书画艺术上的所学帮助孩子们。方凤富教授告诉笔者，他将不定期前往"方凤富青少年书画学校"，现场给学生们授课，同时还将对几所学校的美术老师进行系统培训。

方凤富的成功之道

　　每一个人的成功，都有其客观条件和主观因素。方凤富的成功，首先是因为天时、地利、人和。

　　天时：指时代、社会为主人公提供的宏大的时代背景和环境条件。正在贫穷落后的官坝小山村苦苦挣扎的方凤富，是新中国的成立，使他得到了翻身解放，得以进入高小，进入中学；在他刚刚初中毕业之时，新中国师范事业的发展，给他提供了免费上大学的大好机遇；他在苏葆桢、李际科老师处学到真正的艺术本领之时，改革开放的大好形势又给了他到北京、广州、香港闯荡、发展的机会。

　　地利：指促进主人公成长发展的具体的历史舞台。方凤富最好的地利条件是全国重点大学——西南大学。西南大学作为西南一流的、在全国有地位有影响的全国重点大学，不仅培养了方凤富，为他大学的专业学习提供了全部费用，而且让他留校发展，还为他拜师学艺、为他艺术的发展，为他到重庆三峡博物馆、中国美术馆办个人画展，为中央台对他的采访，都提供了强有力的支持和帮助！

　　人和：家乡忠县的亲人朋友以及小学中学老师对他的关怀、帮助，三汇中学老师校长对他报考西师的热诚扶持和帮助；西南大学苏葆桢、李际科等老师对他的培养、指教和关爱；艺术界的前辈、领导、专家、学者：全国人大副秘书长王庆喜，文化部恭王府博物馆馆长谷长江，中国美术家协会主席靳尚谊，中国书法家协会主席沈鹏，中国美术馆馆长范迪安，中国艺术研究院院长王文章，中国艺术研究院院长助理、研究生院院长张晓凌，中国艺术研究院美术研究所副所长郑工，中国艺术研究院博士生导师陈醉、翟墨、王镛，天津美术学院终身教授、天津市美术家协会名誉主席孙其峰，中央美术学院教授、博导、中国美术家协会理论委员会名誉主席、中国画院美术研究院院长邵大箴，中国艺术研究院美术研究员、博士后指导并兼文化部造型艺术成就奖评委、河北大学艺术理论研究中心主任郎绍君，全国画院艺术交流协会副主席、成都书画院院长田旭中，四川美院教授、著名美术评论家李来源，北京著名画家、中国美术家协会国际艺术交流中心主任张培武，中央电视台书画院院长赵立凡等都对他给予了热情的支持、指导和帮助。

上面谈的天时、地利、人和，为方凤富的成功创造了很好的客观条件。其次，充分发挥以上这些客观条件，使自己茁壮成长，还必须要有主观的努力。方凤富在主观努力方面，做得极好，超过了许多人。

（一）特别坚韧顽强的意志和毅力

方凤富少时生活极为贫困艰辛，练就了他特别坚韧顽强的意志和毅力。这正如孟子所说："天将降大任于斯人也，必先苦其心志，劳其筋骨，饿其体肤，空乏其身，行拂乱其所为，所以动心忍性，增益其所不能。"方凤富经历过那么多的艰难困苦，磨炼了他坚忍的意志和顽强的毅力，在1960年至1962年中国经济最困难的时期，他不但没被暂时的经济困难所吓倒，反而以最虔诚的心态，最顽强的意志，最艰苦的努力，向苏老师学葡萄画，废寝忘食，含辛茹苦，呕心沥血，甚至睡不暖被，两三年的时间里天天晚上只睡三五个小时，刻苦临摹，拼命苦学，打下极其坚实的国画基本功。以后几十年，他都是每天早晨五六点钟就起床，开始画画，直到晚上。晚年80多岁了，他依然每天早上很早就起来画画。由于他特别艰辛的付出，才有特别丰硕的收获！正是他一生的坚忍和毅力，才取得一般人难以取得的成就。

（二）善于抓住机遇

"机遇只垂青于有准备的人。"进大学后遇到了苏葆桢、李际科这两位全国一流的花鸟画写意和工笔大师，这是他的机遇。但是，和他同时或先后进校的西师美术系的同学，不都遇到了苏葆桢、李际科两位老师吗？只是他比别的同学更加珍惜这难得的机遇，特别虚心刻苦地向他们请教学习，甚至于不顾当时严峻的政治气候，不顾当时艰难的生活条件，废寝忘食地向老师学习，才得到了他们的关爱和真传，这是方凤富最大的机遇和幸福。而且，他还把苏老师的写意和李老师的工笔结合起来，把苏老师的优长和李老师的优长综合起来，把勾勒、写意和晕染融合起来，形成自己特别的画法，形成了自己的白葡萄、白紫藤、法国葡萄的新画法，新技法，新表现。

他还抓住自己学过音乐再学美术的特点，在绘画过程中融入音乐的元素，融合音乐的节奏感、旋律感，使自己的美术创作更加富于节奏和旋律之美；并以自己的音乐绘画展演，首创了音乐绘画结合的行为艺术，在中国的绘画史和音乐史上开辟了一片新天地。

（三）敢闯敢干，敢于创新

在追求艺术的道路上，方凤富有一种敢想敢干、敢为人先的精神。重庆地处西南，并非美术重镇，要想取得突出成就是比较困难的。方凤富有一种敢闯敢干的精神，他最先从重庆走进北京，为中央机关和中央领导人画画；然后，他大胆参加国内外的文化交流活动，参加各种画展，举办各种个人画展（重庆三峡博物馆画展、北京展览馆画展、泰国画展、法国巴黎画展等等）；以后又去广州，把自己画作送到商品市场，参与拍卖……

方凤富还有创新精神。他在继承传统的基础上，敢于创新，善于创新。他开始学习绘画时，临摹苏葆桢老师的画，然后又进行发挥和发展，创造出独具特色的白葡萄、法国葡萄。到古稀之年，他更大胆提出"七十起步，破茧重生"的口号，并用几年时间反复摸索创造，终于创作出大写意花鸟画，站到了新的高度。直到他80高龄之后，他还提出要向朱德群大师学习，探索色彩美、节奏美、旋律美的花鸟画新作。

（四）心中有大爱，懂得取舍，乐于奉献，舍得付出

方凤富心中有大爱。他从小就热爱父母，疼爱弟妹，热爱老师同学，热爱父老乡亲。他很小就知道体贴父母，帮妈妈推磨、捡柴、做家务、干农活儿；12岁就主动帮爸爸担军粮到县城。他懂得取舍，非常大方，舍得奉献，舍得付出。他在困难时期，从家里带来极其珍贵的食物，他都毫不犹豫地请学校老师吃，这在当时是很难得的。他不怕艰苦，不怕脏和累，在提前毕业留校担任行政工作之后，他在学校喂猪，在农场劳动担粪喂牛，都表现得特别突出。在1963年毛主席提出"向雷锋同志学习"的口号后，他把这种舍得付出和乐于奉献的精神，与雷锋精神联系起来，创办雷峰学习班，帮助贫困学生，帮扶困难学生，资助母校，为社会贡献大爱，坚持了一辈子，成为学习雷锋的先进人物。

（五）善于把困难、挫折、嘲讽、打击，变为动力，变为反作用力

笔者这几十年，写了不少成功人士的传记，这些人都善于通过自己的努力，把不利因素变为有利的因素。"从小八路到大诗人"的雁翼是这样，"从牛圈娃到名作家"的张俊彪是这样，这次写的方凤富先生也是这样。苦难、打击、挫折，对于弱者是灾难、是痛苦；而对于强者，对于雁翼、对于张俊彪、对于方凤富这样的强者，却是磨刀石，是淬火，是激励！方凤富刚考入西师之时，由于文化基础薄弱，专业知识欠缺，加之家庭经济贫寒，所以曾一度受人歧视、冷落，甚至冷嘲热讽，打击压制。但是，方凤富没有被这些讽刺轻慢打击压垮，而是把这些冷嘲热讽当作反作用力，变为动力，激励自己更加努力地学习、更加顽强地拼搏，更快地成长起来！特别难得的是，他不去计较和记恨那些曾经歧视、冷落，甚至嘲讽和反对过自己的人，尽力把这些负面的影响变成正面的动力。比如，他刚留校从事行政工作时，一位教授就有些瞧不起他，说他只是一个劳动

力，根本不是学画的材料。"文化大革命"中，这位教授受到批判，他这句话也被当作侮辱工农干部的观点受到批评。这位教授认识到错误，向方凤富赔礼道歉，方凤富非常礼貌的扶起老教授，说我决不计较你的这句话，正是你这句话，才有我的今天。也就是说，方凤富把这位教授嘲讽的话当成了反作用力，激励自己一定要比旁人更加刻苦的努力，真正要笨鸟先飞。人一能之，我十能之；人十能之，我百能之。一步一步赶上去，赶上别人，超过别人！正是这样，经过几十年的拼搏奋斗，方凤富终于成长起来，从丑小鸭变成了金凤凰！

附 录

方凤富年谱

1937年8月10日（农历），生于四川省（今重庆市）忠县官坝区。

1946年—1948年，在官坝区鲤鱼村小学读初小。

1949年—1950年，在家务农。

1951年—1953年，在官坝完小读高小。

1953年—1956年，在三汇区三汇中学读初中。

1956年，考入西南师范学院（今西南大学）五年制专科音乐系。

1957年，因嗓音变化不宜学音乐，转入西南师范学院美术系学习。

1960年，因学校工作需要，提前毕业留校参加行政工作，1976年转为教师。

1960年—1962年，业余时间向西师著名花鸟画家苏葆桢教授等学习花鸟画。

1969年，借到韶山参加毛主席旧居陈列馆工作，创作毛主席的画像及《杨开慧在上海办工人夜校》，该画长期陈列于陈列馆。

1972年，与苏葆桢、梁白云、成联辉合作创作的《山花烂漫》赴罗马尼亚、阿尔巴利亚、加拿大等国展出。

1981年，《玉珠垂露》参加中国国际书店主办的泰国画展。

1981年，《春意（白藤花）》参加由四川美术家协会主办，香港、深圳合办的"博雅画廊"展出。

1984年，《山花》参加由重庆国画院主办的中国美术馆画展，同时收入人民美术出版社出版的画册。

1984年，与苏葆桢、郭克、成联辉合作创作的《万朵红霞春意闹》，参加重庆国画院主办的中国美术馆展览，同时由人民美术出版社收入画册出版。

1986年，《春暖》被山东省淄博市"蒲松龄书馆"收藏。

1987年，《秋色烂漫》在中国美术馆展出。

1987年，《秋色烂漫》参加振兴丝绸之路国际书画大展，获优秀奖并被收藏。

1987年，《春暖》由中华全国总工会主办"中国现代书画美术展"在日本东京展出，被收藏和收入画册出版。

1987年，《明珠露气》被陕西华山书画馆收藏。

1988年，《明珠露气》被朱德故居纪念馆收藏。

1989年，《春花飘香》《秋色烂漫》《玉珠垂露》《秋艳》《山花》《雨露》等六幅作品，参加由重庆文联和美协为庆祝中华人民共和国成立40周年主办的中国友好书画展赴日本三重县展出，其中三幅作品被收藏。

1989年，《明珠累累》《秋色烂漫》《春暖》三幅作品参加人民大会堂建堂30周年展览并被收藏。

1990年，《秋色烂漫》《春暖》两幅作品捐赠给第十届亚洲运动会。

1990年，《秋色烂漫》参加由四川美术家协会主办的四川与台湾同乡书画展在香港展出。

1990年，《晨露》参加"张衡、张仲景杯"国际书画诗影大奖赛，荣获佳作奖。

1990年，《硕果累累》由西南师范大学赠送给苏联莫斯科大学。

1991年，《春意》《硕果累累》赴美国田纳西大学展出。

1991年，《春晓》为"希望工程"捐赠作品，被中国青少年发展基金会收藏。

1992年，《春晓》由西南师范大学赠送意大利波伦亚大学。

1992年，《秋色烂漫》参加北京钓鱼台国宾馆举办的国际中国画展暨大赛，荣获三等奖，被国际中国画展暨大赛收藏，并收入《二十世纪中华画苑掇英》。

1992年，为北京天安门城楼创作《苍藤蔓架满缀明珠》，北京天安门城楼陈列并收藏。

1992年，《秋色烂漫》被毛主席纪念堂收藏。

1992年，《秋色烂漫》被中南海收藏。

1992年，《雨后荷塘生玉暖》在重庆参加《重庆台湾海峡两岸川籍书画家联展》。

1992年，《明珠累累》捐赠刘伯承纪念馆收藏。

1992年，第一部画册《方凤富画集》在香港洲立出版有限公司出版。

1993年，《秋色烂漫》收入国际文化出版有限公司出版的《中国美术家》画册。

1993年，《怎样画紫藤》一书由贵州教育出版社出版。

1993年，《秋色烂漫》在台湾参加《两岸美术观摩作品展览》，并收入画册出版。

1993年，《秋色烂漫》应邀参加书圣故里纪念王羲之诞辰1690年全国书画家作品展。

1993年，《硕果清香》被国务院紫光阁收藏，同时于2002年5月编入大型国礼画册《中南海紫光阁藏画》，此书由国务院办公厅编印出版。

1994年，《秋色烂漫》参加"银河杯"国际书画篆刻大奖赛，荣获三等奖。

1994年，《天种香魂》被北京四川饭店皇宫厅收藏。

1994年，《秋色烂漫》赴香港参加由新华通讯社香港分社主办的《中国百家书画展》。

1994年，《秋色烂漫》入选《东方红——毛主席纪念堂珍藏书画集》。

1994年，《葡萄蔓架满缀明珠》收入北京出版社出版的《天安门珍藏书画集》（续集）。

1994年，《朝阳》入选由中华人民共和国文化部、中国展览中心、河南省花鸟画研究会联合主办的"中国当代著名花鸟画家作品展览"，被评为优秀作品，并收入画册。

1994年，《雨林风光》入选第八届全国美术展览。

1994年，《秋趣》入选中华人民共和国国家教育委员会主办的第二届全国教师优秀美术作品展。

1995年，《秋色烂漫》入选由世界书画家协会、国际艺术家协会等在日本东京举办的第三届国际书画艺术作品展览，荣获国际银奖。

1995年，《硕果累累》等十幅作品赴香港参加中国文物展览馆主办的"中国文化艺术汇展"。

1995年，《硕果园》入选由文化部等主办的、在成都展出的"全国名人名家书画近作暨民间珍藏书画展"。

1995年，《写意花鸟画技法》由西南师范大学出版社出版发行，以后多次重印。

1995年，美术理论文章《中国画创作浅说》刊载于《重庆师范学院学报》哲社版1995年第3期。

1995年，美术理论文章《花鸟画意境论》刊载于《西南师范大学学报》哲社版1995年第4期。

1995年，美术理论文章《略谈绘画中的音乐感》刊载于《江苏画刊》杂志第4期。

1995年，评为教授。

1995年，被中国艺术研究院聘为特邀创作研究员。

1996年，《春花飘香》被宁夏博物馆展览中心收藏。

1996年，《硕果累累》参加在北京中国革命历史博物馆举办的"首届中国扇子艺术大展"，获优秀奖。被收入人民美术出版社1999年出版的《中国扇子艺术精品集》。

1996年，《朝阳》收入河南人民出版社出版的《中国当代著名花鸟画作品选》，被评为优秀作品。

1996年，《雨后荷塘生玉暖》收入《二十世纪国际美术精品博览》。

1997年，方凤富两页作品入选香港华人出版社为纪念香港回归祖国而出版的《世界华人书画作品选集》。

1997年，《春花飘香》《硕果清香》参加"新西兰首届中国书画名家作品展览"。

1997年，《秋色烂漫》参加由欧洲华人书画展览委员会策划主办的在法国展出的"欧洲华人书画展览"。

1998年5月11日，《玉珠垂露》收入由中国政策科学研究院文化政策委员会等主办的"中国名人名家书画精品展"。

1998年，《明珠香露雀鸟来》入选国际美术家联合会、炎黄书院合编的《世界当代著名书画家真迹博览大典》，获三等奖。

1998年，为北京中南海百米长卷《紫玉流香》创作其中一米长作品。

1998年，《晨露》入选由香港美术出版社出版的《世界美术集（华人卷）》。

1999年，《凝香》参加由重庆市文学艺术界联合会等主办的全国著名书画家作品邀请展。

1999年，《秋艳》参加由中国筹委会主办的《澳洲中国书画名家作品展》。

1999年，《凝香》由重庆中华民族文化促进会选送菲律宾展出。

1999年，被香港科学院国际艺术学院聘为顾问。

294　　2000年，与岳碚茵、何学斌合作的大型花鸟画《百鹤朝阳》由中央电视台收藏。

2000年，《硕果清香》为国务院办公厅紫光阁收藏。

2001年，《巴蜀香荔红欲燃》由国际美术家联合会等14个学术团体编委会评为国际金奖，并获得20世纪国际艺术名家成就大奖。

2001年，受国务院管理局邀请，为北戴河总理会客厅和部长会议室绘《硕果清香》国画两幅，分别为两厅展出并收藏。

2001年，《秋艳》《巴蜀香荔红欲燃》收入重庆出版社出版的《重庆百人画册》。

2002年，在人民大会堂作画《秋色烂漫》和《明珠滴翠》，被人民大会堂中华厅收藏。

2002年，《硕果清香》被北京钓鱼台国宾馆收藏。

2002年，总参邀请为京西宾馆创作《硕果清香》等两幅作品并收藏。

2002年10月15日—25日，参加由中国美术家协会靳尚谊主席、中国书法家协会沈鹏主席为团长的中国艺术交流团赴澳门特区暨赴泰国展出和交流。

2002年，与关山月、黄胄等百多位画家在中南海紫光阁共同创作的《中南海紫光阁藏画》为紫光阁收藏。

2003年，《硕果清香》在中国国家博物馆中央大厅举行的"中国书画家作品展"展出，由中国历史博物馆画廊收藏。

2003年，参加由日中文化协会、中国驻日大使馆文化处等主办的中国艺术代表团赴日本名古屋"中国书法美术作品展"，并进行艺术交流和讲学。

2003年，应邀去人民大会堂及全国人大常委会部长会议室作画，多幅作品被收藏。

2003年，《方凤富葡萄画集》由四川美术出版社出版。

2003年12月中旬，应邀赴中南海作画，作品被收藏。

2003年，应邀去湖北武汉东湖宾馆毛主席和周总理会客厅各作大画一　295

幅展出和收藏。

2003年，为抗击SARS捐两幅画作。

2005年，《硕果清香》赠给北京红十字会，为印度洋地区地震和海啸灾民献爱心。

2005年，参加中国书画家真迹联展赴台湾新竹市展出。

2005年，《清韵》等作品参加由中华人民共和国文化部批准的"中华书画名家作品全国城市巡回展"（北京、上海、广州）。

2006年，两页作品入选中国图书出版社（香港）出版的《走向辉煌》。

2006年，《春华秋实》参加中国和加拿大、中国和意大利建交36周年大型书画展，被中美全球战略研究中心收藏。

2006年，《方凤富画集》由岭南美术出版社出版，娄师白作序，文怀沙题写书名。

2006年9月，在重庆中国三峡博物馆成功举办个人画展，5000多人参加的开幕式盛况空前。

2006年，《春城无处不飞花》收入香港亚太国际出版有限公司出版的《中华人民共和国书画名家作品集》。

2007年，加入中国美术家协会。

2007年5月13日，由中国艺术研究院主持，在中南海文津会议中心举办了方凤富作品研讨会。

2008年，参加由中央电视台等单位组织的为四川汶川大地震献爱心活动，捐赠画作一幅。

2008年8月，在北京中国美术馆成功举办个人画展；画展期间将《硕果清香》等两幅新作现场捐赠给中国残疾人杂志社。

2008年，作品被收入北京时代文艺出版社出版的《当代名家艺术研究》。

2008年，作品被收入北京时代文艺出版社出版的《当代中国水墨名家》。

2008年，15页画作被收入北京工艺美术出版社出版的《二十一世纪当代书画名家》。

2008年，作品入选画集《21世纪画坛名匠》。

2008年，为支援汶川大地震交特殊党费4000元。

2009年，10页画作被收入人民美术出版社出版的《中国当代美术名家》，封面选用作品一幅。

2009年，10页作品被收入艺术典藏杂志社出版的《中国画名家作品集》。

2009年，10页画作被收入陕西美术出版社出版的《画坛名家》。

2009年，10页画作被收入中国文联出版社出版的《六十年六十强》。

2009年，8页画作被收入人民日报出版社出版的《中国画名家经典集萃》。

2009年，参加由邵大箴为团长的中国文化艺术大使代表团（一行11人），赴马来西亚吉隆坡和新加坡举办展览和艺术交流。

2010年，《硕果累累》在上海世博会荣获金奖。

2010年，《天光紫玉春意浓》被全国人大常委会机关办公大楼收藏。

2010年，12页画作被收入中国文史出版社出版的《艺术大师三人行》。

2010年，精品被收入人民出版社出版的《盛世收藏》。

2010年，10页作品入选岭南美术出版社出版的《中国画二十家》。

2011年，10页作品入选荣宝斋出版的《当代艺术大家》。

2011年，作品收入中国美术学院出版社出版的《东方红——纪念中国共产党九十周年——中国书画名家作品选集》。

2011年8月，参加中国艺术代表团赴法国参加"第十一届中国文化艺术交流展"，其参展作品获金奖；同时还出访德国、意大利、奥地利、梵蒂冈、瑞士、阿联酋、荷兰、比利时、列支敦士登等国进行文化艺术交流。

2011年，《中国当代名家精品丛书——方凤富作品精选》由天津柳青画社出版。

2011年9月20日，《不知果实是酸甜》在北京翰海拍卖有限公司"2011秋季拍卖会"上以人民币168000元成交（68cm×68cm）。

2011年12月17日，《异彩纷呈》在北京翰海拍卖公司"北京翰海2011拍卖会"上以人民币460000元成交（138cm×68cm）

2012年，画作入选北京长城出版社出版的《经典风范》。

2012年，画作入选高等教育出版社出版的《中国近现当代画家》。

2012年，《硕果飘香》（69cm×69cm）在北京保利国际拍卖有限公司"18期精品拍卖会"上以人民币207000元成交。

2012年，给中国红十字会捐画作一幅。

2013年，《中国高等艺术院校教学范本——方凤富花鸟绘画》由中央美术学院出版社出版。

2013年，由文化部少数民族文化艺术基金会主办赴泰国为中泰两国建交38周年活动举办方凤富个展，开幕式上奏中泰两国国歌，展览盛况空前，作品受到高度评价；泰国国王、泰国总理府、泰国议会各收藏一幅方凤富画作。

2013年，12页作品入选中国文联出版社出版的《国画经典——近现代国画经典作品集》。

2013年，两幅作品入选人民日报出版社出版的《中国画名家大典》之下卷。

2013年，画作数页被人民美术出版社出版的《当代中国美术全集》收入。

2013年，《人民书画家》杂志以较大篇幅介绍方凤富。

2013年，受聘为美国书画艺术研究院荣誉副院长、院士、客座教授。

2013年，中央台"乡约"栏目组采访拍摄并播出方凤富专题片。

2013年3月23日《秋香》（96cm×90cm）在北京翰海拍卖公司在"北京翰海80期精品拍卖会"上以人民币1012000元成交。

2014年，被西南大学评为2012—2014学年优秀共产党员。

2014年，成立50年的"方凤富雷锋班"由北碚区委宣传部正式命名。

2014年，由文化部少数民族文化艺术基金会主办"葡萄熟了——方凤富法国巴黎作品展"，是中法建交50周年纪念活动的一个重要组成部分，展览取得圆满成功，巴黎中国文化中心提议将展出作品全部高价收藏。

2014年，10页作品入选中共中央党校出版社出版的《丹青颂，中国梦》。

2014年，作品入选福建美术出版社出版的《丹青中国》。

2014年，作品10页入选中国文联出版社出版的《百年丹青》。

2014年，中国新闻社主办的《中国新闻》6期全本杂志推出"中国画'葡萄王'德艺双馨艺术家、西南大学美术学院教授方凤富报道专辑"。整本杂志载有孙其峰等多位专家对他的评论，并选发了方凤富数10幅画作。

2014年，《醉秋》（137cm×68cm）在北京翰海拍卖有限公司"北京翰海85期精品拍卖会"上以人民币1380000元成交。

2014年，方凤富获得"感动北碚十大人物"称号，荣登"中国好人"榜。

2015年，获得"感动重庆十大人物""重庆道德模范""爱心志愿者"称号。

2015年，7幅作品入选中国文联出版社出版的《百年典藏》。

2015年，中国文联出版社出版的《中国美术家作品集》，选方凤富（31—41页）等24位画家精品。

2015年，《中国当代名家画集——方凤富》由中国美术学院出版社出版。

2015年，13页作品入选中国文联出版社出版的《中国画派——当代著名书画家作品精选集》。

2015年，《硕果飘香》（68cm×68cm）在北京保利国际拍卖有限公司"31期精品拍卖会"上以人民币345000元成交。

2015年，"方凤富美术馆"开馆仪式暨画展举行。

2015年，方凤富被评为"重庆市十大感动人物"。

2015年，方凤富当选"2015年度重庆市道德模范"。

2016年，方凤富向母校西南大学110周年校庆捐赠10米大画《百鹤朝阳》。

2016年，春华秋实——方凤富从艺60周年画展在重庆市文联美术馆举行。

2016年，10页作品入选《纪念抗日战争胜利七十周年——中国书画名家精品集》。

2016年，10页作品入选中国美术出版社出版《光辉岁月——纪念红军长征胜利80周年》大型画册。

2016年，被重庆市委宣传部等9单位推选为"重庆最美志愿者"。

2017年，大型画册《春华秋实——方凤富教授从艺六十周年暨八十华诞作品展》由水墨兰亭杂志社荣誉出版。

2017年，10页作品入选中国文联出版社出版的《画史——中国近现代书画精品藏书》。

2017年，江苏凤凰美术出版社出版《方凤富作品精选——中国高等美术院校教学范本精选》。

2017年，方凤富在重庆市委宣传部、市文明办、市文化委等单位主办的"德耀巴渝志愿重庆"活动中被评为重庆市五星级志愿者。

2018年，12页精品入选人民日报出版社出版的《纪念周恩来诞辰120周年——近现代艺术名家精品藏书》。

2018年，10页作品入选中国文联出版社出版的《丹青墨韵——中国书画名家精品藏书》。

2018年，10页作品入选天津美术出版社出版的《华夏千家书画集》。

2018年，清华大学美术学院出版《名师教学讲堂鉴藏——方凤富花鸟作品精选》，精选方凤富花鸟画、葡萄画30幅。

2018年，10页精品被收入天津人民出版社出版的《中国画名家精品集》。

2018年，《美术》2018年第10期杂志出方凤富专刊，以众多篇幅介绍方凤富的美术作品。

2019年，13页作品被收入中国文联出版社出版的《大美中国》。

2019年，应邀参加"中国大连国际文化旅游产业博览会"；方凤富参展画作收入组委会出版的画册首页。

2019年，应邀参加由人民美术出版社和西安美术博物馆主办的"高峰在望"学术论坛及大型画展。其参展画作收入组委会出版的画册《高峰在望》。

2019年，在新中国70华诞之际，受到重庆市委、市政府、市人大领导慰问。

2020年，在北京荣获"2020年国际中国公益事业大典"颁发的"中国艺坛领军人物"称号。

2020年2月至4月，为武汉抗击疫情捐助5000元党费，并为抗击疫情创作两幅4尺整纸画作《颗颗明珠献英雄》和《战地黄花分外香》捐赠给抗疫英雄。

2021年3月，10余页作品被收入中国书籍出版社出版的《经典传承——中国书画名家精品集》。